楞伽經詳解

——第八輯

平實導師　著

ISBN 957-30019-7-7

自序

《楞伽阿跋多羅寶經》簡稱《楞伽經》，是大乘佛教中極重要之經典；既是法相唯識宗之根本經典，亦是中國禪宗開悟聖者自我印證及悟後起修之依據經典；故初祖菩提達摩大師以此經典連同佛鉢祖衣一併交付二祖慧可大師，以為傳法印證。禪者可依此經建立正知正見，避免錯悟大師誤導參禪方向，未來證悟可期。

二者禪宗證悟之人，欲求上進而入初地，必讀此經。佛於此經詳述破參者應進修之知見，指示佛子依此升進初地，成眞佛子，是名實義菩薩，是故悟者必讀此經。

然此經典文辭古樸，艱深難會，證悟之人亦多不解，何況未悟錯悟之人？是故古今大師雖然多有註釋，皆類未悟錯悟諸師依文解義，難得佛旨。現代佛子古文造詣粗淺，又兼未曾證悟，不解佛意，以致發心印經之時，斷句錯誤之處極多，讀者轉更難解；有鑑於此，末學乃予重新斷句，依所悟證如來藏之體驗觸證而作白話闡釋。雖遵佛語，不得明說密意，然已巧用方便，隱於字裡行間，佛子若有緣者，或可依此契證。

此《楞伽經詳解》原於民國八十四年（一九九五）八月十一日起，對我正覺同修會之會衆演示，迄八十六年九月廿六日圓滿。講時手持經文直敘，不預繕講稿，亦不參酌他人註釋。後經譚錦生等同修多人，依錄音帶整理成文，歷時年餘方告竣工。然欲付梓時，發覺太過口語，有時兼有語病，不宜付印；乃由末學依諸同修之謄稿，親自重繕；雖稍有文章氣，而較具可讀性。

復次，此經講畢迄今，已歷二年；二年後之今時，因貫通三乘經論，及慧學增長迅速故，亦不能滿意二年前所說之內容，故作許多增删，期望能對佛子有更大之利益。然亦因此，必須逐册親自重繕，分期出版，無法一次出齊；又因增述故，雖於每册增加篇幅，可能仍須增爲八至九册，方能圓滿，合並敘明。

此《楞伽經詳解》，不作學術上之科判研究，亦不飾文，唯欲引導佛子大衆直入楞伽寶城，故依經文直解爲主，避免學術研究之繁文考據；亦盡量不引他經以釋此經，令諸佛子直接獲得此經之意趣。

又考慮讀此詳解者，多係年屆不惑之學佛者，視力較弱；爲免傷眼，乃捨棄花俏討喜之仿宋字體，改以平實易讀之明體字，並加大一級；編排上儘量避免擁擠，紙色亦避免太白太暗，以方便年長者長時間連續重複閱讀；此諸貼心之安排，期望對您有所助益。

此套詳解即將陸續出版，於此簡敘出版因緣，普願有緣佛子早見大乘道；見道已，復依此詳解，速入楞伽寶城，貫通三乘佛法；因之造序，述余私心，普願鑑燭。

娑婆菩薩戒子　蕭平實

時惟西元一九九九年早春序於頑嚚居

張序

民國八十四年夏，余師　平實先生承多位明心見性弟子之再三懇託，請師開示悟後起修之法及成就佛道之次第；余師爲利益廣大衆生及增益彼等見地計，乃假石牌某精舍及正覺講堂開講《楞伽經》，每週宣講二小時，合計八十七講，前後時間長達一年半。

師宣此經雖有錄音，僅供無暇聽課之同學自修使用。然講述未迄，忽聞師云：「譚錦生師兄已經整理好了十講。」每講約有一萬五千字，此是何等廣大之自動發心！整理講稿，必須逐字逐句反覆聽聞撰寫，工程十分艱鉅，有諸同修甚至必須整月時間方能謄寫一卷帶子。爾後，由於譚師兄之發心感動諸多同修，紛紛響應支援，投入整理行列者約有四、五十位；如此之善緣促成往後《楞伽經詳解》之誕生；亦印證了「菩薩發心，如影隨形；一念慈悲，成就廣大佛事。」

後因余師抬愛，令余先行過目已整理文稿，將講演時之口語去蕪存菁，順成文字稿，並分段落標點，以俟來日整理成册。

八十七年秋，所有稿件彙總，前後貫串，義理了然，深感佩余師因長年之弘法利生及無盡悲願，修證不斷向上提升，智慧深利，乃能廣演如此深妙之經典。若能成書發行流通於世，必將利益此時後世無量佛子。余師觀察因緣既熟，囑余將已順好之稿子付呈再作潤飾。不意時經二月，余師閱後竟謂余曰：「以前講得太淺了，我打算重寫！」余大驚詫，私心自謂：「阿彌陀佛！如此洋洋灑灑一百三十萬字，如何重寫呢？」內心驚疑：「如此浩大的工程，一人獨自重繕，何年何月方能竣工？」爾後數月，余於弘法之餘，常聞余師講述其重繕之進度。累牘長篇竟然改頭換面，一改口語講述之冗長繁複，轉化成精湛洗鍊之文字；不僅文詞更爲流暢明確，法義之陳述更是深入井然，令人歎爲觀止。不禁感歎：「需要何等的悲心與智慧？方能成就如此大事！」

《楞伽經》之主要宗旨，乃爲佛子詳述八識、五法、三自性、七種第一義、七種性自性、二種無我。細述阿賴耶識與七轉識間之關係及體性、明心後修道之原理與次第、以及如何以所證之如來藏爲根本，漸漸斷除現業流識，地地增上之道理。

佛法知見淺薄如余，詳閱余師重寫後之《楞伽經詳解》，對於一切有情生命之本體─如來藏阿賴耶識、異熟識、無垢識之體性有更深入之瞭解；對於七轉識之流注生滅也有更細膩之體驗，乃至對於可經由修行淨化染污之種子……以及如何邁向初地乃至佛地，在在具足信心與願力。際此末法，亂象叢生、眞僞莫辨之際，《楞伽經詳解》問世，必有力挽狂瀾之效，得以護持宗門正法日益光大，免於斷絕。

於整理文稿過程中，印象最深刻者，乃是其中二十八講全部都在講「妄想自性」，闡述凡愚衆生不明眞如體性，無法證得眞如，每每認空明靈知之意識心爲眞如，不知不見眞如之非一非異於空靈明覺之意識心，墮於一異斷常邊見；故爾反覆演述，鉅細靡遺，可謂老婆至極。

眞實之理，必須可以觸證、可以檢查論辯驗證；若非眞有修證，誰能如此詳實深入演述如來藏圓滿深妙之法義？若非眞有修證，誰能於定慧二門作如此條理分明、義理了然之剖析？佛法修證，決不可能單憑個人一生之意識思惟而得，必須多生累劫永無休止之聽聞熏習、努力修持方可得致。

於《楞伽經詳解》即將陸續出版之際，爲護持余師弘揚正法故，乃不揣淺陋，提筆爲文介紹緣起概略，供養諸方大德；尙祈十方善信大德皆具慧眼，普能揀擇解行並具之眞正善知識，同修第一義諦妙法，同證菩提，共成佛道。

菩薩戒子張正圜　敬序

公元一九九九年初夏於正覺講堂

學佛之目標有二：一為親證解脫果，此應修學二乘菩提之解脫道；二為親證佛菩提，此應修學大乘法之佛菩提道。然大乘之佛菩提道中，已函蓋二乘所修之解脫道，是故直接修證大乘佛菩提道，便可同時證得二乘菩提之解脫道功德；由是緣故，大乘學人只需直接修學大乘佛菩提道，便能達成學佛之真正目標。

佛菩提道之修學，應求大乘般若之見道；見道已，便得次第進修而正式進入初地通達位，然後可入修道位中，次第邁向佛地。大乘般若之見道，即是禪宗之破初參明心——親證本來離念、本性清淨之自心如來藏。欲求親證如來藏者，應依真正之善知識修學。真善知識之助人見道，所言所授之法，必須有明確之次第與確實可行之法，學人方有得悟之可能。若親近假名善知識，雖有大道場、大名聲、廣大徒眾，然所說所授者皆屬似是而非之法，縱使學人以畢生之身口意供養之，所得唯是常見與斷見本質之相似佛法而已，必將浪擲一世於相似佛法上，殊堪扼腕！

印順法師復作是說：《還有，如『雜阿含』二六二經云：「**一切諸行空寂，不可得，愛盡，離欲，涅槃**。」空，不僅在生滅有為法的否定上講，而更是直指諸行剋體的空寂不可得；本性空，就是涅槃。了空寂，離愛欲，而**實現涅槃的當體**，就是空寂。這樣，從無常說，無常是生滅義，主要的是滅義（原註：故生老病死之死，亦曰無常）；**使諸行滅而不生，恢復其滅的本性，就是涅槃的當體**。就無我說，一切諸法本來無我，只是眾生執著不了，故起流轉；故『雜阿含』第五七經云：「凡夫於色見是我；若見我者，是名為行。」諸法本來無我，能了達而不起執，歸於本性的空寂，就是涅槃。總之，不問從**無常**說涅槃，或**從無我**說涅槃，都不離空義，都是以空義而說涅槃的。空，不但空常、空我，涅槃的本性就是空寂。一分學者把涅槃說在離有為無常之外，把它實在化了，於空與涅槃脫了節。須知**涅槃就是有為法本性的空寂**，只不過以無我、無常，經過愛盡、離欲而已。這樣，**空與涅槃打成一片，一切法本性涅槃，即此一根本要義的申說**。》（《性空學探源》頁42~43）

印順法師以一切法滅、空虛空無，作爲涅槃，卻不肯滅除意識我見，實墮世尊此段楞伽經文所斥之外道見中：「或有外道，陰界入滅，境界離欲，見法無常，心、心法品不生，不念去來現在境界，諸受陰盡，如燈火滅，如種子壞，妄想不生；斯等於此，作涅槃想。」

非唯印老正墮如是誤解佛法者所說似是而非之外道見中，聖嚴法師亦復同墮此外道見中，於其著作中每言：「放下一切煩惱，都不執著，這就是開悟了；如果能這樣很久都不生起煩惱妄念，就是徹悟，就是大悟徹底（詳見公案拈提第六輯《宗門正義》之舉證）。」凡此皆名外道常見者之誤會涅槃，所以者何？謂佛已向大慧菩薩正語開示：「大慧！非以見壞，名爲涅槃。」是故非以聖嚴法師之一切法無執名爲涅槃，開悟者乃是親見涅槃之實際故；亦非以印順法師之見一切法必壞、歸空，名爲涅槃，一切法壞者乃是虛相法，非是實相法故；印順曾講《楞伽經》，非未曾讀此段經文，云何故作不見？

印老曾講此經，於此段經文之解釋中，曾作是說：《……如此則第六意識「妄想不生」起作用。但以唯識義說：僅是暫伏意識現行，第七末那與第八藏識心種、習氣猶存，故非眞實涅槃。然而，「斯等」外道，「於此」偏空斷滅，「作涅槃想」。相反的，「大慧！」涅槃妙果，並「非以見」一切法「壞」滅之相，「名爲涅槃」，而是以見不生不滅，名爲涅槃。》（《楞伽阿跋多羅寶經親聞記》頁574）

由此段經文之印順註解中，可以觀見：「印順法師若是依文解義時，於正法則不生破壞之過，則不偏離正法；若以自意而作解釋時，則墮密宗應成派中觀之外道無因論邪見中，則成就否定眞正佛法之過失，則必以應成派中觀之『見一切法壞』作爲涅槃，則依應成派中觀之一切法空邪見而說涅槃」，終致墮於「虛妄唯識論」之邪見中，終必妄言「般若中觀即是性空唯名」，成爲從根本破壞正法者，成爲墮於誹謗見之斷善根人，成就地獄種性。今於此處普勸一切佛門弘法者：寧可依文解義，萬勿強不知以爲知，而以己意妄作闡釋。

今者印順老法師之《妙雲集、如來藏之研究、性空學探源…》等著作所說諸法，悉墮如是 佛所斥責之外道見中，悉以看見一切法皆壞，而離五欲等貪，作爲涅槃：印順以爲修行者若能觀察一切法無我無常，故無所著，心住於離欲境界，認爲若能確實觀見一切法壞而完全接受，則以一切法皆壞作爲涅槃，以滅除蘊處界等一切法後之空無境界作爲涅槃。

如是涅槃，則是斷滅空，絕非不生不滅之涅槃，實非佛教中眞正之涅槃，正墮斷見外道所墮之斷滅見中，完全悖 佛眞旨，亦悖上來所舉自己所說之楞伽經文註釋，自相矛盾，不能自圓其說，焉得名爲弘傳佛教正法之師？所說焉得名爲佛教正法？而諸隨學徒衆被誤導已，不能了知被印順誤導之事實，猶作種種飾詞而爲印順辯解，不能幡然改正，豈是有智之人？而猶爲其張眼，每年舉辦「印順思想研討及祝壽大會」大肆推崇，完全不能了知其邪謬之所在，可謂完全不解印順法師之思想本質者。

若人了知印順之思想本質已，必將起憐憫心，誓救佛門學人遠離印順之邪見，云何不顧印順破壞正法之事實？云何不肯捨棄邪見而歸正道？云何繼續沈淪？年年耗費鉅額財力人力舉辦「印順思想研討及祝壽大會」而繼續弘揚印順之邪說、誤導衆生？如是等不知印順思想本質之人，卻又每年舉辦「印順思想研討會」，如何能研討出印順法師之眞正思想耶？如何能了知印順所墮密宗應成派中觀之邪謬所在？如是不知印順思想者，竟又每年舉辦「印順思想研討會」，樂此不疲，眞乃無智之人；所謂其行也愚，誠可憐憫。

復次，印順所舉經文，亦有斷章取義之過，非是法師身分所應爲者。經文原文如次：《如是我聞……闡陀語諸比丘言：「我已知色無常，受想行識無常，一切行無常，一切法無我，涅槃寂滅。」闡陀復言：「然我不喜聞。一切諸行空寂，不可得，愛盡，離欲，涅槃，此中云何有我？而言『如是知、如是見、是名見法』？」第二第三亦如是說。闡陀復言：「是中誰復有力、堪能為我說法？令我知法見法？」復作是念：「尊者阿難今在拘睒彌國瞿師羅園，曾供養親覲世尊，佛所讚歎；諸梵行者，悉皆識知，彼必堪能為我說法，令我知法見法。」時闡陀過此夜已，晨朝著衣持缽，入波羅奈城乞食。食已、還，舉臥具；攝臥具已，持衣缽詣拘睒彌國，漸漸遊行到拘睒彌國；攝舉衣缽，洗足已，詣尊者阿難所，共相問訊已，卻坐一面；時闡陀語尊者阿難言：「……（此段經文述其與諸比丘之對答過程，意同前舉。文長，略之）善哉！尊者阿難！今當為我說法，令我知法見法。」時尊者阿難語闡陀言：「善哉闡陀！我意大喜，我慶仁者能於梵行人前無所覆藏，破虛偽刺。闡陀！愚癡凡夫所不能解：色無常，受想行識無常，一切諸行無常，一切法無我，涅槃寂滅；汝今堪受勝妙法，汝今諦聽，當為汝說。」……爾時阿難語闡陀言：「我親從佛聞，教摩訶迦旃延言：『世人顛倒，依於二邊：若有若無。世人取諸境界，心便計著。迦旃延！若不受不取不住不計於我，此苦、生時生，滅時滅。迦旃延！於此不疑不惑，不由於他，而能自知，是名正見如來所說。所以者何？迦旃延！如實正觀世間集者，則不生**世間無**見。如實正觀世間滅，則不生**世間有**見。迦旃延！如來離於二邊，說於中道：所謂此有故彼有，此生故彼生，謂緣無明有行，乃至生老病死憂悲惱苦集；所謂此無故彼無，此滅故彼滅，謂無明滅則行滅，乃至生老病死憂悲惱苦滅。』」尊者阿難說是法時，闡陀比丘遠塵離垢，得法眼淨。爾時闡陀比丘見法得法，知法起法，超越狐疑，不由於他。於大師教法得無所畏，恭敬合掌白尊者阿難言：「正應如是。如是智慧梵行，善知識教授教誡說法。我今從尊者阿難所，聞如是法，於一切行皆空，皆悉寂不可得，愛盡，離欲，滅盡，涅槃，心樂正住解脫，不復轉還，不復見我，唯見正法。」……》

由此段阿含經文舉証，已証實印順法師之斷章取義，藉以附會其密宗應成派中觀否定常住法之邪見也。所以者何？謂印順所舉此段經文中，明明說闡陀比丘對於諸比丘所說「一切諸行空寂，不可得，愛盡，離欲，涅槃」等語，表示：「然我不喜聞」。此一語中，已顯示闡陀比丘之所以不喜聞者，乃因此語所說二乘涅槃極似墮於斷滅空中，故闡陀比丘不喜聞；如是之言乃是反對**一切法空邪見之說**，印順何得引為正說？乃是斷章取義之說也！不應正理！

復次，印順所舉阿含 262 經之全文，悉在宣說涅槃絕非斷滅空，印順云何可解為**一切法滅盡後無有常住法之斷滅空**耶？所以者何？謂經文明述疑惑所在：「**然我不喜聞**。一切諸行空寂，不可得，愛盡，離欲，涅槃，此中云何有我？而言『如是知、如是見、是名見法』？」此乃提示疑問：既然一切諸行空寂，不可得……乃至涅槃，此中云何有常住不壞之我？而言見法……等？究竟一切法皆空之斷滅空中有何法可見？而言見法？若見斷滅空無，乃是見斷滅空，烏得言見法？何可言不生不滅之涅槃？不應正理！是故闡陀比丘提出此疑。

阿難尊者舉 佛所說而為闡陀比丘開示：「**如實正觀世間集者，則不生世間**

無見。**如實正觀世間滅**，則不生**世間有**見。」此謂世間集者，即是集一切有漏法種而存之，令成後有種子；世間滅者，滅一切世間法，令不復生後世之蘊處界法。

然世間集者，爲是集存後有種子於何處？不可謂「唯有六識，而彼無明等種集於第六意識心中。」意識是緣起法故，不能攜種去至後世故，意識之粗細心皆不能去至未來世故，意識唯能一世存在故。是故當知：世間集之所集諸無明種及與業種，乃集存於十八界法所依之第八識中，不如是知者，即非如實正觀世間集者，即墮涅槃後無之邪見中，即墮世間無之邪見中—世間一切法皆得無因而起故，一切有情之輪轉生死皆不須由往世之自心如來藏所持業種爲因而受生故。

由此而知：涅槃之後必有常住法常住不壞，故非一切法空，而是蘊處界等一切法空之後，有如來藏不空，無形無色、離見聞覺知、離思量性而獨存；而涅槃後之第八識絕非世間有，何以故？謂第八識非是世間有之法故，世間有之法者謂意識之粗細心及意根思量心等十八界法；能如是知者，是名如實正觀世間集者；如實正觀世間集者，即不墮世間無之邪見中，了知世間集之一切種悉集於第八識中故，而非印順「所說」之集於意識細心中故。

云何名爲如實正觀世間滅者？謂如實知十八界法之一一法悉皆無常變異，無有一法是常住不壞法：靈明覺了之無念靈知心即是意識心，是緣起變異可壞之法；處處思量作主之心，是依第八識而起之法，入無餘涅槃時亦須自我滅除，亦非實有常住之實體法，如是現觀者，名爲正觀世間滅者。

若如印順法師否定第八識如來藏已，恐人譏彼墮於斷見中，乃又發明「不可知、不可証之細意識」，作爲三世流轉之世間集之集存業種及無明種者，此即是不如實知世間滅者，何以故？此謂意識不論粗細，皆是意法爲緣而生者，乃是必定有滅之法，不能去至後世，亦必於入涅槃時永滅之，非是常住法，乃是有滅之法，佛已具說是理於四阿含諸經中；而印順法師竟未之知，建立意識細心爲常住不滅之法，則是不知世間滅者。世尊於阿含經中曾明示：意識之一切粗細心，皆是意法爲緣而生之緣起法故，求證無餘涅槃者必須滅除意識之一切粗心與細心故。意識之一切粗細心既然皆是緣起法，皆是唯有一世，永不能去至後世，則意識之一切細心亦復攝於此中，則皆是一世斷滅，不能去至後世之緣起法，則不能執持無明種及業種去至後世。今者印順以此建立之子虛烏有之細意識，作爲攝持累世善惡業行之持種心，則其因果原則已成虛妄法，不可能實現一切善惡業之因果故。

由如是建立意識細心爲常住不滅法，故說印順於世間滅之意旨，未能如實正觀也。未能如實正觀故，墮於世間有之邪見中——成爲執著意識細心爲常住不滅法者。意識細心是三界有之法，是故印順作如是言已，名爲不如實正觀世間滅者，故說印順乃是墮於世間有者，意識之一切粗細心皆是世間有故。是故如實正觀世間集者，能知無明及業種依何而存，能知涅槃後非斷滅空，能知非以一切法空之斷滅相爲涅槃之修証。如實正知者，則必不犯印順所犯之斷章取義過失，不須於諸經故意斷章而取其非義故，能如實宣演正法故。

如是正觀世間集與世間滅者，則必不墮印順所墮之世間有與世間無等邊見中；不墮世間有與世間無之邊見中者，則是實証中道者，智慧深妙，非彼印順凡夫之邪見所能揣測也，故說印順完全不解世間集與世間滅之正理也。

印順法師作如是言：「使諸行滅而不生，恢復其滅的本性，就是涅槃的**當體**」，試問：涅槃若如印順所言之一切法皆滅而不許有如來藏獨存者，則此「滅相、滅性」以何爲體？而印順言「**滅的本性，就是涅槃的當體**」？若無體者，印順則不應言「實現涅槃的**當體**」，不應言有「涅槃的**當體**」而欲**實現**之。涅槃若如印順所說之無如來藏心，若涅槃中無一切法根源之實體如來藏，而以一切法空之斷滅空爲其**當體**者，則是斷滅空，不得言有其**當體**，究竟印順「實現涅槃的當體」，是要實現何**體**？莫非如其所言之以意識細心爲**體**？然而意識細心絕非實體法，是緣起、無常、變異、終必壞滅之法故，是依意根法塵爲緣而生之緣起法故，絕非常住不滅之實體法，故印順所言之涅槃，根本非實體法；若非實體法，則是古今及未來世中，根本無人能證，乃是子虛烏有之妄想建立法故，本質完全墮於斷滅空中。

印順若言確實有「無餘涅槃非斷滅，是有體」者，除印順所言常住不壞之意識細心以外，根本無任何一法可爲其體，然而 佛說一切粗細意識皆是緣起法，緣起法何可是常住不壞之法？緣起緣滅之意識細心何可爲常住之涅槃體？

復次，若言細意識即是涅槃之體，則印順轉復墮於「涅槃後有常住法、涅槃實體化」之自己著作所破中，正是自語相違，墮於進退兩難之局。印順既然主張涅槃有體而欲實現之，卻又否定涅槃本體之如來藏，極力否定如來藏本體論，如今且要請問印順師徒衆人：涅槃是斷滅空耶？既非斷滅空，竟是以何爲體？頗能答余此問否？

印順法師此段文中復又破斥涅槃中有常住之法：《但是人們總不能徹底，總想要有個常性才好，或以爲生滅無常現象的後面有個常住的實體，或以爲某分是無常，某分是常——如唯心論者之心。以佛教的觀點看，**不管內心外物，一切都是無常的**。》（《性空學探源》頁35）

佛所說涅槃：於四阿含千餘經中，常可聞見 世尊於十二因緣法之還滅門中，依第八識如來藏而說還滅，故於十二有支之名色緣識支，說此名色所緣識爲六識身；復又上推六識緣行支故緣名色，又上推六識緣無明支故有六識心行之行支，又上推六識緣行支故緣無明，由此探究：六識等心係緣何法而有此無明？而導致無明之緣行？ 佛即開示云：「我作是觀時，**齊識而還，不能過**

彼。」謂六識相應之無明緣於另一識—第八識，不能超過彼第八識；故十二因緣支推究至無明，由無明再往前推究時，唯能推究至彼第八識即止，齊此第八識而還，謂第八識即是無明支之所依心也，謂第八識即是十二有支之所依心也。由此緣故，十二因緣法推究至無明支時，**齊**（第八）**識而還，不能過彼**（第八識），是故至無明即止，是故唯名十二因緣支，則免無窮無盡之過，則成學人可證之因緣觀。若無明支復再往上推之而可無窮盡，非是**齊識而還**者，則因緣法即成不可知、不可證者，則將無人能從十二因緣觀而證解脫果，則因緣觀之法門即成虛妄法。

佛又於阿含別經開示：「**是名色因、名色習、名色本者，謂此識也。**」意謂名色十八界（含前六識與意根末那識）既有其因—**以此識為因**—而能生起現行，則知是以第八識為其所依止之心也，名色已函蓋十八界法故，十八界法中已有意根心與六識心等七識心故。名色中七識對一切法之熏**習**，既皆熏入此識中，則知此所熏心必為第八識，六識心及意根必為能熏之心，名色中本已具足六識及意根末那識故，是故當知名色七識以第八識為所熏習之識，方能成就阿含經所言熏習之義理。依 佛所言名色七識既以此識爲根本，則知 佛意乃謂名色七識從此識生也，則此識必是第八識也，不應前七識自生前七識故，名色之名中已具六識心及意根心等七識心故。

佛又於阿含別經開示：「名色緣識，識緣名色，互相增長廣大。」則亦顯示名色七識緣於第八識而作諸行，令第八識所含藏之有漏法種增長廣大，故令第八識含藏之無明業種現行，而令衆生輪迴生死、不能休止，益發增長第八識之阿賴耶性（集藏分段生死種子之體性），故說名色七識能增長第八識。而第八識緣名色故，則令名色七識甫出生已，即能依往世所熏善惡業種而令習氣現行，不經教導便自己能造作種種善惡業。故說「名色緣識，識緣名色，互相增長廣大。」不可主張能熏與所熏是同一識故，不可謂能依心與所依之本心是同一心故，不可謂造業心與持種果報心是同一識故（此詳《菩薩優婆塞戒經》佛說異作異受之理）。凡此阿含諸經 佛說，皆在說明：「還滅門之十二有支皆依第八識如來藏而現行運作」，不能外於第八識如來藏而有十二有支之現行與運作之過程也。

是故，十二因緣之流轉門中，純說無常之蘊處界法，屬於二乘所修之解脫道、世俗諦，故十二有支之中所說識緣名色者，謂六識身。然於還滅門之十二因緣逆觀中，雖亦說識緣名色之識謂六識身，然卻繼續演說：名色六識身所緣之行支與無明支，悉皆依止第八識如來藏而有，不能外於第八識如來藏而有十二緣起支；窮究十二有支，則唯至無明支爲止，無明支則亦不能超過十二支所共緣之第八識如來藏，是故 佛說窮究十二有支至無明支時，**齊識而還，不能過彼**—不能超過七轉識所緣之第八識如來藏。 佛說：若不如是，則十二有支即有推之無窮之過失；若推之無窮，則因緣法即不得唯有十二支，則有無窮支，則一切賢聖皆不能實証因緣觀，則應世間無有現觀因緣法而得解脫之辟支佛，則應世間無有現觀因緣而能解脫之因緣觀佛法，亦應 佛說十二因緣法非是眞實可証解脫之觀行法。是故 佛說十二因緣觀，逆推至彼第八識而止（齊於第八識而還，不能超過彼第八識），即是現觀六七識心行所依之無明，實依第八識而有、而現行。

既如是，則現觀十二因緣法而證涅槃，入無餘涅槃而滅盡名色後，當知蘊處界悉滅，不復有三界**我**存在，眞實**無我**，故無輪迴衆苦；然蘊處界悉滅後，所餘者即為離見聞覺知之第八識如來藏，即是 佛於四阿含諸經中所說之涅槃本際、我、如、法、如來藏、識、眞如、阿賴耶識、心……等無量名所說之心。是故滅盡蘊等一切法已，實有不滅之實體，此體即是阿含諸經所說「非我、非異我、不相在」之「我」，即是「非三界我」之眞實「我」也；由如來藏常住不壞故，方便名之為「我」；由五蘊十二處十八界法之生滅必壞，故說無我；如是雙具「我與無我」之修證者，方名大乘佛法眞實正理也，非如二乘菩提之唯證蘊處界法無我，而不能證得「非三界我」之本際也。然印順法師及其徒衆，悉皆渾不知此，依所習密宗應成派中觀先入為主之邪見，而故意否定四阿含諸經中 佛說之第八識如來藏，否定 世尊所說涅槃之後實有常住不滅之我—無我性之第八識如來藏實體，墮於 世尊所斥「見一切法壞，名為涅槃」之外道見中。

印順墮於外道斷滅見後，卻來責備教內諸多實証涅槃者所說「無餘涅槃中有本際常住不滅」之正法為執著常性，責為「將涅槃實化」，完全不知無餘涅槃中之第八識與外道誤執意識常性之迥異處；卻作如是誣蔑之言：「以為生滅無常現象的後面有個常住的實體，或以為某分是無常，某分是常──如唯心論者之心。」然而大乘三界唯心論諸菩薩所說之第八識法，方是完全符合 佛所說之二乘涅槃之正法，方是符合阿含諸經所說「非我、非異我、不相在」之我，方是符合 佛說二乘涅槃之正見；印順師徒誤解佛法，執著密宗應成派中觀之邪見，以此邪見之主觀，反責三界唯心之正法為謬，不承認萬法唯識之正法為眞；如是否定《華嚴經》所說「三界唯心、萬法唯識」之正法，如同賊人之大喊捉賊，絲毫無異，而彼隨學諸師悉皆不能了知其謬，故說彼等為可憐憫者；余作是言，絲毫無謬！

復次，印順既不承認「涅槃之後」有「常住法」，則自己即可不必建立「意識細心說」，不必以意識細心作為入無餘涅槃後之常住法；如今印順師徒卻以自己建立子虛烏有之意識細心作為涅槃後之常住法，而否定 佛說本有可証之如來藏涅槃後常住法，如是作為，有何意義？猶如愚人不知不識黃金，以銅為黃金已，卻來否定他人所有眞正之黃金，說為非是黃金，高聲謂諸人曰：世間實無黃金。愚癡至此。彼諸徒衆若言印順未曾主張意識細心即是涅槃後之常住法，則印順對於「連繫三世因果之意識細心」之建立，即成戲論；三世因果之主體識即是涅槃法之主體故，是故印順師徒若作此否定者，亦成進退失據、兩難之局，所說不成。

印順法師復作是說：《**涅槃是佛法的歸宿**，雖大小各家對它的解說不同，但都承認是一種否定有爲有漏的**直覺**境地，本質上就必然的與空義有關，如實修行的佛弟子，都可能得到這種涅槃的**直覺境界**，所以佛法都傾向於空義。

涅槃，在後代的佛法中有著有與無、同與異的不同解釋。**直覺體驗**的這種涅槃境界，**不能從正面去具體說明，只可方便用世間言語形容**；因它是世間無常紛擾諸般痛苦的否定。所以用「常、寂」等詞句來形容描寫，這是大家共許的。……。涅槃，是聖者各別內証——內心直覺體驗到的，是離言不可說的（原註：大乘的離言法性，聲聞佛法是共許的。『佛本行經』說如來初轉法輪教化五比丘，阿若憍陳如等所証悟到的就是無生智，就是第一義空。與大乘的「空性、離言法性」是一樣的）。雖不可說，但有部他們認爲是實有的；只是這種有，不是平常見聞覺知到而可說的（原註：後代發展爲眞常妙有），只能方便的用「常、善、寂」等來形容它。不像有爲世象之由關係而有，它是超越時間性的，証不証悟它都是本來如此的，所以叫常。》（《性空學探源》頁224~225）

然而涅槃之証量，絕非印順所說之直覺境界，涅槃解脫境界要依深妙智慧現觀而証故，絕非以直覺而証之。直覺而証者，乃是情解思惟所得之臆想境界，絕非親証涅槃之境界也。

復次，有與無、同與異，乃是証悟之菩薩，就涅槃與如來藏及蘊處界等法之關係所作之說明，爲欲令諸未悟涅槃正理之佛子等親得証悟，故作如是同異有無之說明；印順不知菩薩所造論意，故謂「涅槃有同異有無之異說」。今欲令彼印順師徒及佛子大衆了知此義，分說如下：

涅槃本依第八識如來藏而立說，若外於如來藏，即無涅槃之可言，所以者何？若蘊處界滅已，成斷滅空，而可言爲涅槃者，則涅槃即成戲論，同諸斷見外道所說無異故；由是正理，故說涅槃法無體，涅槃者即是如來藏之異名故，非有涅槃實法之可証故，涅槃非是實法故，涅槃之體即是如來藏故。是故取証無餘涅槃已，蘊處界悉滅已，唯存如來藏不滅；即此如來藏不復出生「蘊處界」後有之境界，立名為無餘涅槃，故涅槃不得異於如來藏，不得外於如來藏而有，故涅槃即是如來藏，以如來藏為體，印順焉得謂涅槃外於如來藏而有？涅槃既依如來藏而有，以如來藏為體，故說涅槃自體為無。復次，証入無餘涅槃已，十八界俱滅，唯如來藏獨存而無見聞覺知、亦無眠熟時能思量之意根心，尚無五蘊十八界我存在，十八界俱皆滅盡，云何可謂有人實得涅槃？故說涅槃非有。

復次，涅槃眞實可知可証，亦可如拙著《邪見與佛法》書中之藉言語明示涅槃之修証及境界，非如印順師徒所說之不可知、不可証、不可說也，是故涅槃境界實有，唯是「非三界有」爾。涅槃者，謂煩惱障之現行斷除，見思惑不起，未來壽盡時有力能滅盡十八界之自己，能入獨存如來藏之不生不滅狀態，如是證境，於未入無餘涅槃位時，方便名為有餘涅槃。捨壽時至，滅卻見聞覺知自己，亦滅卻眠熟無夢時之思量心自己，七識十八界俱皆滅盡，不復有我，亦不復受生入胎，亦無中陰身存在，永無後有現行，故名無餘涅槃。

如是涅槃，若有眞善知識之宣演，加以自身之確實觀行而斷除見思二惑，即可眞知實証，非如印順師徒依於臆想而說之爲不可知、不可証、不可說也，非如印順所言之不可言、不可知之直覺境界也，確實可知、可言、可證故。是故涅槃非無——不可謂涅槃爲無——有如來藏心獨存故；是故涅槃非有，無一切蘊處界我故。是故實証涅槃之賢聖等人，絕不說涅槃爲有，亦不說涅槃爲無，而言涅槃非有亦非無，絕不墮涅槃有無邊見網中。

菩薩爲令學人了知涅槃，便可進而修証之，故說涅槃之有無正理，印順等人及諸古時未悟祖師，聞之不解，便作「涅槃實際是有是無」之諍論，悉屬戲論，絕無實義；今者印順不解，針對古今凡夫對「涅槃有無」而生之諍論，更言涅槃有「有與無之諍」，皆是依世俗凡夫對涅槃誤解之言語，而作評論，非是針對涅槃正義而作演述，故其所言涅槃等語唯是戲論，言不及義；故其所說涅槃之理，悉墮凡夫臆想揣測之境界中，非是眞知涅槃者，非是實証涅槃者。

然涅槃與如來藏非異，亦與蘊處界非異。如來藏無始以來常住不生不滅之境界中，卻又生起蘊處界，於三界中現有生死輪迴，要待修斷煩惱障之現行以後，方得取証涅槃；若離蘊處界之修行與觀行，即無涅槃之可証，故說涅槃非異蘊處界；如是說非異蘊處界，亦非異如來藏。然涅槃雖藉蘊處界之觀行而證，蘊處界卻非涅槃之體，涅槃卻又須依蘊處界之觀行方能由親證者自心顯示無餘涅槃，若離蘊處界則不能顯示涅槃之修證，故蘊處界與涅槃非一亦非異。

涅槃即是愛盡、離欲、一切心行空盡，故涅槃之中絕無一念不生之心行，六識心俱滅盡，不復現行故；既無六識心，根本無三界我，根本無覺知心存在，故涅槃中絕無密宗所言之淫樂第四喜覺受，故說涅槃是愛盡、離欲，是寂滅。若涅槃即是如來藏者，則應一切有情入無餘涅槃時，如來藏同於斷滅，則成斷見。是故，涅槃即是滅盡十八界法之如來藏境界，依如來藏而立名，以如來藏為體。既然涅槃法非有自體，唯是依如來藏不生萬法之境界而立其名，唯是名相，故說涅槃非即如來藏；故涅槃非有任何境界，純屬無所有之「境界」，純是滅盡十八界法已，獨存如來藏不滅，依如來藏如是境界而立涅槃之名。故涅槃境界即是如來藏不現於三界中之自住境界，故非斷滅，故涅槃唯名，非同如來藏，亦非異於如來藏。

若涅槃即是如來藏，則應一切有情不須修斷煩惱障，即可入無餘涅槃，如來藏一向恆存、體無生滅故，則應一切有情未証悟前已常住無餘涅槃中故；審如是，則應一切有情不須修斷無始無明之見道所應斷煩惱，不須修斷一念無明之見一處住地煩惱，即可証得大乘別教菩薩所証本來自性清淨涅槃；然而必須修斷此二煩惱方能証之，故說涅槃非即如來藏，故不可謂涅槃與如來藏同，應言非一亦非異。

涅槃若即是如來藏者，則應涅槃不須修斷我見與我執，即可親証，蘊處界不須斷滅便已是無餘涅槃故，則成常見外道見。亦應世間衆生不斷我見我執，即可成爲小乘聖人，而得解脫果，斷見外道所主張之蘊處界滅即是涅槃故，如是涅槃成斷滅法，故不得外於如來藏而有涅槃。而今現見必須修斷我見與我執煩惱（包括不承認意識細心爲常住法）後，方可証得有餘涅槃，故蘊處界非即涅槃，如來藏亦非即涅槃。

然亦不得言蘊處界異涅槃，所以者何？謂必須經由蘊處界之聞熏修習，然後能依所聞所熏而修斷我見與我執；我見與我執斷已，方得取証涅槃；而我見與我執之斷除，要須蘊處界之修習解脫道，方得親証之，方得顯示之，故不得謂涅槃異於蘊處界也。

如是同異之說，乃是爲應衆生修証解脫之故，而作分說；從如來藏之實際理地以觀，涅槃本無同異之可言。不知不解涅槃者如印順師徒等人，便謂涅槃自古以來常有同異與有無之說；故說印順對於涅槃之同異有無之見，乃是凡夫之蠡窺管測，非親証涅槃者之所說也，故說印順師徒等人對於涅槃完全無有証量；尚未能知聲聞初果分証涅槃之知見─執取意識細心爲常住不壞法故─何況能知四果所証涅槃境界？何況能証聲聞羅漢所不能知之大乘菩薩本來自性清淨涅槃？由是正理，學人可知印順法師於佛法之誤會與無知也。

印順法師所說：「直覺體驗的這種涅槃境界，不能從正面去具體說明，只可方便用世間言語形容。……。涅槃，是聖者各別內証─內心直覺體驗到的，是離言不可說的」─，亦非正語，所以者何？謂涅槃境界實無境界，而涅槃之無所有、無所得境界，確實可証，証已便能了知其境界，証已便能宣說涅槃之正理。是故余以種種言說，宣示涅槃正理，亦於拙著《邪見與佛法》書中，正面具體加以說明，非如印順所說之不能正面具體說明，非如印順所說之只可方便用世間言語形容。

涅槃固然是離言、是滅盡，然一切實証者皆可如實宣演之，否則諸　佛菩薩即不能確實弘傳、即不能令諸弟子實証之。何以故？謂涅槃實際尚無六根、六塵、六識，何況能有言說？何況能有諸法？何況能有種種佛法？然而涅槃絕非不可實証，証已絕非不可言說宣演。是故諸　佛菩薩証已，能以種種法句宣演涅槃正理，非不能宣說。今者印順竟言涅槃正理不能正面具體說明，完全違於世尊之聖教量，非正說也。

復次，印順所說：《涅槃……所以用「常、寂」等詞句來形容描寫，這是大家共許的》等語，亦非印順所知，正可謂「印順自說自唱已，而實不知自己之所云」者，何以故？謂涅槃之常，乃是依如來藏常住故言常；若離如來藏，則涅槃滅盡十八界法已，即成斷滅，云何而可言常？印順既否定如來藏，則涅槃即成斷滅；墮於「涅槃斷滅」邪見之印順，而可倡言涅槃爲常，有是理乎！

復次，涅槃若非滅盡十八界法，而如印順所言之尚有意識細心不滅者，則非是寂；何以故？謂若尚有意識心在，則必有知故——不論彼意識細至何種程度；若有知者，即非寂靜，不可謂寂也。至於印順所說不可知不可証之意識細心，乃是虛妄之想，何以故？謂意識不論細至何種程度，皆仍有知，非全無知也，亦非不可知不可証也。觀乎非想非非想定中之細意識，乃是三界中之最細意識，過此則無意識心；然此非非想定中之最細意識尚非完全無知者，亦可知印順所言不可知不可証之細意識爲虛妄想之建立見也，非是親証佛法者所說也。故說印順雖然作是言說：《涅槃……所以用「常、寂」等詞句來形容描寫，這是大家共許的》，然印順說出此「涅槃之常與寂」等正理，其實自身尚未能知也，何況能証？純是情解思惟所得之說也。

復次，印順所說：《『佛本行經』說如來初轉法輪教化五比丘，阿若憍陳如等所証悟到的就是無生智，就是第一義空。與大乘的「空性、離言法性」是一樣的》，語亦非實，所以者何？觀乎《佛本行集經》卷三十四所載：佛初成道，爲度五比丘而至鹿野苑說法；乃至卷三十九結束之離鹿野苑、更遊他方爲止，自始至終不曾宣說般若第一義諦，唯說涅槃八正道及四聖諦等二乘解脫道世俗諦，是故阿若憍陳如等五比丘當時所証之無生智，唯是二乘解脫道所得之小乘無生智，與大乘般若見道之大乘無生智完全無關也。如是完全無關大乘第一義空性之初轉法輪所說，純是小乘之解脫道，純是說蘊處界空相，純是說涅槃之修証，未曾涉及第二轉法輪及第三轉法輪之般若正義，云何可如印順所謂之《與大乘的「空性、離言法性」是一樣的》？是故印順作是說者，非正說也，乃是扭曲事實之說也。

印順法師由於不能親証如來藏，不能親証般若正義，是故欲將三乘法義偏限於小乘無生智之四聖諦八正道及十二因緣法中，心中排斥大乘般若正理，排斥般若經所說之第八識實相心、非心心，排斥第三轉法輪唯識諸經所說之如來藏—阿賴耶識，因此故意妄謂初轉法輪所說者即是全部佛法，於其所造之《妙雲集、如來藏研究、性空學探源……》等書中，故意暗示第二轉法輪及第三轉法輪之般若經與唯識經爲非佛所說；如是之言，乃是出於印順維護密宗應成派中觀的一己之私、管見所說，絕非 世尊之本意也。何以故？此謂長阿含、中阿含、雜阿含及增一阿含諸經中，已可顯見 世尊爲後來之宣說般若及唯識正義而作之伏筆故；余於後時將造作之《阿含正義》書中，亦將列舉之也。

由是正理，故說：涅槃乃是空性如來藏所顯法，故說其體是如來藏，故涅槃本身非是實體法，唯是名相；然仍非是印順所言一切空無之空也，實是依於如來藏之不復受生、不復出現三界有一切法，而依如來藏自住如是無境界之境界而立涅槃之名也，故涅槃即是如來藏之異名。如是正理，世尊亦曾於入滅前所說之《大般涅槃經》宣示其理；如是正理，凡我會中一切因明心而親証如來藏之同修，悉可領受之、印証之、隨順之，如是方名「印順」涅槃之賢聖也，如實印順於涅槃境界故。

涅槃雖是離言法性，然非印順師徒所言之「一切法空、一切法斷滅無之空」而可說爲離言也。其實是：親証涅槃者，現見涅槃境界中尚無十八界法，尚無五陰之我，尚無覺知心我，何況能有言說？故說涅槃是離言法性。然離言法性者，非如印順所說「一切法空無」之空也，非如印順所說一切法斷滅、實無如來藏之斷滅空也，實是以如來藏爲離言之法性也。不論於大乘別教菩薩所証之本來自性清淨涅槃，或於二乘聲聞所証之有餘及無餘涅槃，或於究竟佛地所証之無住處涅槃，皆是依如來藏而說有如是涅槃之境界。由如來藏於此四種涅槃境界中，皆離言說，故說涅槃具離言法性。若如印順之先否定如來藏，然後言十八界滅盡之後實有涅槃之離言法性者，則成戲論，如是涅槃已成斷滅空故，斷滅空之涅槃妄想，云何可言有法性耶？而說離言之法性？豈有斯理？

有部雖然不能證知涅槃，而言涅槃「不是平常見聞覺知到而可說的」，然於凡夫位而言，涅槃確實如其所說之不可知也，是故印順三十歲出家，窮研涅槃至今九十餘歲而仍不能了知，要待平實於《邪見與佛法》書中說已，彼方能略知。是故印順不應批評古時有部如是說法。

印順又加註云：「後代發展為眞常妙有」，又註解說：「証不証悟它都是本來如此的，所以叫常」；然而印順此說名為臆想，涅槃可由平常見聞覺知之修行而證知到祂，並且是可說的，如果有眞正之善知識指導。

只因當時外道猖狂，故 世尊不許弟子為外道等人說涅槃之理；今時因涅槃已被印順曲解到極為嚴重之地步，因此已將佛教存亡推至危急之境，故平實不得不加以詳細解說，雖有洩漏涅槃正理之失，然可挽救佛教被印順所壞之善，權衡得失利弊之輕重，不得不為。

復次，因地涅槃絕非如印順所說之爲常；未至佛地之第八識眞如中，仍有種子變易故，不得謂常；唯是體恆常住爾。第三轉法輪諸經所說之眞常唯心者，乃言佛地之第八識眞如中，永無種子變易，故名眞常；絕非如印順所言之由「有部認爲是實有的」然後再「後代發展爲眞常妙有」，二者迥然不同，故印順所說純是臆想之言，絕非事實。

復次，若眞似印順所言之「証不証悟它都是本來如此的，所以叫常」，則一切人皆不須修行，因其自心涅槃本來如此，本來已常故，則一切人不須學佛，此則符合印順著作所欲達成之目的——大家都不必學佛，只須當作哲學而作學術研究即可。

若依印順所言「証不証悟它都是本來如此的，所以叫常」，則已證悟本來自性清淨涅槃之大乘別教菩薩，應於初次證悟之時，已至究竟佛地，則不須悟後進修佛道也。審如是者，則大乘菩薩五十二階位之進修次第與內涵皆可廢棄也，第七住位般若正觀現在前時，已是成佛了也，則不應有諸賢聖菩薩悟後尚未成佛之事實也。然今現見大慧菩薩、大精進菩薩、無著、世親、龍樹、玄奘、達摩、慧能…等菩薩悟後仍未成佛也。是故未至佛地之第八識皆尚有種子變易，烏可言之爲常？唯可言其體恆常住不壞，然尚有所含種子之變異，不可謂爲眞常也。由是正理，可知印順不唯懵於二乘菩提，於自宗大乘之佛菩提般若，亦復茫無所知也。是故未證悟自心如來藏者，應須急求證悟之，悟後方能發起般若慧故；悟得般若慧者，亦能如余之發起二乘菩提智慧故，亦能親得解脫果之證境故，莫信印順臆想情解之說；由此緣故，說一切大乘佛子皆當急求證悟自心藏識。

印順法師復作是說：《如『順正理論』的兩段介紹說：「煩惱畢竟不生，名爲涅槃。」「由得對治，証得當起煩惱後有畢竟相違所依身故，名得涅槃。」煩惱決定不生曰涅槃。所說的煩惱，不像有部的三世實有，是在有情六處中的煩惱功能。現在智慧現前，使煩惱功能不再潛動，決定不再生起煩惱，身心得到清淨，叫做得涅槃。所以，譬喻者說的涅槃，**專在煩惱的不生安立**，**不是另有實體可得**。後來，大乘常用破瓶的譬喻說明這思想：如說破瓶，是在完整瓶子的否定上說，不是另有一種叫做「破」的實在東西。所以經部說的擇滅非實有，純粹從消極面，在事相的否定上說，幾乎沒有接觸到理性。他們思想與大乘空宗的距離，就在這一點。不過反過來說：四諦之中有滅諦，諦的意思就是眞實不虛。滅諦，即謂眞實是滅；經中也常說：「此是滅，汝（原註：比丘們）應証」！這都說明有滅是無可否認的。**體性非有，而又說有，這不矛盾嗎？**》（《性空學探源》頁226~227）

印順對涅槃理之了知及修証，便是墮於如是邪見上。於 世尊種種正理之說及正說譬喻，心不信受，偏要信受後人不正確之譬喻與言說，而廣弘之。印順對於譬喻說者之破瓶喻，完全誤解其理；如是誤解之理，若可謂爲眞實涅槃正理者，則一切斷滅見之外道所說法，亦應是佛教中之眞實正理，不可斥之爲外道也。此謂印順知見邪謬，正墮於破瓶喻所斥之凡夫誤解佛法狀況中：

此謂有一分凡夫不解佛法，以爲破瓶之後尚有**破**之一法存在，執著「**破**」法以爲實有。印順法師亦復如是：執著滅盡一切法後之**滅相不滅**，以蘊處界等法滅後之**滅相**，作爲涅槃實法，即同此破瓶喻所斥之凡夫執著有一「**破**」法實存也；瓶破後之**破**法，同於滅盡諸法後之**滅相**故。今者印順書中認爲滅相不滅即是眞如（《空之探究》172 頁），與此破瓶喻所破者無稍差異，同此所破；云何印順所說同於斷見外道，而反破斥斷見外道？有是理乎！云何印順以是斷見外道見之身，而可身居佛教法師僧寶之位？不應正理。

如前所言，涅槃唯是依如來藏自住境界而立名；若外於如來藏，涅槃即無其體，故涅槃以如來藏爲體，豈是空無斷滅？今者印順以斷滅見之譬喻說，認以爲實，作爲佛法之証知，同於外道斷見所說，等無有異。如是誤解涅槃正理已，卻來指責彼諸親証涅槃正理之大乘賢聖，誣謂大乘賢聖諸人所說涅槃實際（如來藏）「是三界有，同於外道梵我神我」，顚倒之至。所以者何？謂大乘賢聖証得如來藏而親証本來自性清淨涅槃已，絕不說涅槃爲有，亦絕不說涅槃爲無；涅槃實際絕無十八界法中之任何一法故，乃至印順所倡不可知不可証之意識細心亦無故，云何可謂爲有？無一切「三界有」之種種法故。

然涅槃本際雖無一切三界中之有法，卻絕非如印順所說之斷滅空，尚有如來藏離見聞覺知及離思量性而獨存故，云何印順可言涅槃爲空無？印順不知不証涅槃正理與境界，食彼未悟古人之涎唾，以蘊處界消滅後之滅相不滅爲涅槃、爲眞正之如，墮於斷見之中，亦違背自說意識細心常住不壞之有見，所言自生矛盾；復以如是歪理，專就不知不證涅槃之凡夫所作涅槃有無之辯論等事相，而作如是等等涅槃有無之辨正，悉是戲論，所言悉皆不能觸及二乘聖人所証涅槃，何況能言及大乘佛菩提之第一義諦？故說印順不知不解涅槃，猶在斷見外道與常見外道之凡夫位中。

復次，印順於此一段涅槃之辨正中，亦是前後自相矛盾。如印順之舉大乘破瓶喩所言：「如說破瓶，是在完整瓶子的否定上說，不是另有一種叫做『破』的實在東西」，則已分明宣示：破之一法，乃依瓶存；瓶若不存，破之一法亦無；唯於瓶破時說其過程名之爲破，瓶既破已，則破亦不存。印順既承認此一事實，烏得主張滅相不滅？烏得言滅相不滅即是眞如？所說自相矛盾，豈是正法之說耶？而其信衆至今不能檢擇其謬，續食其邪見涎唾，不能頓捨。

印順復以是說，令人於 佛所說經典生懷疑心：《不過反過來說：四諦之中有滅諦，諦的意思就是眞實不虛。滅諦，即謂眞實是滅；經中也常說：「此是滅，汝（原註：比丘們）應証」！這都說明有「滅」是無可否認的。體性非有，而又說有，這不矛盾嗎？》然 佛所說實無矛盾，世尊所說滅諦眞實不虛者乃謂：「我見我執煩惱滅除之法眞實不虛，眞實可修可證，證已則我尚不存，何有滅之一法尚存？」印順不解其意，反來責 佛所說「此是滅，汝應証」之說有誤、有矛盾；又斥責於佛：「體性非有，而又說有，這不矛盾嗎？」然實印順自生誤解，於 佛正旨橫生誤計，而作是言，滅除學人對 佛語聖教量之信心，以便違 佛所說聖教量、而弘傳其密宗應成派中觀邪見。是名居心叵測者也。所以者何？爾印順既言破之一法非實有，則不應再主張滅相可以是不滅者，則不應再主張滅相不滅即是佛所說之眞如也！自生矛盾故。

印順法師復作是說：《偏偏對於心法，反不能了達其無常而厭離它，這是什麼緣故呢？佛法說：這是我見在作祟。一切無常，連心也無常，豈不是沒有我了嗎？它怕斷滅，滿心不願意。所以，在眾生看來，法法可以無常，推到最後自己內在的這個心，就不應再無常了，它是唯一常住的。循著這思想推演，終可與唯神論或唯我論、唯心論相合。》（《性空學探源》頁37）

印順法師由於不能証得第八識如來藏故，索性否定之，是故一向反對大乘第三轉法輪諸經所說之三界唯心正理；由否定如來藏故，便設定有情之心唯有六識；如是虛妄設定已，便將　佛所說之意識心、意根心、阿賴耶心，皆誤解爲意識心，說第八識是方便說，實無第八識如來藏。如是誤會與錯誤設定已，卻來訶責大乘証道賢聖所說涅槃中有如來藏常住不滅之說爲執著意識心，卻作如是誣責：「大乘賢聖所說涅槃中有如來藏不滅者，爲我見我執未斷之人」；依如是誤會之邪見，而栽贓與誣責大乘唯識一切種智正法爲「與唯神論及唯我論、唯心論相合」，誣謂唯心論正法爲外道法。

然實大乘賢聖作是說者，實皆已斷除我見、我執、神我、梵我等邪見，皆已親証第八識如來藏，而現觀意識心虛妄，現觀意根心虛妄故；唯神論及唯我論者悉墮意識心之境界故。如是大乘賢聖所斷我見與我執之現觀，印順尚不能觀，我見我執尚不能斷，猶墮意識細心境界之中，成爲我見未斷者，云何以未斷我見者之邪見，翻謂大乘賢聖之證如來藏而現觀十八界虛妄者爲未斷我見、未斷我執者？今者印順作是言說，豈非誣良爲娼者乎？豈非栽贓誣賴大乘賢聖之言乎？

實際則是：如是現觀意根意識心等十八界法虛妄之証量，印順尚不能知，尚不能作是現觀，而猶建立意識細心爲常住不壞法，自身正墮我見與我執之中，云何有資格指責大乘賢聖主張涅槃中有如來藏者爲墮於我見我執？猶如三歲無知兒童之評論大學教授無智，等無有異也。

印順法師既作是說：《阿含說無爲的定義是「不生不滅」》（《性空學探源》頁206），則當認知：涅槃之中實有如來藏爲其本際，永無生滅。涅槃若眞是如印順所言一切法空之斷滅空者，則涅槃同於斷見外道，與斷見外道無二無別，云何可言印順如是斷滅法之涅槃爲阿含所說**不生不滅**之無爲法？不應正理。

印順每言三乘佛法即是緣起性空，除此以外無別佛法，絕不承認四阿含諸經佛語所說之涅槃有本際不滅。然若如是，則一切佛法悉同斷見外道之斷滅空，則不應言無爲是不生不滅，則阿含所說不生不滅之言，即成妄說。是故佛法所說緣起性空者，乃是依不生不滅之如來藏而言蘊處界萬法緣起性空，蘊處界萬法悉無常住不壞之自體性故，悉是因緣所生法故，悉是久後必壞之法故；緣起性空必壞之法，云何印順可言之爲不生不滅？

是故，一切大師與學人當知：蘊處界等萬法悉是緣起性空，如是現觀而斷我見我執已，當知捨壽後滅除十八界萬法已，尚有本離見聞覺知、本離思量性之如來藏，處於離色蘊有、離受想行識有之無境界法中，絕對寂靜，永無生滅，故名涅槃。一切大師與學人當知：既已現觀五蘊、十八界法悉皆虛妄，無所執著，當知已斷我見與我執也；我見之「我」者即是五蘊與十八界等法故，離五蘊與十八界等法即無三界我可得故；而如來藏是出生「蘊處界我」之根本法故，如來藏非是三界有之法故。是故涅槃中有如來藏常住不滅，無形無色，離見聞覺知，離諸思量，永不受生於三界之中，故說涅槃非常非斷，故說涅槃非有非無，故說涅槃不生亦不滅，如是成就中道義。

如是，印順自己將涅槃斷滅化，卻反而振振有辭地責備實證涅槃者所說之眞正義理：《一分學者把涅槃說在離有爲無常之外，把它實在化了，於空與涅槃脫了節。須知**涅槃就是有爲法本性的空寂**，只不過以無我、無常，經過愛盡、離欲而已。這樣，**空與涅槃打成一片，一切法本性涅槃，即此一根本要義的中說。**》如是之言，已經證明印順對於涅槃之正理，完全不解，墮於應成派中觀邪見之窠臼中；自己墮於斷滅空之邪見中，復墮於意識細心常住不滅之「實在化」中，卻來責備他人之將涅槃「實在化」，正是作賊喊捉賊、其心虛僞不善之人也。

無餘涅槃之中，唯有如來藏恆存不滅；然而如來藏自身，卻是從來離見聞覺知，從來不起思量之心行，故種智中說其體性爲「恆而不審」。如是，無餘涅槃之中，如來藏無見聞覺知、無證自證分，故不覺知有我，故名無我；無餘涅槃之中，唯有如來藏心獨存，而其體性恆無思量性，故亦不若眠熟無夢時之意根執著自我，亦不若滅盡定位中之意根執著自我，亦不若無想定位、正死位、悶絕位中之有意根執著自我；無餘涅槃之中，五蘊、十二處、十八界滅盡，故無蘊處界我，故無三界我，故無覺知自我之我，蘊處界悉皆滅盡故，眞實無我；如是，一切法滅盡，離一切我、離思量、離一切法、離見聞覺知，空寂極空寂，故名究竟寂滅、究竟寂靜。是故無餘涅槃者，乃是獨存如來藏而常恆空寂，而非印順所墮之斷滅、之空無。

印順法師宗於藏密之應成派中觀邪見，爲如是密宗邪見所誤，自不能知如是涅槃無我、極寂靜而不墮斷滅空之境界，反來責備他人主張涅槃中有如來藏恆存不滅之說，誣此 佛說之眞正涅槃爲「將涅槃實化」，誣爲「將涅槃與空脫節」，其實根本即是自己對佛教無餘涅槃之誤解。衡於四阿含諸經佛意之隱說者，以及大乘唯識系諸經之隱說顯說者，莫非如是；自是印順不解，以信受應成派中觀邪見之先入爲主觀念故，受其遮障，致於涅槃之修證產生偏斜，以致對於涅槃之修證，墮於斷見外道之邪見中。由此可以證實：印順對於四種涅槃之修證，可謂悉付厥如也；既於二乘菩提之解脫道無所修證，不入聲聞初果；又誤會般若正理，不證本來自性清淨涅槃之般若智慧，非是大乘初見道者，眞可謂爲佛門內之凡夫斷見外道也！

如是，印順墮於「三界有」妄想之中，執取虛妄建立之「不可知、不可證之意識細心」常住不壞，墮於「三界有」之妄想中，所說悉屬眞心如來藏以外之常見斷見虛妄義理；復作種種妄想言說，書以成文，廣爲流通，而其徒衆至今猶不自知，名之爲「凡愚不能了」。

一切三乘經典所說外道種種妄想法，始終唯名無實，正是**性空唯名**，非是般若正理；印順法師所說者，亦復如是，終是**性空唯名**之戲論爾，絕無實義，唯是名言、名相，非是佛法實體。推究印順諸書所說涅槃與般若諸法，未曾有一言觸及第一義諦，皆唯言說妄想，皆是**性空唯名**之戲論爾，皆是兔無角之戲論爾；故彼諸書中所作言說，終無一法實有，唯是言說；故彼書中諸多言說，唯是言說戲論，實無一法離於言說而有其實體恆存常住，故其所說唯是戲論，從來不曾言及第一義諦。

楞伽阿跋多羅寶經 卷四 一切佛語心品之四

爾時大慧菩薩白佛言：「世尊！惟願為說三藐三佛陀；我及餘菩薩摩訶薩善於如來自性，自覺覺他。」佛告大慧：「恣所欲問，我當為汝隨所問說。」大慧白佛言：「世尊！如來應供等正覺，為作耶？為不作耶？為事耶？為因耶？為相耶？為所相耶？為說耶？為所說耶？為覺耶？為所覺耶？如是等辭句，為異為不異？」佛告大慧：「如來應供等正覺，於如是等辭句，非事，非因；所以者何？俱有過故。」

「大慧！若如來是事者，或作或無常；無常故，一切事應是如來，我及諸佛皆所不欲。若非所作者，無所得故，方便則空；同於兔角、槃大之子，以無所有故。大慧！若無事無因者，則非有非無；若非有非無，則出於四句。四句者，是世間言說。若出四句者，則不墮四句；不墮故，智者所取；一切如來句義亦如是，慧者當知。」

「如我所說：『一切法無我』，當知此義：無『我性』是無我。一切法有自性，無他性，如牛馬；大慧！譬如非牛『馬』性，非馬『牛』性；其實非有非無，彼非無自性。如是大慧！一切諸法非『無自相、有自相』，但非無我愚夫之所能知，以妄想故；如是一切法空，無生、無自性，當如是知。如是，如來與陰，非異非不異。若不異陰者，應是無常；若異者，方便則空；若二者，應有異。如牛角，相似故不異；長短差別故有異，一切法亦如是。大慧！如牛右角異左角，左角異右角，如是長短種種色，各各異。大慧！如來於陰界入，非異非不異；如是，如來、解脫，非異非不異；如是，如來以『解脫名』說。若如來異解脫者，應色相成；色相成故，應無常。若不異者，修行者得相，應無分別，而修行者見分別；是故非異，非不異。」

「如是，智及爾燄，非異非不異。大慧！智及爾燄，非異非不異者：非常非無常、非作非所作、非有爲非無爲、非覺非所覺、非相非所相、非陰非異陰、非說非所說、非一非異、非俱非不俱。非一非異、非俱非不俱故，悉離一切量；離一切量，則無言說；無言說，則無生；無生，則無滅；無滅，則寂滅；寂滅，則自性涅槃；自性涅槃，則無事無因；無事無因，則無攀緣；無攀緣，則出過一切虛偽；出過一切虛偽，則是如來；如來則是三藐三佛陀。大慧！是名三藐三佛陀。佛陀者，離一切根量。」爾時世尊欲重宣此義而說偈言：

悉離諸根量，無事亦無因；已離覺所覺，亦離相所相。
陰緣等正覺，一異莫能見；若無有見者，云何而分別？
非作非不作，非事亦非因；非陰非在陰，亦非有餘雜；
亦非有諸性，如彼妄想見；當知亦非無，此法法亦爾。
以有故有無，以無故有有；若無不應受，若有不應想。
或於我非我，言說量留連；沈溺於二邊，自壞壞世間。
解脫一切過，正觀察我通；是名為正觀，不毀大導師。

疏：《爾時大慧菩薩白佛言：「世尊！惟願世尊為我等演說三藐三佛陀之正義；我及其餘菩薩摩訶薩若善於了知如來之自性，以後即能自己覺悟深法，並能覺悟他人。」佛告訴大慧菩薩：「恣汝所欲而問，我當隨汝所問而為汝說。」大慧向佛稟白說：「世尊！如來應供等正覺，是由造作之法而成就呢？

或者非是由造作之法而成就呢？是屬於事相之法呢？或是事相諸法之因呢？是事相之自身呢？或是另一法所顯之事相呢？爲言說即是如來呢？或者所說即是如來呢？爲覺悟者即是如來呢？或者所覺悟者即是如來呢？如是等辭句所說，與如來法身，爲互異？或者不互異？」

佛告訴大慧菩薩：「如來應供等正覺，於汝所問如是等辭句而作如是言：如來非是事相上法，如來亦非唯是事相諸法之因；所以者何？若作此二說者，皆有過失故。大慧！若如來唯是事相上之法者，則應或是能作者，或是成爲無常之法；由無常故，一切事相上之法皆應是如來，我釋迦牟尼及諸佛，皆不願此是如來。如來若非是所作者，則必定於六塵萬法中悉無所得，由於無所得故，則所行一切方便行將全部成空；成空則同於兔角，或同於石女所生之子，以無所有故。大慧！如來若是『無事亦無因』者，則如來非有非無；若如來非有亦非無者，則出離於四句之外。四句言說與所說者，乃是世間言說，並無實義。若如來是出於四句等法者，則不墮於四句之中；由於不墮於四句之中故，方是有智慧之人所取之法；一切『如來句』之眞實正義亦復如是，有智慧者應當了知。」

「譬如我所曾說之『一切法無我』，應當了知此法句之眞實義：沒有『我性』即是無我。一切法皆有自性，而無他性；譬如牛馬各有自性。大慧！譬如：非是牛有馬性，亦非是馬有牛性；其實是非有他性而非無自性——彼牛馬等非無自性。如是大慧！一切諸法非無自相、非有自相，但非是墮於無我邊見之二乘愚癡者與凡夫等人之所能知，彼等諸人墮於虛妄想中故。如是，對於『一切法空』之理，對於無生、無自性之理，亦應當如是了知。同此道理，如來與五陰，非有異，非無異。若如來與五陰不異者，則如來應是無常之法；若如來與五陰有異者，種種方便則成空無；若如來與五陰是二法者，則應如來與五陰有異。譬如此牛角與其餘牛角之間，由於相似故不異；由於長短差別故有異，故非異非無異，一切法與如來之關係亦復如是。大慧！譬如牛之右角異於左角，左角亦異於右角，如是，牛角之長短及種種色澤等，各各有異。大慧！如來於陰界入中，與五陰十八界六入等法，非異亦非不異；如是，如來與解脫，非異亦非不異；如是，如來一名其實是以解脫之名言而說爲如來。若如來異於解脫者，則應如來是色相所成者；由於是色相所成故，則如來應無常。若如來不異於解脫者，則佛法中諸修行者所証之法相，應無分別；而諸修行者法相實際上現見有分別；是故說如來與解脫非異非不異。」

「如是，智慧及爾燄，此二法亦是非異非不異。大慧！智慧及爾燄，此二法非異非不異者，乃是說此二法：非常亦非無常、非是能作者亦非是所作者、非是有爲法亦非無爲法、非是覺知者亦非是所覺知者、非是能見之相亦非是所見之相、非是五陰亦非異五陰、非是能說者亦非是所說者、非一亦非異、非俱亦非不俱；由於非一亦非異、非俱亦非不俱故，如來完全離於一切現量境界；離一切現量境界，則無言說可言；若是離言說之法，則是無生之法；若是無生之法，則是無滅之法；無滅之故，則是寂滅法；寂滅之故，則其自性即是涅槃；自性涅槃故，則無事相，亦無諸事之因；無事亦無因，則無所攀緣；無所攀緣，則超出一切虛僞之戲論；超過一切虛僞戲論故，則是如來；如來則是正等正覺之佛陀。大慧！此即是所說之正等正覺佛陀。大慧！正等正覺佛陀，遠離一切六根現量境界。」爾時世尊欲重新宣示此眞正義理，而說偈言：

完全遠離六根之現量境界，不墮於事相，亦不墮於事相之因中；
已經捨離能覺與所覺，亦已捨離能現相與所現相。
五陰等緣起法中有正等正覺之法身，是諸墮於一異邪見者所不能見；
若無有能見者，如何能在六塵萬法中而作分別？
如來非是能作者亦非是不作者，如來非是事相法亦非是事相之因；
如來非是五陰、亦非在五陰中，亦非有餘法雜合；
如來亦非有種種體性，猶如彼諸外道與凡夫之所見者；
當知如來法身亦非是斷滅空無，此法如是，諸法亦復如是。
因爲「有」的緣故所以有「無」，因爲「無」的緣故所以有「有」；
若是唯有「無」之一法，則不應信受；
若是唯有「有」之一法，則不應起如是想。
或者於有我、無我等法而起言說，並於此等言說境界而留連不捨者；
如是等人則沈溺於有我與無我二邊，此邪見將壞滅自己與世間人之正見。
解脫於一切邪見過失之繫縛，正確地觀察我釋迦牟尼所通達之正義；

如是則名爲佛法正觀，如是之人方是不破壞大導師所弘傳之法者。》

解：大慧白佛言：「世尊！如來應供等正覺，爲作耶？爲不作耶？爲事耶？爲因耶？爲相耶？爲所相耶？爲說耶？爲所說耶？爲覺耶？爲所覺耶？如是等辭句，爲異爲不異？」佛告大慧：「如來應供等正覺，於如是等辭句，非事，非因；所以者何？俱有過故。」

大慧菩薩向 佛世尊提出如是諸問：「如來應供等正覺，是由造作之法而成就呢？或者非是由造作之法而成就呢？是屬於事相之法呢？或是諸法之因呢？是事相之自身呢？或是另一法所顯之事相呢？爲言說即是如來呢？或者所說即是如來呢？爲覺悟者即是如來呢？或者所覺悟者即是如來呢？如是等辭句所說，與如來法身，爲互異？或者不互異？」凡此諸問，皆因未悟凡夫及二乘愚人不解 佛如來之法身自性，故有如是種種問疑；皆是爲諸未悟般若諸人而向佛請問者，非是大慧菩薩自身於此有疑也。

佛即爲大慧菩薩等人作如是開宗明義之解釋：「如來、應供、等正覺，於汝所問如是等辭句而開示說：如來不是事相上之法，如來也不僅僅是事相諸法之因；所以者何？如果作此二說的話，都是有過失的緣故。」云何爲有過失？世尊隨後又闡釋云：

「大慧！若如來是事者，或作或無常；無常故，一切事應是如來，我及諸佛皆所不欲。若非所作者，無所得故，方便則空；同於兔角、槃大之子，以無所有故」：如來非唯是事相上之法，若如來唯是事相上之法，則應言：最後身菩薩在人間成佛時之色身即是如來。若事相上之色身即是如來，則如來即成爲四大元素所聚集創造而成之所作法；若是所作之法，則是緣起法，則未來仍將隨緣而滅，緣起緣滅之法則是無常，則如來應是無常之法。若無常之法可以是如來，則應一切事相上之無常有爲諸法，亦是如來，則應一切無常有爲之貓狗等色身亦是如來，我釋迦牟尼佛及一切諸佛都不喜歡這樣的如來。

反過來說：假使如來不是由所作的色身而作，則非是所作之法；如果如來不是所作之法—沒有色身，則在人間示現的如來將成爲完全無所得的法；如來若是完全無所得的法，則如來在人間所作的種種方便度化衆生的事與業，便都成爲子虛烏有的空法，所言之種種方便利益衆生之事相行，都成虛妄言說，而不能在實質上利益衆生。如果完全不能利益衆生，完全沒有種種的方便行，則如來應當同於兔子頭上的角、同於石女所生的兒子一般虛妄不實，則如來應當唯是言說，因爲如果說如來沒色身等事相上之法時，則如來在人間根本就沒有一法存在，根本就沒有成就如來之事實的緣故。

吾人對於如來，應有正確之觀念：如來非唯理體，亦非唯是事相法；非是三界有，非無三界有；如是證，如是知，方是眞正之佛法也！

如來若是唯有理體第八識眞如，則如來應常住於無餘涅槃中，不在三界中出現；在三界中出現而利益衆生者，乃是五陰故，乃是七轉識及理體配合共成者故；若無五陰與理體配合運作，則不可能有如來出現於三界內而利益衆生。故如來非是唯有理體第八識也。

反之，若如來唯有五陰而無理體第八識者，則如來之五陰：色身、七轉識等，現見是四大所成之法，現見是依他起性之所作法，現見是遍計執性、依理體而有之法。則如是之如來，應是所作之法；所作之法則必是無常之法；無常之法則必有滅，有滅之法焉得名爲不生不滅之如來？所作有爲之法，何須吾人精勤修證之？終歸壞滅空故。

如來必是同具理體第八識心，亦具三界衆生所有之五陰所作法，雙具理體與五陰等所作法，方得名爲如來也。單獨存在之如來理體，不與五陰同俱之如來理體，即無衆生之用，即無衆生喜怒哀樂心行，即無有情衆生所應具足之種種無漏有爲法心行，即非有情；若非有情者，即非如來，不能了知種種衆生之心行故。由是正理，說單獨存在之第八識如來藏，即非有情，名爲無情。

若諸如來示現於人間或天上時，無有五陰者，則非如來，非是三界衆生故，如來不示現於無色界故，無五陰則不能示現於欲界與色界故。是故如來若示現於三界中時，必定具足五陰；五陰則是所作之法，由此所作之五陰故，如來能作種種方便示現，種種方便說法，利益無量無數之有情。若無五陰等所作法者，如來則非示現於三界中，則不能利益三界衆生，則將永遠住於無所得境界中，則將永無利益衆生之一切方便所作；審如是，則如來所作利益衆生之一切方便行，應如兔角，或應如石女所生之子，全是子虛烏有之想像事相，則諸經所言如來具諸方便而利衆生者，皆成空言。由是故說，如來非無情，非有情，非衆生，非非衆生；雙具理體與衆生之五陰所作法故，以此解脫色而常住三界中利益有情衆生故，非唯理體可以言爲如來也，亦非唯如來之五陰可以言爲如來也。

「大慧！若無事無因者，則非有非無；若非有非無，則出於四句。四句者，是世間言說。若出四句者，則不墮四句；不墮故，智者所取；一切如來句義亦如是，慧者當知」：如來於世間示現時，必定有因亦有事；因者謂理體第八識眞如，事相者謂與示現處之衆生同具其五陰事相法；由此緣故，說衆生所見如來之身量與莊嚴相，皆隨衆生之福業果報差異而有差別：人間狹小身量之人類，所見示現於人間之如來身相，亦如是身量狹小；人壽八萬劫時之人，身量高廣，則彼時示現於人間之佛身量亦隨之高廣；欲界之兜率天身量高廣於人間，則示現於彼天之佛，身量亦隨之高廣；色究竟天之天人身量高廣一萬六千由旬，則示現於彼天之佛身，亦隨之高廣，達於一萬六千由旬。佛之示現，隨其所應得覲之衆生福德差別而有差異；示現之佛與衆生之有別者，乃在三十二大人相及八十種隨形好，與種種法相之妙好而有差別，身量則同所應度之衆生而有差別。凡此示現者，皆是事相上法；若無如是事相上諸法，則如來不能出現於三界中而利益衆生。

然而如來本體，實則無事亦無因。此乃純由如來之第八識眞如理體而說。如來之第八識眞如理體，非有亦非無；非有者，謂非三界中之一切有爲法：所謂非色身、非受想行識、非恆審思量處處作主之第七識意根、非眼耳鼻舌身意等見聞知覺性之六識、非是有念靈知心、亦非離念靈知心、非貪瞋癡慢疑之心行、……非三界一切有爲法，是故非有。非無者，謂如來之理體—第八識眞如，含藏無量無數有漏法與無漏法之種子，能生三界萬法，有其眞實體性，是故非無；亦謂如來之理體—第八識眞如，能出生蘊處界等五陰七識心，出生已，自身復能與此五陰七識心互動，配合運作，故令三界衆生得能自在生存於三界中而受罪福果報，有此功德故，名爲非無；非如印順法師依密宗應成派中觀邪見所說之「唯是名相施設，實無第八識眞如」之說也。是故如來本體非有亦非無。

如來本體若是非有非無，則出過四句之外，不墮四句之中，超過三界一切萬法，超過一切外道所說所證，超過一切聲聞緣覺所說所證。四句者謂有、無、一異、俱不俱。

若言如來是『有』，則有過。如來三大阿僧祇劫精勤修滿福慧，早已斷盡我見我執及習氣種子隨眠，不唯出過聲聞無學所斷之三界有，乃至習氣種子之隨眠亦斷盡無餘，焉得復有「三界有」？是故如來出過『有』句。

若言如來是『無』，亦有過。如來由已斷盡我見我執及煩惱障習氣種子隨眠故，亦證三界世間所有之四禪八定及四無量心與五神通；亦早已斷盡所知障之一切隨眠，能自由運作自心眞如所有之「大種性自性」，故能入於十方一切三界世間境界，隨應示現、應緣赴感，無不能為者，故如來雖已究竟斷盡「三界有」之輪迴法，亦能於應身入滅後，常住色究竟天為諸地上菩薩宣說一切種智妙法；亦能依於大悲大願而隨緣赴感，無所障礙，一切有緣之佛門學人皆得感應，依增上意樂之十無盡願故，如是利益有情衆生，永無窮盡；由此緣故，《阿含經》中說如來有解脫色常住不滅。如來現有如是法故，不得言如來是『無』，是故如來出過『無』句。

若言如來與所示現之色身『是一、是異』，亦有過。如來示現於三界中，永利衆生而無盡時，所現於三界中之一切色身與覺知心等『有』法，示同三界有情身相，如是『利行、同事』而攝受之；三界中有情雖得見之，實不得謂如來與所現三界有之身像色身是『一』，非即是如來本體之第八識法身眞如故。若是『一』者，則應如來身像滅時，如來本體之第八識眞如法身隨之而滅，則成斷滅。然而如今現見一切有情之本體識，在因地之時已皆非是能斷能滅之法，何況出過分段生死與變易生死之如來第八識眞如本體？焉得與身是一？焉得是有斷有滅之法？故不得言如來體與所現三界有之色身是一也！

亦不得言是異，謂如來示現與三界衆生所見之種種色身等「三界有」法，皆從如來之第八識法身眞如而生，本依眞如心所含藏之『大種性自性及七轉識心之種子』流注而出生，本是眞如之功能差別所生所現，不可言此等色身與覺知心等三界有法異於如來之眞如心也，故不得言是異。既不得言『是一、是異』，是則出過『一異句』也！

若言如來與三界有等法『俱、不俱』者，亦有過。如來示現於三界中之色身與覺知心等三界有法，示同衆生之起用，然如來之本體第八識眞如，雖亦有配合色身與七識心而運作之功德，由證悟者所知所見；然於如是現行運作之際，仍別有自身之體性與運作，非是配合七識心而運作者，亦有非是配合色身而運作者，故不得言如來法身與所現之三界有等法『俱』，是故超過『俱』句。然如來法身之如上運作，亦非離於色身及自受用身、變化身而得運作之，故不得言『不俱』，是故超過『不俱』，如是超過『俱、不俱』，是名如來超過四句，所謂出過『有、無、一異、俱不俱』。

如是『有、無、一異、俱不俱』等四句，俱是世間言說，皆是未悟之人臆想所得之言句，非是證悟本體後所說之正法也。唯有親證如來本體──證得第八識法身如來藏──之十方如來與諸菩薩，悟後所說之法，方是超過四句者，方是超過世間言說者。如是賢聖所說諸法，不墮於四句之世間言說中，超過四句等世間言說；如是言論所說涵義，方是有智之人所認取之正法；一切如來所說言句之正義，亦復如是，有智慧之學佛人，應當了知此義。

「**如我所說：『一切法無我』，當知此義：無『我性』是無我。一切法有**

自性，無他性，如牛馬；大慧！譬如非牛『馬』性，非馬『牛』性；其實非有非無，彼非無自性。如是大慧！一切諸法非『無自相、有自相』，但非無我愚夫之所能知，以妄想故；如是一切法空，無生、無自性，當如是知。」

佛又開示：「譬如我所說的『一切法無我』，應當了知這個道理：沒有『我性』，就是我所說的『無我』的眞正道理。」沒有『我性』，即是 佛所說之『一切法無我』，而不是印順、昭慧與達賴、宗喀巴、寂天、月稱等人所說一切法空之斷滅空，亦非彼等所說『意識細心常住不滅』之常見有。

佛說『一切法無我』者，乃說蘊處界等法，及其輾轉所生之一切法，皆無眞實不壞之我性，故名『一切法無我』，此乃 佛於二乘菩提之解脫道中所說者；此中唯言世俗諦之一切法無我。 佛於大乘法中，亦說世間一切法根源之如來藏恆住於無我之體性中：從來不起證自證分，不返觀自我，不執著自我。由如來藏從來不起自我覺知故，說如來藏之此一體性「如刀不自割」：從來不返觀自我之存在與否？亦無我見與我執，亦不能自斷我見我執…等種種煩惱。又因從來離見聞覺知而不起苦樂憂喜捨受，故無「我性」，故離一切三界有爲法之貪厭而無「我性」，並涵蓋前述二乘之無我法，故說「一切法無我」。此即是 佛所說：沒有「我性」即是無我。此即是 佛所說一切法無我之眞實義。

印順、昭慧、傳道…與達賴喇嘛等人，完全不解佛法所說「一切法無我」之眞實義，故作種種誤導衆生之言說。佛所言之「一切法無我」者有二：一者二乘菩提之一切法無我，二者大乘菩提之一切法無我。

二乘菩提之「一切法無我」者，乃是開示：蘊處界中之一切法，實無一法是眞實不壞之法，「蘊處界我」等萬法，既無一法是眞實不壞法，則不應言有「我」，應言「無我」，無有眞實不壞之「我」故；若是眞實不壞之「法」，方可名之為「我」。若是依於衆緣而生之法，則將來必定有滅；有生有滅之法，則非是眞實不壞之「我」；若非眞實不壞之我，則不得名之為「我」，唯可言之為「無我」。

今者印順與達賴二人根本不解 佛於二乘菩提中之無我開示正理：彼二人主張有意識細心或意識極細心常住不壞，言因此故不墮斷滅空。然而此說邪謬，非是正說。謂 世尊早已於四阿含諸經中，處處說：「意根與法塵為緣故生意識覺知心」，又開示：「一切粗細意識皆意法為緣生。」既是緣起所生之法，則一切粗細意識皆是必滅之法，必滅之法焉得說為常住不壞之法？由是可證印順與達賴二人根本不懂佛法正理也。如是意識細心說，衡之於現代醫學常識，亦可證實意識皆是依於未壞之五勝義根方能現起，方能有其作用，故意識絕非是常住法。由如是「理與教」故，說印順與達賴二人根本不懂佛法中之二乘菩提正理，所說唯是自意妄想思惟所得爾，不足為訓。蘊處界等十八界我，及其所生一切法，皆無眞實不壞之法，故衆生所執以為「常住不壞我」之「我」，實非有我，其實無我；如是無有常住不壞之我，無如是「我性」，故名無我。

大乘法所說之「一切法無我」者，亦說如上二乘菩提所言之如是無我，復又進說法界實相本體之無我：亦涵蓋法界根源之如來藏自心體性無我。如來自身，從無始劫以來即離六塵中之一切見聞覺知，亦離一切六塵萬法之思量性，從來不曾暫起「蘊處界我」之一切心行，乃至不曾於一剎那之短暫時間中現起覺知自我存在之心行，自無始劫以來始終不曾覺知自我之存在，從來不曾起於一念我見與我執之心行，故說如來藏之體性「恆而不審」，故說如來藏從來不曾具有「我性」。如來藏如是從來不具「我性」，故說「無我如來藏」，故說「如刀不自割」，於六塵萬法中，恆無證自證分故，恆不了知自己故。

由如來藏之恆無衆生所執之「我性」，故說「無我」；而如來藏所生之蘊處界及一切萬法，亦無常恆不壞之「我性」，如是蘊處界我及其輾轉所生一切萬法之「我性」，亦悉不具常住不壞之性，故名無我。如是雙具蘊處界等萬法無我，及如來藏之無我，方是唯一佛乘之無我法，方是 佛所說之「一切法無我」，悉無「我性」故。

蘊處界…等一切「我」法，悉非常住不壞之法，故名「無我」，即由此等蘊處界一切法之必壞故，現觀如來藏異於蘊處界「世間我」等法之緣起性空，現觀如來藏之常住不壞，是故方便說如來藏爲「我」，是即四阿含諸經中 佛說「五蘊非**我**、非異**我**、不相在」之**我**，以其常住不壞故說爲**我**，然非具有蘊處界等**我性**也。是名「一切法無我」之眞實義，謂無有蘊處界等「我性」故。

世間之一切法皆有其自性，非無自性；然因此等一切法之自性，皆是無常變異，終歸壞滅，故說無自性。乃至出世間之如來藏一法，在未入住無餘涅槃之時，以及正住無餘涅槃位時，仍亦有其自性，由大乘佛教中諸多已眞實證悟之菩薩們所能觸證之，故不得爲無自性之法。如來藏之如是自性，非任何人所能滅之，乃至十方諸佛威神力合爲一力之不可思議威神力，亦不能滅之。如是自性，由如來藏之常住不壞、性如金剛，故說有其自性，恆住不壞，是故假名爲「我」，然非蘊處界我之自性，非是自性見外道所知之想像自性。

證悟者由親證知如來藏之如是自性，證實其金剛性已，現前觀察而了知如來藏於世間一切法皆無所得，知如來藏於出世間法亦無所證，本來即已如是自住故；由是之故，便令眞悟之人於六塵萬法而無所著，乃至對於自身所親證之如來藏法亦無所著，性如金剛，無人能壞之故；亦由親證如來藏之眞實體性——圓成實性——故令覺知心自身對所親證之如來藏法義與證境亦無所著，爲諸大乘法中初悟之人所不能知之；爲欲令初悟之人進而證知如是無著境界，故又說言：圓成實性亦無自性。有時說言勝義無自性性。圓成實性之勝義，乃是意識心所證知之如來藏境界故，如來藏本自已住如是境界故，如來藏於中住時亦不起如是圓成實性之見故。由是緣故方便言曰：圓成實性亦無自性。圓成實性乃是意識心親證如來藏而得現觀之境界故，是意識心之智慧境界故，如來藏自身不起如是智慧境界心行故。誤會之人不解　世尊說法之眞義，便作是言：圓成實性無自性，故圓成實性唯是名相，非有如是境界。皆是誤解佛法之人也。

是故，一切法在世間現行時，皆有其自性，但是絕無常住不壞之「我」性，是故方便說言：諸法皆無自性。譬如牛有牛性，非有馬性；由無馬性故，由馬性而言牛無自性；然牛實有牛之自性，非無牛性也。馬亦如是有其馬性，唯無牛性，故依牛性而言馬無自性，然言馬無自性時，不可即引申爲牛無牛之自性也。是故牛之自性，與馬之自性，皆是非有非無，絕非無牛性或無馬性也。如是，一切法不可說言：「無自性相、有自性相」，但是如此正理，非是執著於蘊處界無我法之愚人與凡夫所能知之，非是執著緣起性空法而否定如來藏之凡夫所能知之，此乃因彼諸愚人與凡夫皆墮於虛妄想中故。

譬如：一切法皆是蘊處界等法依於如來藏所直接或間接出生者，此等一切法出生已，並非無自性相；各法有各法之自性相現行，而爲衆生之所觸知故。譬如色塵諸法，聲塵諸法，出現已，由有情衆生之所觸知，是故於中起於貪厭等心行，非是「無自性相」；一切諸法亦復如是，現行已，皆由有情衆生之所觸知與領納，故非「無自性相」。然不得因此便言：「此等一切法既然皆非無自性相，必是有自性相者」，所以者何？謂此等一切法固然皆可由衆生親自現前領受，然此等一切法皆是變異生滅，終必壞滅而歸於空無，故不可因其非無自性相，便言有自性相。是故，佛說「一切諸法非『無自相、有自相』」。

蘊處界及其所生之一切法亦如是，皆是「非無自相、非有自相」，各各有其自性相故，皆能由衆生所領受故；然因皆是終歸壞滅之法，故亦非有自性相。然而如是之理，非諸愚癡二乘人及諸凡夫之所能知，皆不能了知如是正理故。不能了知如是正理者，皆因墮於虛妄想，而不能如實親證此一正理故。如是，佛所開示「一切法空、緣起性空」之說，以及「一切法無我」之說，「無生、無自性」之說，皆應當如是了知與親證。

「如是，如來與陰，非異非不異。若不異陰者，應是無常；若異者，方便則空；若二者，應有異。如牛角，相似故不異；長短差別故有異，一切法亦如是。大慧！如牛右角異左角，左角異右角，如是長短種種色，各各異。大慧！

如來於陰界入，非異非不異；如是，如來、解脫，非異非不異；如是，如來以『解脫名』說。若如來異解脫者，應色相成；色相成故，應無常。若不異者，修行者得相，應無分別，而修行者見分別；是故非異，非不異」：

由上一段經文　佛所開示正理，應當了知：「如來與五陰，非異非不異。」不得言異，不得言不異。若如來與五陰是同、是一者，則因五陰無常故，如來亦應是無常之法，五陰終必壞滅故。若如來與五陰是異者，則如來即不能住於三界身中，則如來與三界中之五陰應是二者，則應三界所示現之如來五陰與如來自體無關；若如是，則如來即不能示現於人間之五陰中，亦不能示現於天界之五陰之中（如來不示現於無色界中，不能利益衆生故）；若不能示現於三界中，則如來不能作諸有益衆生之事與業；若不能造作利益衆生之事業，則如來所言所修所證之方便波羅蜜多，則是空言，如來異於五陰故，若異五陰則不能示現於三界中而利益衆生故，則所作一切方便行皆應成空，不能實現。是故如來與五陰非異非不異，不可說言陰即如來，或言陰非如來。

一切諸法與如來之關係亦如是，相似故非異，長短差別故非不異。譬如此牛角與彼牛角之差別：其顯色與形色相似故說不異；然因二角之長短仍略有差別，故亦有異。一切諸法亦復如是，同是由衆生之如來藏而出生，同是可由衆生所現前領納之六塵中法，亦同是一切法所攝，其相相似，故說不異；然此一切諸法，於六塵中卻又各各有其種種差別，故非不異。

譬如牛之右角異於左角，左角亦有異於右角之處；如是，所有牛角之長短有種種不同，長短相亦有種種不同，各各相異。由是理，如來於三界中所示現之五陰，亦有種種不同，非不異也：有時現人間五陰，有時現欲界天之五陰，有時現色界天之五陰，有時現色究竟天之五陰，有時現畜生道之五陰（譬如現天龍八部中之畜生身，以度彼等），有時現地獄身、修羅身，如是以度衆生。如是種種身，皆與如來自體法身非異非不異；若自心如來與此等五陰異者，則如來不能藉此等五陰而度衆生，不能示現此等五陰之身故；若如來與此等五陰非不異者，則如來即同斷滅之法，五陰壞時如來亦將同壞故，然實如來常住不壞；由是故知，如來非異五陰、非不異五陰。

同理，如來與解脫，亦是非異非不異。解脫者，能出分段生死苦，能取證無餘涅槃，故名解脫。然此唯是二乘菩提所證解脫，唯名涅槃，不名大般涅槃，未斷變易生死故。如來已斷盡煩惱障之習氣種子隨眠，亦已斷盡所知障之一切無明隨眠，故斷自心眞如中之一切種子變異現象，八識心王及眞如心中所含藏之一切種子悉皆永無變異，永遠是**常**；永遠**常**故名之爲**樂**，永遠如是**樂**住故是眞**我**，有眞**我**故始有**淨**之可言，如是而言常、樂、我、淨。然如是解脫境界之修證與安住，其實皆是如來法身之自住境界；如來地之七識心依如是解脫境界而得解脫色，乃是純粹之無漏有爲法，盡未來際而永無窮盡，故名眞解脫；非如二乘無學迴小向大、進修佛菩提時，仍是受分段生死及變易生死，故不名眞解脫，故說二乘不得解脫。是故，如來之境界者，如來之聖名者，皆因如是究竟解脫之大般涅槃境界之證量而說解脫，非唯二乘解脫而得名也。

若如來法身異於解脫者，則應解脫境界之修證安住，是由色相之如來所現三界色身而成就，非由如來之第八識眞如法身而成就；若如來之解脫境界是由三界身之色法所成就者，則因三界身之無常故，如來所證之解脫境界，亦應是無常之法，無常之解脫法則非解脫，成斷滅空故，非是解脫。故不應言如來之解脫證境是由色身所成就者，亦不應言如來法身與解脫相異。

然亦不應言如來與解脫不異，此謂解脫之證境，有種種別異：聲聞初果、二果、三果之分證解脫，四果羅漢之滿證解脫，緣覺之滿證解脫而解脫智超勝聲聞羅漢；復有大乘別教七住諸菩薩之本來自性清淨涅槃之不可思議解脫，非二乘無學聖人所能知之；復有入地菩薩之慧解脫，六地滿心之俱解脫，七地滿心之念念入滅盡定，八地滿心之無功用行解脫，乃至佛地之具足四種涅槃修證之大般涅槃解脫境界，悉有無生法忍不可思議解脫智，非諸二乘無學聖人所能知之，故亦不可說解脫即是如來，如來非是二乘無學聖人所知者故，故不應言如來與解脫不異；未至如來地之解脫境界，不得謂即是如來故；二乘聖人之解脫，尚未證知即是如來故。

是故，若言如來與解脫是一者，則聲聞初果等人之分證解脫，則大乘別教之七住菩薩證得本來自性清淨涅槃時，亦應是如來，則所證之解脫亦應與如來同。然而現見所證解脫有諸差異，現見修行解脫道者所得之解脫相，有諸分別不同，故不應言如來與解脫是異、是不異，不應言解脫即是如來。是故如來說：解脫與如來，此二者非一亦非異。

「如是，智及爾燄，非異非不異。大慧！智及爾燄，非異非不異者：非常非無常、非作非所作、非有爲非無爲、非覺非所覺、非相非所相、非陰非異陰、非說非所說、非一非異、非俱非不俱。非一非異、非俱非不俱故，悉離一切量；離一切量，則無言說；無言說，則無生；無生，則無滅；無滅，則寂滅；寂滅，則自性涅槃；自性涅槃，則無事無因；無事無因，則無攀緣；無攀緣，則出過一切虛僞；出過一切虛僞，則是如來；如來則是三藐三佛陀。大慧！是名三藐三佛陀。佛陀者，離一切根量」：

同理，智慧及爾燄，此二法與如來，亦是非異非不異。如來示現於人間時，非無智慧，非無爾燄；然此二法與如來非異亦非不異。非異如來亦非不異如來者，其故如下：

一、智慧與爾燄非常非無常故：如來智慧非是常，要依如來示現之色身等法，方得成就如來地之智慧故，如來色身非是常恆，故如來智慧非是常；如來圓滿報身雖無生臟熟臟，然而示現於人間時，其應化身亦有爾燄，故如來至午亦須托缽於人間，以維持人身之正常運作而度衆生，此即是如來之爾燄——由衆生之業力故示現有如是爾燄。然此爾燄非常，要依如來所現之人身而有故，故此等爾燄非常。然如來於此界度衆之緣已了，則復示現如是人身於他方世界續度衆生，復又現有如是智慧與爾燄，依其自心眞如而繼續如是示現於十方世界以度衆生，無窮無盡，以自心眞如永住無滅故，是故非無常。智慧亦如是，非常非無常；由是正理，故說如來與如是智慧爾燄非一亦非異。

二、智慧與爾燄皆是非作非所作，是故智慧爾燄與如來非一亦非異：此謂如來示現人身於人間時，其智慧與爾燄，要依如來言說方得成就故。若無言說，則如來之智慧與爾燄，非能現前；然如來之智慧與爾燄，以及言說等法，悉由如來之自心眞如法身而現前，悉由自心眞如而出，非單由五陰而能作之，亦非單由五陰之所作，亦非唯有言語而能作之，要依自心如來方能有如是能作與所作，要有五陰五根及意根意識等心，方有如是所作之智慧與爾燄，故說：由於非作非所作故，如來之智慧爾燄，與如來非一亦非異。

三、智慧與爾燄非有爲亦非無爲，故說智慧爾燄與如來非一亦非異：如來之智慧與爾燄，云何非是有爲法？謂如來地之智慧與爾燄，實從如來之自心眞如法身中現起，故非有爲法，盡未來際恆有故，如來盡未來際永利衆生而無窮盡故。云何非是無爲法？謂如來地之智慧與爾燄，亦須以如來在三界中所示現之有爲色身，方得現行而被衆生之所親觸故；智慧與爾燄既依三界身而有，則非是無爲。由有如是非有爲與非無爲而成就如來之爾燄與智慧故，說如來地之爾燄與智慧，實與如來非一亦非異。

四、智慧與爾燄非覺非所覺，故說智慧爾燄與如來非一亦非異：如來在人間示現時，其智慧與爾燄，雖依如來示現之人身而得現前，而爲人間衆生之所親炙。然此等如來地之爾燄與智慧，若究其實，乃由如來地之自心眞如現起，配合如來五陰方能由衆生所覺知；若離如來之五陰，則不現起，則非衆生所能覺知，故說非覺亦非所覺。由如是非覺亦非所覺之正理，故說智慧與爾燄，與如來非一亦非異。

五、智慧與爾燄非相非所相，故說智慧爾燄與如來非一亦非異：如來地之智慧與爾燄，要依如來身相及七識心之示現，方能由衆生之所覺知，若離如來身相及如來之見聞覺知心相，則智與爾燄悉不現前，則無能見之相，亦無所見之相，是故非相非所相。然若唯有如來身相及七識心相，而無如來之自心眞如法身，則如來五陰所攝之能覺與所覺必不能現前，亦必不能有智慧相與爾燄相，故因非相與非所相，言智慧爾燄與如來非一亦非異。

六、智慧與爾燄非陰非異陰，故說如來智慧爾燄與如來非一亦非異：智慧雖然要依如來示現之五陰，方能說與世間有情聞之；如來地之爾燄雖然要依如來示現之五陰，方能爲衆生之所覺知；然佛地智慧若唯五陰，亦不得成就，不得宣說與衆人聞之而親炙，要依如來之自心眞如與五陰之配合，方能由衆生之所親炙；故說如來地之爾燄智慧，非如來五陰所能得現，亦非異五陰而能現前，故由非陰非異陰之理，說智慧爾燄與如來非一亦非異。

七、智慧與爾燄非說非所說，故說智慧爾燄與如來非一亦非異：如來地之智慧與爾燄，二者非一亦非異，復以此二者非說非所說故，與如來非一亦非異。如來地之爾燄，仍須依如來地之八識心王所有別境智慧，方得生起；然而如是別境慧與爾燄，悉皆須由如來之自心法身運作，然後由自心法身現起於六識心之心行中；現起時，雖現有智慧與爾燄，然此智慧與爾燄，非即言說所說之智慧與爾燄；言說所說之智慧與爾燄，唯是言說，此言說所表顯之智慧與爾燄，實則從如來之自心法身而現起，現起後依附於如來之自心法身而運作，故如來亦有冷熱痛癢饑餓等法，故如來亦現有托鉢乞食澡浴等同於衆生之爾燄，唯是不起一念無明及無始無明煩惱爾；由有八識心王之別境慧故，如來現有世間言說，以世間言說而說世出世間之三乘菩提，是故如來現有智慧及別境慧；而此爾燄與智慧，悉由如來自心眞如法身中現起，由如是正理，說爾燄智慧與如來非一亦非異。

八、智慧與爾燄非俱非不俱，故說智慧爾燄與如來非一亦非異：智慧與爾燄云何非俱非不俱？此謂智慧依爾燄爲緣而起。如來之智慧，若無爾燄者，則不起大悲心，則不生顯智慧而利衆生，由智慧必依爾燄爲緣方得生現故，說智慧非不俱爾燄。然智慧與爾燄終究有其差別，謂爾燄亦含如來色身對世間寒熱…等法之起心動念而作調適之行，而作入出滅盡定或禪定境界之心行；然爾燄所生顯之智慧，則異於爾燄本身，如來爾燄存在之際，必定亦住於解脫之證境中，然不必一定同時現起種種三昧之智慧而利衆生，故智慧與爾燄非必是俱，故說智慧與爾燄非俱亦非不俱。

如來由智慧故得名如來，若無智慧，不得名爲如來。若無爾燄，如來亦不得示現於人間，故若無爾燄者，亦不得名爲如來。然此世出世間之智慧與如來之爾燄非俱非不俱，亦依如來之自性法身眞如方得生現，故說由智慧與爾燄非俱亦非不俱故，說智慧爾燄與如來非一亦非異，智慧與爾燄悉由如來自性法身而生顯故。

如是，由如來與爾燄智慧等法非一亦非異、非俱亦非不俱故，說如來悉離一切量。云何離一切量？謂如來自性法身非是衆生所能證知之現量故，唯諸證悟菩薩在現量上少分知之，如來悉知；亦非衆生之比量所知，衆生依於比量，絕不能知證悟菩薩之證悟現量境界故，更不能知如來究竟地之現量境界，唯諸證悟之菩薩能由比量少分了知如來究竟地之證量，是故衆生對如來之爾燄智慧境界，完全不能了知。衆生對如來地之自性法身所作思惟臆想，必然悉墮非量；墮於非量故，則是虛妄法，則於如來地之法身現量境界完全不知。完全不知故，則對如來應身在人間現有爾燄與智慧之原由，不能了知。由是正理，故說如來之實際，悉離一切量，盡十方衆生臆想之功亦不能知也。

如來自性法身境界，既離一切量，則非衆生言說之所能說，唯是證悟之菩薩能少分多分說之；然其所說，畢竟亦非如來之爾燄與智慧，更非如來之自性法身，故說如來離一切言說。復次，如來自性法身，自無始劫以來本離言說相，本即不與言說相應；若是本無言說者，則是本來無生之法；本來無生之法，則是後永無滅之法；無滅之法，則是常住眞實寂滅境界者；所以者何？若是有言說之心，若是能與言說相應之心，則常有言說叢鬧，則非是寂滅之心。若是本來寂滅，後亦永住寂滅境界者，則是本來已住於自性清淨涅槃之心；若是本來自性清淨涅槃者，則此心必定無事亦無因；若是無事亦無因之心，則必定從來絕於攀緣；從來即無攀緣之心，則是超過一切虛僞法之心；超過一切虛僞法之心，即是眞正之如來也；若是眞正之如來，則是無上正等正覺者。如是方得名爲無上正等正覺之佛陀。是故 世尊說：無上正等正覺的佛陀，是遠離六根六塵等衆生現量境界的。

云何言「本來自性清淨涅槃之心必定無事亦無因」？此謂第八識如來藏乃是本來已有自體性、本來已是清淨性、本來已住涅槃境界。既是本來已有自體性而能隨緣運作，亦能配合七轉識而運作，如是自身之體性既是本有，則顯然非是後來之經由造作轉變而後始有，故說本來自性清淨涅槃之自心如來無事亦無因，非經事相之修行及造作為其存在之因故，故名本來。既是本來自性清淨，則其清淨性非是經由修行而轉變為清淨性，其清淨性非是藉諸修行事相為因然後始有，故說本來自性清淨涅槃之自心如來無事亦無因。既是本來已經常住涅槃（離六塵萬法攀緣、不起思量及審度之性、不起三界六塵萬法之執著性，恆離見聞覺知而住寂滅境界），則此自心如來之本來常住涅槃境界，非是經由修行轉變之事相為其涅槃之因，故說本來自性清淨涅槃之自心如來：無事亦無因。

若是經由修行之法而後始有自心如來者，則此自心如來必有他法為因，若有他法為因，則非實相心。若是經由修行之法而後始有自心如來之清淨性者，則此清淨性乃是以修行之事相為其清淨性之因，則此清淨性乃是修來者，乃是從緣而起者，則以後仍將因修行之中斷而令其復生染污性，將因修行之緣散壞而壞其清淨性，則非是永遠可住清淨性中者，則非是實相心。若是經由修行之法而後始得住於涅槃者，則此涅槃乃是修來者，則日後仍將因於修行之中斷，而導致此一涅槃境界之喪失，則非是常住涅槃者，則非是實相心，皆是經由事相上之修行而轉變獲得之法故。

是故，若有一法是由修行等事相爲因，而得成就者，此法、此境界悉屬有事亦有因者，悉屬因緣所生法，未來悉將緣滅散壞，非是眞實不壞之境界。是故若人親證涅槃，當依大乘究竟法所言之「本來自性清淨涅槃」而「修證」之，此大乘涅槃非是「修所得法」故，乃是本已如是故，學人但得證實自心如來確是如 佛所說「本來常住涅槃」者，則此所證乃是無事亦無因之法，則是眞實唯一佛乘之究竟法也。若以意識覺知心之經由修行轉變而成清淨性者，乃是有事亦有因之法，如是修證者，悉是誤解佛法者所言之法，非是眞實證悟之法，非是實相之境界也。

「爾時世尊欲重宣此義而說偈言：悉離諸根量，無事亦無因；已離覺所覺，亦離相所相。陰緣等正覺，一異莫能見；若無有見者，云何而分別？」

自心如來悉離一切根量。離根者，謂離五根六根；離量者，如前段文中所述。離五根者謂：信根、精進根、念根、定根、慧根，此五根皆屬意識心相應之五力所依本根。由信根之藉由修行增益而成就信力，由精進根之藉由修行增益而成就精進力，……乃至由慧根之藉由修行增益而成就慧力，如是五力與五根，皆是意識心相應之法，不離六塵境界；然自心如來離五根與五力，不墮於此五根之中。復謂眼根、耳根……乃至意根末那識，此六根之相應境界，不離六塵諸法；然自心如來從本以來即離此六根境界，不墮六根境界之中，故說自心如來離六根境界，如是名爲離根。

自心如來既然從本以來即離見聞覺知，亦復從本以來即離思量性，故離五根與六根境界；既是本來已離五根六根境界之心，則其清淨性即非修而後得。以非修而後得故，自心如來從本以來離於諸根，亦離於衆生所知之六塵現量境界，故自心如來心體乃是無始本有，非由事相上之靜坐、念佛、參禪、禪定……等法之修行而始有；其清淨性亦復如是，乃是本來清淨，非從修行而轉變爲清淨者。由於自心如來之心體，不依一切事相諸法之修行而生，乃是本自存在者；由於自心如來之清淨性，乃是本來清淨者，非是藉由修行之緣而清淨者，故離事相。自心如來本自存在，不以事相上之修行作爲其出生及存在之因，故自心如來無事亦無因。禪宗之證悟者，於證悟時，悉皆發現自心如來本自存在，非因參禪證悟而後出生與出現；乃是本自存在運作不斷，然於證悟之前不能知之爾，故禪宗證悟時所證得之自心如來，非是參禪而後始有者，乃是悟得本已存在之自心如來。

若如惟覺、聖嚴、星雲、證嚴……等人，欲將意識覺知心修成離念無念，而指稱爲清淨心、指稱爲自心如來者，則是修而後得者，離念靈知心乃因有念靈知心修定而後始成者故，非是本來如是者故，則彼等所修證之離念靈知境界，乃是有事亦有因者，因修行離念法之事相故成無念心故，以離念法之修行作爲離念靈知心之出生因故。禪宗所悟之自心如來，唯識宗所說所證之阿賴耶識、異熟識、眞如，皆是從本以來即已離念無念者，非是修行之後始成無念離念者；既不以修行而成就自心如來無念之體性，則自心如來之體、及其無念離念性，顯然不墮事相中；復因本來無念，不以修行之法爲因而令其無念，故亦無因。如是，四大法師之法乃是有事亦有因，禪宗古今眞悟者及唯識宗所說之如來藏，則爲無事亦無因，故二者迥異，不可謂是同此一法也。

自心如來自無始劫以來，本自離諸見聞覺知；由本離見聞覺知故，則離能見之相，亦離所見之相。離念靈知心則不然，於其完全離念無念之際，仍然對六塵諸相有所覺知，有所了別，非離六塵相者，故是「未離覺所覺，未離相所相」之虛妄心也。

然與五陰同時同處，卻有本離「能覺與所覺」、本離「能相與所相」之心恆存而不暫滅暫斷；若人於此能自證知，證已能自現前觀察，則令從來不離「覺與所覺、相與所相」之覺知心意識，轉依此離二邊之實相心體性而安住，是則名爲等正覺。如是證悟之菩薩，雖然未到諸佛究竟地，亦得方便名爲等正覺，所證得之法是無上正等正覺境界故，非諸二乘聖人現量境界所能知之故。如是諸菩薩，於五陰所顯諸因緣中，證得如是本離二邊之正覺境界智慧者，彼諸墮於一異境界之聲聞緣覺聖人，皆莫能見如是智慧境界。若彼諸二乘無學聖人，不能證知如是遠離「覺與所覺、相與所相」智慧境界者，云何有智能於此實相境界而作種種分別？

「非作非不作，非事亦非因；非陰非在陰，亦非有餘雜；亦非有諸性，如彼妄想見；當知亦非無，此法法亦爾。」自心如來非是能作之心，亦非是不作之心；所以者何？三界之中一切能作之心，皆是由於對六塵萬法中之種種法相生諸貪厭心行，故有能作之心行出現；由有能作之心行出現，故有身心所作之種種事相；然究其實，一切能作之心行，悉依自心如來之運作，方能實現；若離自心如來，色身與覺知心俱皆不能有所作爲也，是故自心如來亦非是純粹不作之心。由是緣故，說自心如來非是作者，作者是五陰身心故；亦說自心如來非是不作者，凡事皆是自心如來之所作故，故說自心如來「非作非不作」。

然自心如來於三界六道之萬法中，雖作爲一切法之因，亦藉五陰而作一切法，然復不受一切苦樂憂喜捨受，永遠不墮於世間六塵萬法之中，自體性復又不墮於世間事相與因相之中，故說非事亦非因。

自心如來非即是五陰（欲色界）四陰（無色界），而能生五陰四陰；非在五陰之中，亦非離五陰，故說非即五陰、非離五陰。自心如來非在五陰之中，亦非離五陰；若言在五陰之中，則捉取衆生色身將之分分活剝，應可見有自心如來從衆生五陰中漸漸出現、漸漸離去，然都無所見，故自心如來不在五陰之中，故阿含經中常說：「衆生五陰非我、非異我、**不相在**。」亦非離五陰而有自心如來，若離衆生五陰，即覓不見自心如來，故說自心如來不得外於五陰而覓求之，此即阿含諸經所說之「非異我」之眞實理也，由是正理，故說「亦非有餘雜」，謂不得外於五陰而有自心如來示現也。

自心如來恆住涅槃之境，然卻始終秉於離見聞覺知、離六塵萬法、離三十七道品、離三界境界、離涅槃覺、離般若慧等體性而住，故非如五陰身心之有種種三界萬法之體性；既離如是種種體性，則不生一切世間萬法之妄想，乃至不生四聖諦、四念處、五根、五力、七覺支、八正道、十二因緣法、第一義諦之智慧想，凡此皆是意識相應之法故，舉凡此等世間與出世間諸法，皆由意識而生、而相應故，由是故言「亦非有諸性，如彼妄想見」。

然而自心如來固然不具如是流轉生死之種種體性，固然自無始劫來本離見聞覺知，固然自無始劫來本離一切法之思量與執著性，固然從本即離一切言說妄念，然於三界六道世間之中，絕非唯是空無之空，絕非如印順法師等密宗應成派中觀見者所說一切法空之斷滅空；佛門中一切眞實證悟之菩薩，皆可於五陰諸法中，現見其本來自性清淨涅槃之自心如來自性，亦現見其能作一切法之自體性。於此法中如是，於彼彼法、一切法中亦悉如是，是故佛言「當知亦非無，此法法亦爾。」

「以有故有無，以無故有有；若無不應受，若有不應想」：世間所言之無者，皆因「有」故言無；如人因自己手中有筆，故說他人手中無筆；如人現在手中有筆，故說後時手中無筆；是故，所謂無者，乃是依「有」故而有「無」之一法，是故無因有而生，無非是自有之法。一切法空之理亦復如是，乃因有一切法，故說滅盡一切法後爲一切法空；故知一切法空之法，乃肇因於有一切法；若無一切法，則無一切法空之法；然復推究一切法，悉皆有爲無常，故無常住不壞之自體性，皆是依於自心如來而有；一切法既是無常變異、終歸壞滅，壞滅已，言一切法空，則知依於無常終壞之一切法有而有之一切法空，亦復同於一切法之虛妄不實，「一切法空」乃是依於虛妄之一切法而有之法故。

由是推之：一切法虛妄不實，一切法空亦復虛妄不實；若皆是虛妄不實之法，則有智之人不應受之。若是一切法皆空者，此是無法，無法不應信受；若反墮於**一切法有**者，則此一切法之有，亦是虛妄變易之法，故於一切法亦不應起想，不應謂其爲有。當體究此**一切法空**依於一切法而有，當體究一切法復依於五陰而有，當體究五陰復依於自心如來及所含藏之無明與業種而有，當體究自心如來之不墮一切法、不墮一切法空，如是親證，如是現觀，方是親證般若智慧之菩薩也。

「或於我非我，言說量留連；沈溺於二邊，自壞壞世間。解脫一切過，正觀察我通；是名爲正觀，不毀大導師」：或有學人於 佛所說之「我、非我」等言語中，誤解其意，而於言說等比量上而爲衆生宣說，聚諸眷屬，立大名聲，得大利養，因此留連忘返，不思速覓自心如來而發起般若智慧；如是之人必定沉溺於二邊，不能遠離；自墮二邊已，卻又自以爲已離二邊，亦向衆生宣示自身已離二邊，廣造諸書而普流通；如是等人，必令自身及諸隨學衆生，悉墮**我**與**無我**之二邊邪見中；如是豈唯自壞法身慧命？亦復毀壞衆生之法身慧命，是故 佛說是人「自壞壞世間」。

若人有智，能親依止眞正之善知識而修而證者，則能於悟後發起眞正之般若智慧，契符 佛說，是人則能解脫於一切過失，不墮凡夫與世人之二邊邪見中。欲得如是解脫於一切過失者，必須正確地觀察我釋迦牟尼所通達之般若智慧。正確觀察我釋迦牟尼所通達之般若智慧者，方可稱之爲正確之觀行者；佛弟子若能如是正觀，如是正說，如是正確度化衆生者，我說是人所言所行，皆是不毀辱 世尊大導師正法之眞正菩薩。

若佛弟子不能如是正觀正說者，純依自意而說，不肯於未悟之前依文解義而說，如印順之以自意思惟而廣作弘法之言者，即是邪觀者，所說之法皆是毀辱大導師，皆是破壞佛正法。

爾時大慧菩薩復白佛言：「世尊！如世尊說：修多羅攝受不生不滅。又世尊說：不生不滅是如來異名。云何世尊爲無性故，說不生不滅？爲是如來異名？」佛告大慧：「我說一切法不生不滅，有無品不現。」大慧白佛言：「世尊！若一切法不生者，則攝受法不可得，一切法不生故。若名字中有法者，惟願為說。」佛告大慧：「善哉！善哉！諦聽！諦聽！善思念之，吾當為汝分別解說。」大慧白佛言：「唯然受教。」佛告大慧：「我說如來非無性，亦非不生不滅，攝一切法；亦不待緣故不生不滅，亦非無義。大慧！我說意生法身如來名號，彼不生者，一切外道聲聞緣覺七住菩薩，非其境界，大慧！彼不生即如來異名。大慧！譬如因陀羅、釋迦、不蘭陀羅，如是等諸物，一一各有多名，亦非多名而有多性，亦非無自性。如是大慧！我於此娑婆世界有三阿僧祇百千名號，愚夫悉聞，各說我名，而不解我如來異名。大慧！或有衆生知我如來者，有知一切智者，有知佛者，有知救世者，有知自覺者，有知導師者，有知廣導者，有知一切導者，有知僊人者，有知梵者，有知毗紐者，有知自在者，有知勝者，有知迦毗羅者，有知眞實邊者，有知月者，有知日者，有知主者，有知無生者，有知無滅者，有知空者，有知如如者，有知諦者，有知實際者，有知法性者，有知涅槃者，有知常者，有知平等者，有知不二者，有知無相者，有知解脫者，有知道者，有知意生者。大慧！如是等三阿僧祇百千名號，不增不減。此及餘世界，皆悉知我，如水中月不出不入。彼諸愚夫不能知『我』，墮二邊故；然悉恭敬供養於我，而不善解知辭句義趣，不分別名，不解自通，計著種種言說章句，於不生不滅，作無性想。不知如來名號差別如因陀羅、釋迦、不蘭陀羅；不解自通會歸終極。於一切法隨說計著。」

疏：《大慧菩薩復又向佛稟白：「猶如世尊所說：諸經言說皆是在說明不生與不滅。又譬如世尊曾說：不生不滅，即是如來之另一種名稱。這究竟是什麼道理？是因爲一切法沒有能夠自己獨存的體性的緣故，而說不生不滅；或者是說不生不滅就是如來的另一種名稱？」

佛告訴大慧菩薩：「我所說的一切法不生不滅，不墮於三界有的法中，也不墮於一切法空的斷滅見中。」

大慧菩薩白佛言：「世尊！如果不生不滅就是一切法不生的話，那麼這個道理就不可能含攝諸法，因爲一切法都不生的緣故。 如果是名稱文字中眞實有法的話，惟願世尊爲我宣說。」佛告大慧：「善哉！善哉！諦聽！諦聽！善思念之，吾當爲汝分別解說。」大慧白佛言：「唯然受教。」

佛告訴大慧菩薩：「我所說的如來，並不是沒有實體，不是唯名無實的名句施設之法，也不是不生不滅的言句法，而是含攝一切法的不生不滅的實體法、實相法；也不是需待他緣方能存在、方能不生不滅的法，也不是斷滅空的一切法空無的意思。大慧！我所說的不生不滅，是說包含法身意生身在內的如來名號；那個不生的眞正意旨，非是一切外道、聲聞羅漢、緣覺辟支佛，以及明心後而發起般若智慧、初入第七住位的菩薩所能知之，這些人是不能了知這種境界的，大慧！那個不生不滅的名號，其實就是如來的另一個名號。

大慧！譬如天帝釋提桓因，王者不蘭陀羅，以及大地、虛空、手足等，隨衆所知諸物，一一皆各有多名；亦皆非因有多名故便謂各有多種體性，亦非此等諸法各有多名故而無彼物之自性。如是，大慧！我於此娑婆世界有三無量數之百千名號，愚癡凡夫悉皆曾聞，各各稱說我釋迦牟尼名號，而不能解知彼諸衆多名號其實皆是我如來之異名。

大慧！或者有衆生知悉我是如來者，亦有知我是一切智者，亦有知我是佛者，亦有知我是救世者，亦有知我是自覺者，亦有知我是導師者，亦有知我是能爲衆生廣導者，亦有知我是一切衆生之導首者，亦有知我是仙人者，亦有知我是梵行者，亦有知我是毗紐（遍淨）天者，亦有知我是自在者，亦有知我是勝妙者，亦有知我是迦毗羅者，亦有知我是眞實邊者，亦有知我即是月者，亦有知我即是日者，亦有知我即是衆生主者，亦有知我即是無生者，亦有知我即是無滅者，亦有知我是空者，亦有知我是如如者，亦有知我是眞諦者，亦有知我是實際者，亦有知我是法性者，亦有知我是涅槃者，亦有知我是常者，亦有知我是平等者，亦有知我是不二者，亦有知我是無相者，亦有知我是解脫者，亦有知我即是道者，亦知我是意生者。

大慧！如是等三無量數百千名號，不增亦不減。此世界及其他世界衆生，皆悉知有如是我，猶如水中月，不出亦不入。然而彼諸愚癡凡夫不能了知此眞實「我」，由於墮在二邊故；然而悉皆恭敬供養於我，而不能善於理解了知所說此我之言句中之義理，不能分別種種我之名號，不能理解自宗通，所以誤計而執著種種言說及文章句義，所以對不生不滅，作空無一法之虛妄想。彼等不知如來之名號差別其實猶如因陀羅、釋迦、不蘭陀羅之名；不能證解自宗通之理，其實都會歸於最終極之自心現量。彼等因此而於一切法，隨善知識言說而誤計及執著。》

解：「**世尊！如世尊說：修多羅攝受不生不滅。又世尊說：不生不滅是如來異名。云何世尊爲無性故，說不生不滅？爲是如來異名？**」**佛告大慧**：「**我說一切法不生不滅，有無品不現**」：於三乘諸經中，世尊所說諸法，其實皆未曾離不生不滅而說，然未悟得三乘菩提之凡夫，不解此義，便作滅想，誤以爲一切法滅盡即是無餘涅槃，如是等人即是六祖壇經所言之「**將滅止生**」者。

四阿含諸經中，佛所開示二乘所證涅槃，固然亦斷盡五蘊十二處十八界等法，無有蘊處界法中之絲毫微我可得，其中無我、無人、無衆生、無壽命，四相俱斷俱滅，蘊處界法完全滅盡，故名涅槃寂靜，絕對寂靜。然佛世尊已於阿含諸經中隱覆說義：言有無餘涅槃之本際、實際。故阿含諸經所言二乘無餘涅槃，亦非斷滅空，絕非如印順…等人所言之一切法空、斷滅空也，絕非如印順所說之「**滅相不滅，是故眞如**」也，**滅相是無法故，滅相即是斷滅故，滅相**

依於蘊處界之盡滅而方便言滅故，滅相非離蘊處界而得獨存故，乃是屬於子虛烏有之心不相應行法之觀念而已，故不應作「滅相不滅」之言也，實無「滅相」一法故。

復次，滅相一法，本是無法，本由滅盡蘊處界衆法後而言其滅，滅已即成空無，何得言滅後空無之滅相爲不滅者？不滅者必非空無故，空無即是滅盡故，烏得言彼滅相爲不滅者？世尊所言之不滅者，乃是本來不生之法，印順所言之「滅相」縱使能如其言之「不滅」，亦屬虛妄；何以故？謂此「滅相」乃是後來蘊處界滅已始有之法，乃是後來始生之法；「滅相」既是後來始生之法，則此「滅相」將來亦必有滅，印順烏得言之爲不滅者？何得以此狡辯之言而說滅相爲不滅者？不應正理！

世尊一切修多羅所說不生不滅者，乃是無始以來本自不生，本自存在，無有生時；由本來無生故，言其未來不滅；如是本來不生，是故現在未來不滅，方是 世尊諸經所說不生不滅之正義也。

不生不滅者，乃是如來之異名，不可離於如來法身而言有不生不滅之法也；由是緣故，世尊開示曰：諸修多羅皆攝受不生不滅。而此不生不滅者，不得如印順……等人之「外於自心法身」而言「滅相」生滅法為「不滅」者。世尊於諸經中所言之「一切法不生」者，實依自心法身而言，如是本來不生之自心法身，方可是未來亦不滅者，本來不生故。

一切法不生者，謂一切法雖然現有生滅，然此等一切法皆從自心法身而生，此等一切法實是自心法身所含藏之無量法性之局部爾，廣義而言，亦是自心法身之法也。既以第八識自心如來為身，非以緣起緣滅之覺知心、非以剎那生滅恆審思量之意根為身，而彼知覺性及思量性等七識心，亦附屬於自心如來法身，屬於自心如來法身，本屬自心如來法身之功德性，如是而觀，則無所謂諸法有或諸法無可言也，故說有無品不生；故以如來藏之體無生滅，而說為不生不滅，是故　佛說有無品諸法悉皆不生，是故有無品悉皆不現；非如二乘法中為彼聲聞人所言之諸法緣起性空也，二乘法中唯說分段生死斷之涅槃故，不說應證自心如來實相法界之佛菩提道故。

為令未悟眾生得悟自心法身故，故說蘊處界等法為緣起必滅之法；為令菩薩悟後得知皆是自心法身所含種子，故說一切緣起法亦是自心眞如法身，是故一切法不外於自心眞如法身也。是故「一切法本不生」者，乃是說自心眞如本來不生，非是滅後不生者；乃是說一切法皆攝屬自心如來法身之局部功德性，非是外於自心如來而言其自性也。彼諸應成派中觀師不應誤解 佛意，而作種種虛妄之言說也！

大慧白佛言：「世尊！若一切法不生者，則攝受法不可得，一切法不生故。若名字中有法者，惟願爲說。」佛告大慧：「善哉！善哉！諦聽！諦聽！善思念之，吾當爲汝分別解說。」大慧白佛言：「唯然受敎。」

假使不生不滅的眞實義，就是「一切法不生」的話，那麼不生不滅的道理就不可能含攝諸法，因爲不生不滅就是一切法都不生的緣故；既然沒有一法能出生，又將如何能含攝一切諸法？是故不生不滅之眞實義，絕非一切法不生之義；必須依如來藏自體之從來不生，復證知一切法本是如來藏所含藏之萬法所攝，現見一切法皆由如來藏中出生，方可言一切法不生也，一切法即是如來藏中之種子所起故，本屬如來藏萬法中之法故；依「**一切法是如來藏之無數法所**

攝，與如來藏非一非異」之事實與現觀，方得謂一切法不生也。若離於「如來藏與一切法非一非異」之事實現觀，而言一切法不生者，即是誤會佛法者，即是錯會佛法者，所說非是佛法也！

大慧菩薩又稟佛說：「如果是言說所說之名稱與文字中，眞實有法的話，惟願世尊爲我宣說。」佛告大慧：「善哉！善哉！諦聽！諦聽！善思念之，吾當爲汝分別解說。」大慧白佛言：「唯然受教。」

佛告大慧：「我說如來非無性，亦非不生不滅，攝一切法；亦不待緣故不生不滅，亦非無義。大慧！我說意生法身如來名號，彼不生者，一切外道、聲聞、緣覺、七住菩薩，非其境界，大慧！彼不生即如來異名」：

佛意固說「不生不滅非即是一切法不生」，然亦非以不生不滅而攝一切法，所以者何？謂不生不滅者，乃是敘說一切法本源之自心如來自體之法性也，非是說一切法也，一切法有生有滅故，悉皆生住異滅故，迥異第八識自心如來之不生不滅故；一切法必須依於自心如來，匯歸於自心如來所攝之法，方得說爲不生也，若離自心如來，則不得言爲不生不滅也，一切法與自心如來非一亦非異故。是故：自心如來之自體性爲不生不滅，然不生不滅之自心如來則能依業緣及無明種而出生一切法，所出生之一切法則不屬不生不滅之法，故不生不滅四字不攝一切法，是故 佛說「亦非不生不滅，攝一切法」。

不生不滅四字固然不攝一切法，唯是敘說自心如來之自身體性，然不可因此便解釋爲：自心如來無有自己運作之種種功能差別。所以者何？謂七識心於六塵萬法中生起種種心行時，產生種種世間衆生無量諸行，而致世事紛擾；然自心如來雖本不生不滅，體恆如是，卻有其自體性恆常運行不斷，非無自體之法性運作，是故 佛說自心如來非是無法性之心，非是假名施設之名相，非如印順所言之「唯名故性空」。

譬如衆生七識心於六塵萬法中起諸順違之境界受時，便有貪樂厭憎喜怒……等種種心行；自心如來固然恆住不生不滅之境，卻有無數種子現行，得以了知衆生之心行，得以了知衆生之喜怒哀樂貪厭……等等心數法中之所欲，故隨衆生之喜怒貪厭……等心行而作種種離貪愛厭惡而運行之自體心行，非同「無眞實體性」之木石等無情，亦非如印順所言之「性空唯名」也，是故 佛說自心如來非是無性之名相法。

於此配合衆生七識心行而運作之自心如來心行以外，復有不與衆生七識心行配合之自體性，繼續運行而不中斷：譬如應緣而生之感業受報，流注七識心種子及自心如來之無量種子，令其配合現行運作；自心如來又能運作大種性自性而導致衆生之生老病死，運作大種性自性而與共業衆生之業種配合，令一三千大千世界進行成住壞空之過程……，由如是等種種自心如來之體性運作不輟，方能令三世因果實現而絲毫不爽，方能使三界有情衆生受三界六道種種苦樂果報，方能令三界有情修證三乘菩提正法，成就解脫果與佛菩提果。如是種種自心如來之體性，能由禪宗證悟者於悟後進修種智時，一一加以體驗現觀，猶如今時我正覺同修會之久悟同修，進修種智後能多分或少分現觀之，非是空言妄想之言語施設也。由是自心如來所顯無量功德之緣故，佛作是說：「我說如來非無性。」是故眞如非是印順所說之名相施設法，乃是實有自體性，並且是宇宙萬法生起之根源，不應以滅相不滅之想像法而解釋之，不應以「性空唯名」而解釋之。

自心如來絕非待緣而不生不滅者，乃是本來不生不滅者。印順所說「滅相不滅故名眞如」者，乃是妄說也；滅相之不滅者，乃是待緣之法故，相待於蘊處界之存在，方可於蘊處界滅失之後而言滅相之不滅故，是故印順「滅相不滅」一法，實乃待緣而有者；既是待緣而有者，則「滅相不滅」之說即成妄說；待緣而有滅相，必非不滅之法故，滅相唯能於蘊處界滅失後之一刹那間言有滅相，既滅已，「滅相」即成無法，烏得言爲不滅之法？蘊處界滅已，滅相亦成無法故，成斷滅空故。「滅相」既是斷滅空之妄念相，既是相待於蘊處界之緣而有，只存在於吾人之意識心觀念中，則顯非眞如，眞如是實相法故，「滅相」乃斷滅之虛妄法故。由是故說印順所弘之法，完全是虛相法，非是實相法也，所言皆是待緣而有之法故，非是本自存在之絕待法故。

自心如來非是待緣始能不生不滅者，是故二乘定性無學聖人捨壽後，滅盡十八界五蘊後，成無餘涅槃時，其自心如來仍舊可以獨自存在，不必待緣方始存在；印順所言「滅相不滅」之「滅相眞如」，則完全是待緣而有之法，不能外於蘊處界滅失之緣而獨存，故是待緣方有之法。以如是待緣方有之緣起法，

作爲 佛所言之眞如者，即成無義。

然 佛所言之自心如來—衆生所有之第八識眞如—則非如是無義之法，有眞實法性而常恆運作，不曾刹那間斷故，非是刹那生滅之法故。是故 佛所說之自心如來等法，非是無義之法也。

復有不生之法，謂諸佛所有之意生身、法身、及如來名號，如是諸佛所有之意生身等三法，皆是不生之法；如是不生之法，非是聲聞聖人、緣覺聖人、以及別教第七住位甫明心而證般若慧之菩薩所能知之也（此處所言七住者，爲第七住位菩薩，印順於《楞伽經親聞記》宣講爲第七地菩薩，乃是不實之說。假使此段經文所言住意爲地意者，則於隨後經文中不應別言「地」，應皆同言「住」故；然隨後經文中復別言諸「地」，而不言諸「住」，可證印順將住解釋爲地之說不確。又第七住菩薩已經明心而令「般若正觀現在前」故，非如聲聞緣覺之於般若無知者故。又七地菩薩已有無生法忍，不應言七地菩薩於此全無所知也，初地滿心位已能略知故，二三地所知更多故；賢位七住菩薩初悟，唯有總相智，尚無別相智與道種智，方言不知。《入楞伽經》此段經文則唯說如來地之法身，不言意生身等，故譯作第七地菩薩不能了知，則與此意不相抵觸。《大乘入楞伽經》此段經文所說兼及意生身，故彼譯作「七地亦不知」者，仍有商榷餘地）。

云何外道、聲聞、緣覺、第七住菩薩等人不知如來之意生身？謂第一種意生身，須待證得三四五地之無生法忍後，方得成就；縱使外道修得神通境界及神足通者，亦不能知之也；縱使聲聞緣覺聖人已修得三明六通俱足者，亦不能知之，未得無生法忍者悉不能證得第一種意生身故；縱使第七住菩薩已經明心而親證自心如來，然此唯得般若之總相智，未發起別相智，更未能發起道種智之無生法忍慧，何能知之？初地、二地、以及三地未滿心前，皆亦不能發起意生身；乃至有得三四地無生法忍果，而尚未能發起意生身者，要待第五地滿心方得發起，故此諸聖雖知意生身之不生不滅境界，而猶未親證，亦非是眞知者。要待三、四、五地滿心位，親得發起意生身時，方得謂爲眞實了知者。故說第七住位菩薩雖然已經般若正觀現在前，仍未能知意生身之不生不滅也。

如是第一種意生身發起之後，三、四、五地菩薩由此意生身之永駐不斷故，令其意識得以盡未來際永遠延續不斷，是故永離隔陰之迷，從此不被胎昧所障。由證此故，了知意生身不生不滅。如是意生身者，謂三地（或四、五地）

滿心位所證得之三昧樂意生身也。

第二種意生身者，乃是八地滿心菩薩所證得之「如實覺知諸法相意生身」；第三種意生身者，乃是第九地滿心菩薩所證得之「種類生無行作意生身」；此二種意生身，則非七地以下菩薩所能了知。如是三種不生不滅之意生身，皆是依無生法忍果方能發起，非是外道得通者所能證之，神通皆是生滅法故，神足通非是意生身境界故，相差何止天壤之隔？亦非是三明六通之聲聞緣覺聖人所能證之，二乘聖人所證者，唯是解脫果，不證般若之無生法忍果故；亦非開悟明心之第七住菩薩所能知之，唯得般若之總相智故，尚未發起三四五地之無生法忍智慧故。由是故說意生身之不生不滅實義，非諸外道、聲聞、緣覺、七住菩薩所能知之。

自心如來之法身不生不滅，亦非外道、聲聞、緣覺所能知之，彼等諸人皆未證得自心如來故，自心如來即是第八識如來藏故；唯有第七住菩薩開悟明心而證得第八識已，方能現前觀察此自心如來（自性彌陀）之心體確是從來不生不滅之法，證實祂是遍一切時地皆爲不生不滅之法。

如來名號亦是不生不滅法，此謂如來名號廣有無量百千萬億名稱，常在世間而爲衆生之所稱說，唯是衆生不知其義趣，故言有生滅。而此正理，亦非外道、聲聞、緣覺、七住菩薩之所能知。如來由有不生不滅之自心如來，由有不生不滅之三種意生身，由有常住世間而不斷絕之無量如來名號，故說不生不滅即是如來之異名。如是正理，非諸外道、聲聞、緣覺、七住菩薩所能知之。

自心如來非是待緣而有之法，非是藉諸修行之法而轉變成功，故絕非聖嚴、惟覺、星雲、證嚴……等人所說之離念靈知心也，彼諸人作如是主張，以離念靈知心作爲禪宗開悟所證之眞如者，乃是待緣而得之法，非眞佛法也，乃是必須待緣而後始能出生之離念境界故，如是靈知心既是待緣而有者，則其後亦將隨於下座出定之緣而漸散壞故，故說自心如來絕非密宗與聖嚴、惟覺、星雲、證嚴……等人所說之離念靈知心也。

自心如來之親證，今時極爲困難者，咎在學人之知見錯誤；知見錯誤之緣由，端在受諸大法師、大居士之誤導；乃至大名鼎鼎之印順法師亦復生諸錯解，妄以密宗應成派中觀之邪見而作破法之說：公開否定自心如來——第八識如來藏。爲證成其虛妄之說，便假藉考證之名，加以否定：

《……「初期大乘」的發展傾向，終於出現了「後期大乘」的如來藏說。如來藏說的興起，是「大乘佛法」的**通俗化**。**如來，也是世俗神我的異名**；而藏是胎藏，遠源於『梨俱吠陀』金胎神話。如來藏是眾生身中有如來，也可說本是如來，只是還在胎內一樣，沒誕生而已。大乘以成佛——如來爲目標的，說如來本具，依「佛法（印順所言佛法者謂初期阿含經典所說法）」說，不免會感到離奇。但對一般人來說，不但合於世俗常情，眾生身中有如來，這可見成佛不難，大有鼓勵人心、精勤去修持實現的妙用。稱之爲「藏」，又與印度傳統神學相呼應，這是通俗而容易爲人信受的。傳說南印度的毗土耶那竭羅地方，如來藏的偈頌，童女們都會吟詠歌唱呢。如來藏、我的思想，適合世俗常情，一般人是樂意接受的，但對「佛法」來說，是一更大的衝擊！部派佛教也有立「不可說我、勝義我」的，但只是爲了說明流轉中的記憶與作業受報，不是所迷與所證的如實性。而且，（胎）藏與我，都從婆羅門教的教典中來，這不是**向印度神教認同**嗎？》（印順著《印度佛教思想史》頁 162）

大乘佛法所說「如來藏」名、「我」名，皆非是後來大乘始有之名，在四阿含諸經中，其實已經處處可見，絕非如印順所言之後來大乘始有之名也，自是印順迷信藏密應成派中觀邪見，故意曲解阿含佛法諸經　佛說，妄說四阿含原始佛法中未曾說之；如今四阿含諸經現在，猶可稽之，非是他人所可妄言之也。數年來，余諸著作亦已多所引證，證明原始佛法四阿含諸經中，早已宣說第八識心，常常方便說爲**如來藏、我**、識、心、本際、實際，非未曾說；乃至印順自己所常引用之阿含佛語：「五蘊非**我**、不異**我**、不相在」，亦是明說爲**我**，焉得說爲原始佛法中不曾說有**我**？四阿含經中乃至明說**如來藏**名，非是大乘佛法始有之說。是故印順如是《印度佛教思想史》之考證研究，乃是完全悖於事實之言，非是正說也。

復次，「**如來藏、我**」之說法，本出四阿含諸經中之　佛說，處處可檢，本是原始佛法中之正理，印順不應因爲自身無能親證此眞實之「**我**」，便肆意否定之，便故意誣蔑爲「世俗神我、外道神我」，所以者何？此謂外道及世俗所說之「常住不壞我」乃是意識覺知心，世俗所說「常住不壞之神我」乃是第六識覺知心，然而四阿含諸經所言「如來藏」與「我」等名，皆是言第八識，世尊於四阿含中不唯說之爲我、爲如來藏，有時更說爲涅槃之實際、本際、如、眞如、識…等，皆是第八識心，非是第六識覺知心，是故此我、此如來藏，與世俗神我之第六識覺知心，相去何啻天壤之隔？印順竟依密宗應成派中觀邪見之先入爲主觀念，先否定七八識已，而後作如是違逆 佛意之言，將四阿含中隱覆密意而說之最勝妙法—我、如來藏，說爲世俗神我之第六識覺知心，令遠勝於四阿含二乘菩提法之大乘經典成爲僞經，亦令四阿含所說之無餘涅槃成爲斷滅法，眞可謂破壞佛教正法之最嚴重者；古今一切破壞佛教正法者，無人能出其右；此是從根本法義上破壞佛教正法故，其破壞力遠甚於藏密之雙身合修邪淫法。

自心如來乃是衆生本具之法，非是修所成之緣起法，此於四阿含諸經中，世尊早已隱覆密意而說，非未曾說；自是印順愚癡，讀之不解，妄謂原始佛法中未曾宣說，而言「依原始佛法來說，不免會感到離奇。」但是眞正離奇者，乃是印順自身，絕非大乘諸經所說之「如來藏」與「我」也。如余諸書中所略

舉四阿含諸經中 世尊所說「如來藏、我」等第八識正理，事實俱在，皆非印順一家之言所能否定者也；於後時再寫《阿含正義》時，將作逐一舉例辨正，證明印順所造之《印度佛教思想史》之所謂「考證」等說法爲虛妄之說，爲不實之考證，爲自意妄想，爲臆想所說，爲依表相佛教之現象而說者，非是依佛教法義之眞相而說者。

古印度，佛未示現於人間時，諸修行人本已依於思惟觀察，而了知五蘊等法皆是虛妄之法，皆是可滅之法，皆是無常、苦、變易之法；既如是，則必有常住不斷之心存在，否則將成斷滅法，將成唯有一世之無因無果妄法；若是斷滅法，則現見衆生各自皆有之因果報應種種事實，即無法成立融通；故知必有一心爲常住不壞之法，方能實現世間存在之因緣果報，此心或名如來、或名如來藏、眞如、識⋯等無數名，隨於各人觀察施設而立其名，非必一定。是故，三界衆生必定各自有常住本體之理論，早已存在古印度修行者間，而各自以種種施設之名說之。

然彼古印度諸修行人，以福德因緣未成熟故，無有 佛世尊示現引導開示正理，則無任何人能證此眞實心，故於涅槃與實相、如來藏、我、識，生諸錯修錯證之理論，無人能證涅槃境界。世尊觀察因緣成熟，示現於人間，隱其威德神力，與衆生同事，一一親近而隨學修證之；一一證已，隨爲解說彼等所證皆非涅槃、皆非實相。然後示現成佛而轉法輪，次第宣說阿含小乘、中乘之法，又說大乘般若中道及第三轉法輪之唯識一切種智妙法。是故如來、我、識等名辭，古印度早已有之，不應因古印度之有「如來藏、我、如來」等名，便謂爲 佛於證道後隨順此等名相所說之第八識心「如來藏、我、自心如來」即是虛妄法，不應因此誣蔑佛說如來藏爲同於世俗神我。

古印度修行者所言如來藏、眞如、我、金胎…等說之理論，其實無訛，只因所證之法墮於意識境界中，不能證得第八識自心如來，所言親證之如來藏、我、金胎、眞如等法，並非眞正之如來藏、我、金胎、眞如，故成錯修錯證之法；然不可因此便言其尋覓如來藏之理論有誤，不可因此便言 佛所說之如來藏爲外道之虛妄法、爲同於外道之世俗神我，基本理論相同而實證有異故，名相無異而實證有異故， 佛所說如來藏法絕非外道神我論者所能稍知故。

如來藏、我、自心如來等思想，絕非如印順所言之「適合世俗常情」，亦非印順所言之「一般人所能接受的」，是故今時佛教界有衆多大法師大居士不肯信受，而隨印順法師廣作否定之說，廣爲誣蔑，誣爲外道之神我、世俗神我，可徵印順所言「適合世俗常情、一般人所能接受的」，其語違背事實。復次，此自心如來之覓證極難，是故今時佛教界有許多大法師大居士等人，因此而不肯同意如來藏是眞實法，每每倡言離念靈知心即是佛地眞如、即是如來藏；每多倡言如來藏有覺有知，意欲狡辯離念靈知心之意識心即是如來藏；對於諸經中 佛說「法離見聞覺知」、「一切諸法無覺無觀，無覺觀者是名心性」之說，不肯信受。乃至如印順、達賴、宗喀巴、寂天、月稱…等密宗及藏密黃教修行人，更不肯信受如來藏法，千百年來不斷以著作否定之，今日印順更以繁多之著作而廣作否定之說，顯見如來藏法非是衆生容易信受之法，云何印順可以自言如來藏思想是衆生所能信受者？

印順所言之「**如來藏、我對於原始佛法造成更大的衝擊**」，與事實完全相背，事實是：原始佛法中本已存在**如來藏法、我、實際、本際、阿賴耶識…等**

法，四阿含諸經現在，猶可稽之，非是印順可以妄加否定者；既是原始佛法本有之法，云何而有對原始佛法產生衝擊之可言？緣於印順等原始佛法「專家」，自身誤解原始佛法，純是末法少聞之人，而又信受密宗應成派中觀邪見，故不能了知原始佛法中本已多所宣示「如來藏、我」之正理，故作虛妄想，誤以爲大乘佛法與原始佛法有所衝突，故說「如來藏、我」之思想對原始佛法有所衝擊；若究其實，只是對他所信受之密宗應成派中觀之邪見有所衝擊，對眞正修學原始佛法之正法者而言，對古時親證原始佛法二乘菩提之一切聖人而言，根本無有衝擊可言也；反而是印順所說之一切法空一類邪理，才會對眞修原始佛法之比丘等人造成衝擊，令諸眞修原始佛法之比丘衆恐怖，而不能眞修蘊處界空。

如是印順邪思所造成之衝擊，古已有之，非唯今時印順造成如是衝擊也；是故曾由舍利子…等人爲比丘宣說從 佛所聞正理：涅槃後絕非斷滅空。並且令其親證，方得消除如是衝擊，此即阿含所載閻摩迦比丘證果之歷史事實，今猶可稽，阿含經文具在，印順何得顚倒其說？是故，在阿含經所記載之佛教歷史事實中，對原始佛法二乘菩提會造成衝擊者，乃是印順所言之斷滅空一類邪見；乃是印順等否定涅槃本際之第八識者所說之法，方會對原始佛法造成衝擊，舍利子等大阿羅漢解說了「無餘涅槃中之如來藏、我，即是涅槃之本際」之正理以後，立即消除了斷滅空對原始佛法之衝擊，使得原始佛法所證之無餘涅槃不墮斷滅空中。由此可以證實：印順所說「如來藏、我對原始佛法造成衝擊」之說，與事實完全相反；反而他所說之一切法空使得無餘涅槃成為斷滅空，而對原始佛法之二乘菩提眞義造成衝擊；阿含經典之經文典故記錄猶在，不容印順顚倒歷史事實而作不實之說。

原始佛法中，彼諸二乘聖人，皆已現觀意識之一切粗細心皆是生滅緣起之法，其性皆是無常空，皆是緣起緣滅之法，故證無我；亦皆從 佛聞法而已了知無餘涅槃中確有本際、實際，雖未親證涅槃本際中之眞實我、如來藏，而能信受佛語，信知無餘涅槃之中確有如來藏為其實際，是故二乘涅槃不墮斷滅見中；是故滅盡十八界法而入無餘涅槃時，並非猶如印順所說之斷滅空，阿含經中如是開示今猶可稽，印順何可睜眼說瞎話耶？

由是緣故，部派佛教中亦有建立「不可說我、勝義我」之說，只是稟於「隱覆說義」之 佛誡，爲防密意洩露與不應證得之人，故不對衆生明說爾。印順自不知此，亦不知原始佛法四阿含諸經中 世尊之隱覆説義正理，竟依西藏密宗之中觀邪見而妄作誹謗勝妙正法之言，更誣大乘絕妙勝法爲是「向印度神教認同」，然而今時印度教及古時婆羅門教中，卻無人能證此第八識自心如來，唯有佛教中之菩薩等人，能依 佛語而證，印順何得以自意妄想而誣蔑「如來藏、眞我」是印度神教所說之神我耶？是故，自心如來有種種名號，隨世人之所想像而作施設言說，唯是福德因緣不具足故，不能證得爾。然不得因古時印度外教亦有如是名號，便謂 佛所證得之自心如來即同外道之常見神我也。印順墮此邪謬之推理中，專在表相佛教上而作考證，不在實義佛教之弘傳史上而作考證，嚴重違背佛教法義弘傳之事實，更廣造諸書而誤導佛教學人，非是善行也！由是正理，故說自心如來之無量百千種種名號，一切外道、聲聞、緣覺、七住菩薩不能知之，更何況印順法師一介凡夫云何能知？

「大慧！譬如因陀羅、釋迦、不蘭陀羅，如是等諸物，一一各有多名，亦非多名而有多性，亦非無自性。如是大慧！我於此娑婆世界有三阿僧祇百千名號，愚夫悉聞，各說我名，而不解我如來異名」：

譬如因陀羅，有種種名：或名夜叉、藥叉、悅叉、野叉，或名輕捷鬼、勇健鬼、能噉鬼、貴人鬼、威德鬼、祠祭鬼、捷疾鬼，或名地行夜叉、虛空夜叉、天夜叉等；亦如釋迦，或名日種，或名甘蔗族，或名釋迦族；亦如大王不蘭陀羅，有種種名號；復如天帝釋提桓因，在中國地區名爲玉皇上帝，復有餘諸多名；復如大地、虛空、乃至手足等物，隨於一一物，各有多名；一一物雖各有多名，彼多種名稱所說者實唯同一物；如是多名，其性無二，同是一性；譬如手之一物，於中國地區，即因民族之方言差別而有種種名，然此多名所說者，皆同一手，體性無二，皆是手之體性。然不因其多名而唯一性，便可言其無性，必有手之體性故；乃是一一物皆各有其性，故非無自性。如是，自心如來於此娑婆世界中，隨於衆生心想之種種互異而施設名號，故有三無量數之百千名號；此等無量數百千名號所說之「物」，同皆是說自心如來。此等無量百千名號所說之「法」，非有多性，同是一性，即是自心如來之自性；自心如來雖有其自體性，迴異覺知心對於六塵萬法中之種種性，然不可因此便言自心如來無有自體性也。而諸愚癡凡夫，悉曾聞說如是種種自心如來之名號，亦有稱說自心如來之名稱者，而悉不能理解如是多名之所說者，皆是同一體性之自心如來，而悉不知此等百千名號所說者，皆是自心如來之異名。

「大慧！或有衆生知我如來者，有知一切智者，有知佛者，有知救世者，有知自覺者，有知導師者，有知廣導者，有知一切導者，有知僊人者，有知梵者，有知毗紐者，有知自在者，有知勝者，有知迦毗羅者，有知眞實邊者，有知月者，有知日者，有知主者，有知無生者，有知無滅者，有知空者，有知如如者，有知諦者，有知實際者，有知法性者，有知涅槃者，有知常者，有知平等者，有知不二者，有知無相者，有知解脫者，有知道者，有知意生者。大慧！如是等三阿僧祇百千名號，不增不減」：

於人間，有衆生能知此第八識心名爲如來者，亦有知是一切智者，亦有人知是佛者，亦有人知是救世者，亦有人知是自覺者，亦有人知是導師者，亦有人知是廣爲衆生引導者，亦有人知是一切導首者，亦有人知爲僊（仙）人者，亦有人知爲梵行者，亦有人知爲毗紐天者，亦有人知是自在天者，亦有人知是勝性者，亦有人知是迦毗羅者，亦有人知是眞實邊者，亦有人知是如月者，亦有人知是如日者，亦有人知是衆生主者，亦有人知是本來無生者，亦有人知是永遠無滅者，亦有人知是空性者，亦有人知是如如者，亦有人知是眞實諦者，亦有人知是實際、本際者，亦有人知爲法性者，亦有人知是涅槃者，亦有人知是常恆者，亦有人知爲平等者，亦有人知爲不二者，亦有人知爲無相者，亦有人知爲解脫者，亦有人知其爲道者，亦有人知其爲因意之攀緣而出現於三界中者。如是等三阿僧祇百千名號，所說者其實皆是同自心如來，從來不增不減，不因名號之衆多或減少，便使其有所增減。

自心如來極難證知，是故印順等聰明人不肯用心長期參究，便率性否定之。蘊處界等法，包括印順所施設「**不可知不可證之意識細心**」，悉屬可滅之法，悉屬可知可證可滅之法；可滅之法則無常恆不壞之自體性，無常恆不壞之自體性，故名無我。舉凡一切修行人之墮於意識心而執爲實有自性者（譬如認取離念靈知心作常住不壞心者），皆是自性見者，意識非是眞有不壞自性之法故；二乘聖人則皆現觀意識虛妄，悉皆不墮於如是自性見中。是故二乘菩提之無我者，乃謂蘊處界法等皆是無常可滅、故無眞實不壞我，故言無我。自心如來則是常住不壞之法，常住不壞故，　佛於《阿含經》中說之爲「我」，即是印順所常引用之阿含經句：「五蘊非我、非異我、不相在」之「我」也；由五蘊之十八界法俱是可滅法故，非有常住不壞之法，故說蘊處界諸法無我，無有常住不壞之我可得；然此句　佛語中，已顯示有眞實不壞之我存在，此我即是阿含經中　佛所說之無餘涅槃實際—涅槃寂靜之自心如來—無我性之自心如來。

大乘法所說無我者，則亦函蓋自心如來之無我性，謂此自心如來「恆而不審」，從來不於六塵萬法中生起自證分及證自證分，故從無始劫以來，不曾自知有自心如來之「我」，故名無我性；又因從來離見聞覺知—恆而不審—故從無始劫以來皆不曾暫起一念之善惡貪厭等心行，故名無我性；如是無我性之自心如來，由其常住不滅，非如五蘊十八界等法之無有常住不壞性，是故　佛於阿含經中，相對於蘊處界之無我，方便說之爲「我」，即是「五蘊非我、非異我、不相在」之「我」也。如是正理，具載於四阿含諸經中，　佛已曾說，非未曾說，自是印順不能了知，復以先入爲主之密宗應成派中觀邪見，故意加以否定爾。

「此及餘世界，皆悉知我，如水中月不出不入。彼諸愚夫不能知『我』，墮二邊故；然悉恭敬供養於我，而不善解知辭句義趣，不分別名，不解自通，計著種種言說章句，於不生不滅，作無性想。不知如來名號差別如因陀羅釋迦、不蘭陀羅；不解自通會歸終極。於一切法隨說計著。」

非唯此娑婆世界眾生思惟正理後知必有「我」，其餘世界之有智行人，亦知必有此「我」，亦知若無此「我」，則必墮於斷滅見中，則成無因無果之邪見，是故 佛說：「此及餘世界皆悉知我」。此「我」者，不論諸世界眾生之知與不知，此自心如來從來都不關心，從來都不曾稍起一念欲令眾生知之，從來都如水中月之不出離於水、亦不住於水中。復次，彼諸無量世界眾生雖了知必有此「我」，故作種種言說而說此「我」，然此等種種言說所說之「我」，則皆是從此「我」所映現而有，非即是眞正之「我」，故說此等言說之「我」悉如「水中月」，不出、亦不入於水。

彼諸愚癡凡夫如印順…等人，所以不能了知此「我」者，皆因墮於邊見，故不能了知；若人從學於眞正之善知識，先則聞而信受之，繼以參禪而尋覓此「我」，後則因於福德因緣之成熟，及知見與參究方向之正確，終能證得此「我」。凡此親證之人，要須先離二邊邪見；若如印順、達賴…等人之先信受應成派中觀斷滅邊見者，則永不能親證之，是故 佛說：「彼諸愚夫不能知『我』，墮二邊故。」意即在此。印順不解不證「我與無我」正理，故對阿含佛法生諸臆想，故作種種悖於歷史事實之言說，否定阿含諸經中 佛所說之「我」，更妄言「我」之思想衝擊原始佛法，其實是他所說之斷滅空之「一切法空說」，衝擊了原始佛法；其實是 佛在原始佛法中所說之「我」，衝擊了印順所信受之密宗應成派中觀邪見。

印順作如是言，以否定此眞實不壞之「我」：《…依佛經說，當然不是的。我，是過去佛所說而傳來的，世間雖聽說有我而不知我的眞義。現在說（衆生位上）如來藏我，（佛果位上）常樂我淨的我，才是眞我。『楞伽經』也明白的說：「開引計我諸外道故，說如來藏」。爲了攝化外道，所以說如來藏我；如來藏我與印度固有宗教，是有關係的。依（阿含）佛法說，這是適應世間的妙方便，但在一般人，怕有點神佛莫辨了！其實流傳中的「大乘佛法」，融攝印度神教的程度，正日漸加深。後期大乘重於如來，所以從「初期大乘」的「天菩薩」，進展到「天如來」，如『入楞伽經』卷六說：「大慧！我亦如是，於娑婆世界中，有三阿僧祇百千名號，凡夫雖說而不知是如來異名。大慧！或有眾生知如來者，有知自在者……有知仙人者，有知梵者……有知毗耶沙者，有知帝釋者，……有知意生身者。大慧！如是等種種名號，如來應正遍知於娑婆世界及餘世界中，三阿僧祇百千名號，…而諸凡夫不覺不知，以墮二邊相續法中，然悉恭敬供養於我」。依『楞伽經』說：如來的名號，是非常多的。梵天、帝釋以外，如自在是溼婆天；那羅延，也就是韋紐—毗溼笯天；日是日天；月是月天；婆羅那或譯明星；這些都是印度神教所崇拜的神。迦毗羅，傳說是數論派的開創者；毗耶娑—廣博仙人，傳說是摩訶婆羅多史詩的編集者：這都是印度神教傳說的仙人。印度的群神與古仙，都是如來的異名。一般人恭敬供養梵天等，卻不知道就是如來。天神（與仙人）與如來不二的思想，非常明顯。又如『大集經』的「寶幢分」，說到如來入城時，「若事（奉）象者，即見象像。……有事魚、龍、龜、鱉、梵天、自在天、建陀天、八臂天、帝釋、阿修羅、……四王天、夜叉、菩薩、如來，各隨所事而見之」。如來在不同的宗教信仰中，就是他們平時所信奉的神。這是泛神的，也就是一切神是一神的，與『楞伽經』相同。「天佛不二」，不只是理論的，更是信仰的。這一發展，印度佛教（原文中教字爲將字，疑係排版時錯植）到達更神祕的境地。》（《印度佛教思想史》頁163~164））

由於印順對三乘諸經所說正理之不能實證而生誤解，是故墮於事相上而作如是種種悖於經中所載史實之言論，是故其所造作之《印度佛教思想史》中之種種言說，悉皆違背四阿含中所載之佛教歷史事實，亦違背《楞伽經》中所說之眞實義，悉是依於應成派中觀邪見而作之情解思惟也。

大乘佛法中所言住在天界之菩薩，及住在天界之圓滿報身如來，實非大乘經中方有，而是阿含經中本有之佛語所說，非唯大乘經典中方有之也。乃至阿含經中，亦說 釋迦牟尼佛於十方虛空一百世界中弘化度衆，由是緣故而有一百佛名，非唯在此娑婆世界示現度衆也。是故印順否定天界有菩薩與如來之說法，乃是自意愚思所得之邪謬知見，非是正理也。復次，若言諸 佛菩薩唯能示現於人間，不能示現天人境界而住天界，以度諸天天人天主，則是故意貶抑佛教之境界，令佛教不如外道神教之能住天界度化天衆也。

復次，此段經文所說者，乃是從理上而說自心如來，乃是說一切天神、天主、日神、月神、溼婆神、仙人、人鬼、……乃至諸菩薩、諸佛，同皆從彼各自之自心如來而顯現，皆是自心如來之異名。印順卻故意將之錯解爲在事相上說：誣謂事相上之如來即是外道所事奉之太陽神、月神、溼婆神、帝釋、廣博仙人……等，便將《楞伽經》中此段經文解釋爲「將如來與外道神祇合流」，便據此而認定《楞伽經》爲後人所集體創造之經，便否定此經之內涵，更加以嚴重之曲解，影射此經是主張「天佛不二、神佛不二」，皆因自意妄想及誤解三乘佛法所致。

如是，印順身爲阿含之專家，而竟完全不懂阿含諸經中之 佛意，更誤會大乘佛法，依其密宗中觀邪見以曲解大小乘諸經佛說：凡不合己意者，便加以嚴重曲解，或加以否定，說爲後人之創造集成者，不肯稍顧經中所說正理之是否符合四阿含諸經所說，不肯稍顧四阿含所略說、隱說之如來藏密意。由此等舉述之事實，故說印順絕非弘傳佛法之人，乃是弘傳密宗應成派中觀邪見之人，乃是以密宗邪見而破壞佛教正法之人。如是之人，即是 世尊所說：「彼諸愚夫不能知『**我**』，墮二邊故。」

彼諸外道所事奉之諸天、仙人、太陽神、月神……等神祇者，其實皆是無我假象之法，此謂彼諸天天神、太陽神、月神、仙人……等神祇，皆是有爲無常之法，皆是不離生死之人、之神，如是事奉者，皆爲無義，亦非究竟；唯有事奉彼諸神靈各各皆有之自心如來，方是眞實法，方是究竟法。而彼諸外道每日事奉之神祇，其本質仍是各自神祇之自心如來所顯現，而諸外道不能了知此一事實，不能分別此等天神仙人諸名之眞實義趣，不能理解如是自宗通之法相，由誤計故執著種種言說章句之表相，對於不生不滅之自心如來，卻作無有法性之邪想。印順法師與達賴、宗喀巴、寂天、月稱等人，正是其人也。

由是緣故，印順對**自心眞如**作是解：「蘊處界等法悉皆滅已，其**滅相**不滅故名眞如。」正是對自心如來起於邪解而作「無性之想」者，正是此段經文中世尊所指斥之「無性妄想」者。其實自心如來廣有多種功能差別，唯是未悟之人所不能知之，非是印順所說唯名無性之法；余諸書中亦曾多所說明，非是「無有法性」之唯名無實之名相爾。印順、達賴、昭慧、星雲、證嚴、傳道……等人亦復如是，不知自心如來之種種名號差別，於因陀羅、釋迦、不蘭陀羅、自在天、溼婆神、日神、月神、天神…等，作諸妄想，誣謂此經將彼諸神說爲同於如來；凡此皆是不解自宗通，而對種種神仙名號作事相解，不知應皆歸於終極之自心如來，故於三乘諸經所開示之一切法上，隨說而誤計，便生執著，墮於西藏密宗邪見之中，不能自拔。

印順一向墮於思惟上之空，以爲保持意識不墮於空有二邊，便是已離二邊者，從來不曉：遠離二邊之真實義，乃是親證自心如來之本來不墮空有二邊，然後意識轉依如是自心如來所本住之不墮空有二邊境界。由不知如是眞實義故，便有《妙雲集、性空學探源、空之探究……》等邪說著作之寫作與出版流通，皆是自己誤解空之正義，並誤導衆生同墮誤解之空義中。

印順作如是說：《…。『鴦掘摩羅經』也一再說「如來藏我」。這二部經與『如來藏經』**所說的如來藏、佛性，富有神我的色采**。『勝鬘經』以如來藏爲本性清淨心，所以說佛果的常樂我淨，不再說眾生位的（如來藏）我（《如來藏之研究》頁179）。》又說：《空與不空，都稱爲空智，『究竟一乘寶性論』卷四解說爲：「……」。空的知道是空的，離增益的有邊；不空的知道是不空的，離損減的無邊。也可以說：「客塵虛妄染，本來自性空」，知道是本來空的，所以「不減一法」。「不空如來藏，謂無上佛法，不相捨離相」，本來具足，所以「眞如性中，不增一法」。這樣，空與不空的見知，不增不減，能遠離有無二邊。離二邊的中道，能如實知空相，如來藏智也就名爲空（性）智，空性是無分別智境。**以空爲無**，**因空而顯**的如來藏自體清淨，**名爲空性**，與瑜伽者所說的相同。》（《如來藏之研究》頁178~179）

然而印順其實完全錯解如來藏，亦復錯解空之意涵也。《勝鬘經》固說佛地第八識之常樂我淨，然亦分說菩薩因地及眾生地之如來藏也，故說眾生之如來藏自性清淨而有染污：於顯現自身之一向清淨體性時，卻又含藏眾生無始劫來經由七轉識所熏習之種種染污習氣，故說「自性清淨心而有染污，唯有諸佛及諸利智菩薩方得知之」，如是明說衆生位的如來藏、我，經文具在，印順何得說之爲「不再說衆生位的（如來藏）我」？顯違經文，眞是故意曲解經文、故意誤導學人者。

復次，如前所述，及余與諸同修親證，而在諸書宣示「如來藏從來即已無我性」之理，解說如來藏從來不曾顯現蘊處界我之「衆生我」體性，故說如來藏從來即無「我性」；然因如來藏常恆不滅，是故有時 世尊方便說之爲我，乃是凸顯其常住不壞之金剛性故，乃是凸顯其常住性、實體性故，實非有蘊處界等覺知及思量之我性也。然印順完全不知不證如來藏，依於研究經文而臆想理解，又因不能親證故，信受藏密應成派中觀邪見故，便故意曲解經典中 佛所說之如來藏法，將諸經中所說完全迥異外道神我意識境界之如來藏，誣謂經典中所說之如來藏體性爲「富有（外道）神我色采」。觀乎印順如是短短一段文字中，已有如是衆多過失及曲解，整部《妙雲集》中，當有多少誤會與曲解之處？可想而知也！

云何謂印順錯解空之義涵？謂「空」有二義：空性與空相。空相者謂諸法空相：蘊處界等法悉皆緣起性空，緣起性空故，無有常住不壞之實體，故蘊處界等萬法生起之後，必定輾轉變異終至壞空，故說蘊處界等法及其所起萬法悉是空相—空有其相而無常住不壞之實質，是即《心經》所說之「諸法空相」。空性者謂：諸法空相之根源—自心如來—如來藏；由有此心故，能含藏衆生無始劫來造作熏習之一切善惡業種及無明種；亦因此心具有大種性自性……等等種子，故能藉緣而創造有情之色身，由是故能生出六轉識等見聞知覺性，由是故令意根之思量性能在三界六塵萬法中運行，而受三界中之六塵境界苦樂；若無此自心如來，則無一切有情能出生於十方三界中；然而此心雖具如是出生萬有之廣大功德，自體卻無色無形，故名「空有性」；然若名爲「空有性」，則不能對治衆生無始劫來之執著「三界有」等蘊處界我，故除有性而不說之，偏說此心名爲空性。

如是空相與空性二義，具足佛法所說之「空」義；而印順完全不解此理，竟謂意識之知解空與不空，即是空理；然而不空之理何在？印順則完全不知也。是故印順一向以意識心想像之不著空有，作爲實證般若空性之修證境界。有時卻又完全摒棄上舉其文所說「不空的知道是不空的」，改以一切法緣起性空之斷滅空爲其所認知之空，是故倡言「滅相不滅所以是不空」，墮在斷滅空中，卻又狡辯爲不墮斷滅空；滅相即是滅故、即是斷滅空故。佛所說空、所說寂滅，則是捨報時斷滅十八界法之一一法，如是滅卻十八界全部之後，無有六根，無有覺知者，無有思量者，亦無有六塵萬法，究竟寂靜，故名寂滅；然而滅盡一切法後，餘有如來藏離見聞覺知、離思量性、離自證分、離證自證分而獨存，故說無餘涅槃非是斷滅空，迥異印順之以「滅相不滅」之斷滅空無而說爲空性也。由是正理，故說印順法師完全不懂阿含佛法，完全不懂原始佛法，更不懂大乘佛法。

印順在上舉文中如是說：《**以空為無，因空而顯的如來藏自體清淨**，名為空性，與瑜伽者所說的相同。》然而印順此說，錯解空性之理極爲嚴重。如前所舉 佛語所說「自心如來藏非無自性」之言，今者印順卻說「以空爲無」，以此空無而顯出如來藏的自體清淨，以此名爲空性，完全悖 佛所說；既是空無，有何自體可言？既是空無，有何清淨性可言？必也有一確實存在之實體法，而彼體確實有其自體性，此自體性確實無形無色，復又從來不墮蘊處界我性之中，方可謂為空性也；若無自體性，則是空無斷滅，不可謂為空性也。必也有一確實存在之實體法，而此實體法確實自性清淨，方可謂之為清淨性也；若是空無之法，則是無法之頑空，則無清淨垢穢之可言，云何可言如是空無為是清淨性？是故印順所言之法，悉是自意妄想所生之語言遊戲爾，純是戲論，絕非佛法也。

然而阿含諸經所說空性，意涵迥異印順之所說，兼說空相與空性，而偏在空相上說；瑜伽者所說之空性，則完全是說如來藏之空性法，兼說諸法之空相，與印順所說者，完全迥異；觀乎《瑜伽師地論、攝大乘論、成唯識論》之所說者，莫非以第八識如來藏為空性，何曾以印順所說之空無作為空性？乃至龍樹菩薩般若系之《中論》，亦復如是以如來藏為空性，從來不曾如印順所說之以空無為空性也。

佛子當知：四阿含諸經中，佛雖偏說二乘菩提解脫道，而側重於蘊處界諸法之空相上宣說，然於諸法空相之修證上，卻又對諸阿羅漢宣示：滅盡一切法以後之無餘涅槃中，有**實際**不滅不壞而常住，故無餘涅槃非是斷滅。今者印順唯知十八界法中之六塵、五根、前五識爲虛妄法，不知第七識意根心亦是虛妄可滅之法，不知此心之存在，亦不知此心於入無餘涅槃時亦應滅除，故說印順不解阿含佛法也。

印順又復不知十八界法中之意識心之虛妄，是故建立「細意識常住不壞」之說法，作爲否定七八識後不墮斷滅空之補充說法。然而四阿含諸經中，佛處處說：「一切粗細意識皆意法爲緣生」，細意識亦不能外於如是 佛說聖教量而獨存，仍需依意根及法塵爲緣方得出生與存在。細意識既是意根與法塵爲緣而出生者，則無可能是常住不壞之法，而印順竟建立細意識爲常住不壞法，顯然不能現觀十八界法之一一界，顯然不知意根界與意識界虛妄，烏得言其「懂得阿含佛法」？

由 佛所說「一切粗細意識皆意法爲緣生」之說法，則知必定有第七識意根，並可了知意根爲意識心出生之緣，若無意根，意識尚不能出生，云何而有細意識之可言耶？而印順竟能否定第七識意根，不承認其存在，致令十八界法成爲十七界法。如是，阿含基本佛法之十八界法，印順尚且不知、不解、不證；阿含所說無餘涅槃非是斷滅空之空無，印順亦復不知不解不證，如何有智能知超勝於阿含解脫道之大乘如來藏空性正理之佛法？如何有智能證定性阿羅漢所不能證解之大乘空性正理？故說印順其人：不唯不證大乘正法理趣，乃至小乘解脫道之四阿含諸經基本佛法，亦復完全誤解，完全不懂。

如是不懂阿含基本佛法之人，如是極力否定玄奘大師一生專弘之如來藏法者，乃是專與玄奘大師作對者，昭慧、傳道…等人竟可於祝壽大會上，高推之爲「玄奘以來第一人」者，正是對於玄奘大師最大之諷刺也！正是對於三乘佛法最大之諷刺也！正是對我佛教最大之諷刺也！由是正理，故說印順等人，正是　佛所訶斥「不解自通會歸終極，於一切法隨說計著」之愚人與凡夫也，悉墮文字言說之上故，不能知解佛說諸語之內義故。

「大慧！彼諸癡人，作如是言：『義如言說，義、說無異，所以者何？謂義無身故，言說之外，更無餘義，惟止言說。』大慧！彼惡燒智，不知言說自性。不知言說生滅，義不生滅。大慧！一切言說墮於文字，義則不墮，離性非性故，無受生，亦無身故。大慧！如來不說墮文字法，文字有無不可得，故除，不墮文字。大慧！若有說言『如來說墮文字法』者，此則妄說，法離文字故。是故大慧！我等諸佛及諸菩薩，不說一字，不答一字；所以者何？法離文字故；非不饒益義說，言說者衆生妄想故。大慧！若不說一切法者，教法則壞；教法壞者，則無諸佛、菩薩、緣覺、聲聞；若無者，誰說？爲誰？是故大慧！菩薩摩訶薩莫著言說，隨宜方便，廣說經法。以衆生希望煩惱不一故，我及諸佛，爲彼種種異解衆生而說諸法。令離心、意、意識故，不爲得自覺聖智處。」

疏：《「大慧！彼等衆多愚癡之人，如是倡言：『眞實義猶如言說一般，眞實義與言說其實並無差異，何故如是說呢？此是說言說所說之眞實義並無自體性，唯是言說而已，於言說之外，其實不可能再有其餘之眞實義了，所以，所有的法義，就只是言說之所說罷了。』大慧！彼等愚人由於邪惡燒燃之智慧，是故不知道言說之自性。他們不知道言說是有生滅的法，也不知道言說所顯示出來之眞實法的義趣是不生滅的。

大慧！所有的言說，都是墮在文字相上，而言說所表示的眞實法的理趣，卻不墮於文字之中；言說所表示之眞實法性（自心如來）及其理趣（自心如來之眞實義趣），是遠離三界有的法性的，也是遠離一切法空、一切無性的頑空的緣故；眞實法性之理趣，是從來都不曾受生的，也是從來就沒有具體的身法的緣故。

大慧！如來一向都不曾宣說墮於文字中的法，文字之本體或說爲有、或說爲無，其實根本都不可得，所以都應該除去文字有無之想，都不應該墮於文字之中。大慧！如果有人說『如來曾說墮於文字之法』的話，這就是虛妄的說法，因爲如來所說的法是『離文字法』的緣故。由於這個緣故，大慧！我與十方諸佛及諸菩薩，從來不曾說過一個字、不曾答過一個字；爲什麼呢？因爲眞實法是離文字法的緣故。

然而這樣說的意思，也不是說諸佛如來及諸菩薩都不作饒益衆生的眞實義的言說，而是說『言說都是衆生心中所有的妄想法的緣故』；大慧！如果我及諸佛與諸菩薩都不說一切法的話，那麼佛教的教法便會毀壞而不能弘傳；如果教法因爲不說法而毀壞的話，那麼世間就不會有諸佛、菩薩、緣覺、聲聞等聖人了；若世間都無這些聖人的話，那麼佛法是誰所說？又是爲誰而說？由於這個緣故，大慧！所有的大菩薩們都不可以執著於言說之上，應當如是隨於因緣而施設種種方便，爲諸衆生說各部經中所說的法。

由於衆生心中所希望追求的解脫境界，以及心中的煩惱狀況都不一致的緣故，所以我及諸佛爲彼等種種不同見解的衆生，而說種種的法義；說這些無量法的目的，都是爲了讓他們都能遠離對於自心如來的執著，以及遠離對於意根意識自己的執著的緣故，不是爲了自己獲得自覺聖智境界的緣故。」》

解：「大慧！彼諸癡人，作如是言：『義如言說，義、說無異，所以者何？謂義無身故，言說之外，更無餘義，惟止言說。』大慧！彼惡燒智，不知言說自性。不知言說生滅，義不生滅。大慧！一切言說墮於文字，義則不墮，離性非性故，無受生，亦無身故」：此段經文之所說者，主要意義在於「依義不依語」。

溯自古時，以至於今時之末法季，一向皆有衆多學人墮於言說與文字之中，始終不能自拔。此等諸人，以諸經中之文字所說表義，作爲眞實佛法，認爲彼諸經文表義即是眞實佛法。如是等人，今時亦復所在多有。譬如余言有「內相分」，彼等諸人則不肯信，堅執經中不曾有是 佛說，乃至因此棄余而去，將余助彼明心而證解般若諸經之功德完全棄置不顧，無有絲毫顧念；乃至離去後，更在網站上化名而作種種無根誹謗之言，欲破壞余所弘傳之正法。

然而余舉諸種經中所說佛語：「一切六塵皆是自所現」以示，謂此佛語已顯示：衆生七轉識現量境界上所觸所見所知之六塵等法，皆是自心如來藏藉五根而面對外五塵境時，所同時對現之內六塵相分。彼等則謂：「六塵明明是外法，焉可說之爲自心所現？應是佛語有誤，或是翻譯者翻譯錯誤。」不肯接受余所舉示諸經皆作同一說法、同一翻譯之事實，妄謂諸經皆屬翻譯錯誤。如是之人，不能了知言說所顯眞實義，妄以言說文字之表面字義爲正，即是此段佛語所訶之認爲『義如言說、義說無異』之愚人也！不能眞解 佛所說義故，即是「依語不依義」者也。

彼等諸人由於信受密宗應成派中觀見，由於信受宗喀巴之《菩提道次第廣論》中所作邪說故，認可宗喀巴所言：「中觀見才是最究竟佛法，唯識諸經皆是不了義說，非是究竟佛法，是故明心而發起般若慧已，即是修學佛法已經畢盡其功，不須再學唯識種智諸經。」由信受宗喀巴否定唯識一切種智之惡燒智故，不信余所宣示「悟後應進修唯識一切種智」之說，便捨離余所弘傳之一切種智深妙法而去。如是等人，於第三轉法輪之唯識諸經所說「內相分」正理，及密藏《楞嚴經》中所說內相分正理，於經文句義讀之不解，妄自以爲：「經中既無『內相分』三字之文字，即是無內相分之法」，如是執著佛語言說表義，而不知經文眞義乃是說內相分，即是「義如言說、義說無異」之執著者，認爲言說之外更無餘義，惟止言說，皆是依語不依義者。由是故說此等人皆是不知言說自性者。

譬如三乘諸經中，悉曾宣說自心如來之「所在」，大乘眞悟之人聞已隨知，不墮言說表相之中，能眞解義；如是言說所表顯之眞實意，不墮於文字言說中，不在文字言說之表相中；佛法言說之眞實義，復離於有自性與無自性二邊；若道言說爲有自性，然言說說已隨滅，不應言有自性；若道言說無自性，則言說應不能顯義，故說「言說離有無性」。

復次，言說所表顯之眞實法性身—自心如來—可以入胎受生，漸次創造其色身而出生於人間，然言說所說此一自心如來之法義，則不受生，亦無其身，故說如是言說所表顯之正義不墮於言說之中，故不壞；故說此義無受生，亦無身。而此義能令學人親從眞善知識修學而證知之，故亦離有性與無性。

「大慧！如來不說墮文字法，文字有無不可得，故除，不墮文字。大慧！若有說言：『如來說墮文字法』者，此則妄說，法離文字故。是故大慧！我等諸佛及諸菩薩，不說一字，不答一字；所以者何？法離文字故；非不饒益義說，言說者衆生妄想故。大慧！若不說一切法者，教法則壞；教法壞者，則無諸佛、菩薩、緣覺、聲聞；若無者，誰說？爲誰？是故大慧！菩薩摩訶薩莫著言說，隨宜方便，廣說經法。以衆生希望煩惱不一故，我及諸佛，爲彼種種異解衆生而說諸法。令離心、意、意識故，不爲得自覺聖智處」：

如來所說法，悉皆如是，皆以眞實義而說，從來不說墮於文字相之法義，文字自身非有眞實不壞之法性故，其眞實不壞之法性，詳細推究之，有無悉不可得故；是故有智之人當除所墮文字法，眞實義不墮於文字中故，眞實義根源之自心如來亦復不墮於文字中故。

自心如來，從無始劫來，即已不墮文字中——從來不與文字言說相應，從來離文字與言說。如來所說之第一義諦者，一向如是說，從來不說墮於文字之法。墮於文字之法者，譬如聖嚴法師與惟覺、星雲、證嚴、元音老人、徐恆志、河北淨慧法師……等人，悉是弘傳「墮於文字法」者，譬如彼等諸人皆言**「離念靈知心即是佛所言之第八識如來藏，即是禪宗證悟明心者所悟之眞實心。」**然而初禪等至位以下之離念靈知心，當其心中無念離念時，卻對他人所說言辭了了而知，無有錯會；如是，則已顯示離念靈知心乃是與語言文字相應者，乃是墮於文字語言中者；彼聖嚴、惟覺、元音老人、徐恆志、淨慧法師……等人，既是傳授此法，既是以親證此離念靈知爲眞實心，則彼所說之禪、之悟，悉屬「宣說墮於文字法」者，與 佛所說完全相違，非是佛教諸經所說之佛法也。

如是等人大聲疾呼，或以書籍廣爲流通，或如徐恆志之默許其所說「墮文字法」之言論，以及上平居士所說之「墮文字法」言論，張貼於中國大陸某網站而廣弘傳者，皆墮 世尊所斥之「說墮文字法」之邪見邪行中， 佛說如是等人所說者爲：「此則妄說。」何以故？此謂 佛所說第一義諦之眞實法、實相法，乃是離文字之如來藏法故；彼等諸人所說之離念靈知心，則是不離文字之覺知心意識法，彼等所作一切言說皆墮於語言文字相中故。由是故說彼等諸人悉是不解第一義之眞諦者。

諸 佛菩薩明明已在人間天上宣說無量無數諸法，云何卻言「諸佛菩薩不說一字、不答一字」？般若經六百卷中所說文字非爲少也，然而 世尊卻道「若人言如來有所說法，即爲謗佛，不能解我所說故」，此謂 世尊所說諸般若經者，其中所言之眞實法—自心如來，乃是離文字法；諸 佛既以如是離文字法爲眞實如來，如是而說諸法，則知諸 佛在人間時之七轉識心固然有所說法，於自心眞如而言，何嘗有一字一句之所說？若人親證自心如來已，現觀此眞實心之從來離文字言說，現觀此心之從來不與文字言說相應，現觀此心之從來不墮文字與言說相中，便知諸 佛從來不曾說法也，便知諸多已悟菩薩之從來不曾說法也；於如是自心如來不曾說法中，卻又能令七轉識及色身廣作種種說法。

能親證知自心如來之從來不曾說法、不曾聞法者，如是轉爲人說，方是宣說「不墮文字法」之賢聖也。自心如來方是眞如來故，自心如來從不墮於言說與文字法中故。是故一切佛門賢聖若言有所證悟者，所悟之標的——所證悟之心，皆應是從來即離文字之法、從來即離言說之法，若以離念靈知心作爲開悟明心時所證悟之心者，則是一向與言說之法相應不斷者，不符《金剛經》中佛說之旨。《金剛經》中 佛已明說如來無所說法故，證得無所說者，而能爲人明示此理者，方是眞實宣說佛法者也，已經眞解如來所說義故，如來所說眞實義心離言說與文字相故。既離言說與文字，云何而有言說與文字答人耶？

然諸佛菩薩亦非不作饒益衆生之實義言說，是故常爲衆生宣說如是本來已離文字法之「自心如來」正義故。平實出世弘法以來，常有一知半解而慢心深重之法師居士，匿名隱址而來函教訓於余：「佛說諸法離文字言說、法離言說，你卻一天到晚不斷絮絮叨叨，說個不停，究竟懂不懂佛法？從今以後，應當閉嘴不說，方是眞悟之人，否則即是未悟之人。」

如是之人，其數非寡，悉是誤解佛法而墮在諸經文字表相者，悉是以爲佛所說之言說與文字即是佛法也。諸　佛明明說諸法教，其數無量，天界及龍宮所說者，其數更倍於人間，云何可言世尊離諸言說文字？與事實不符也！是故諸　佛菩薩所證固然是離文字言說之法，爲利衆生故，卻必須藉七識身心，以言說文字而廣說之，如是以言說及文字而宣說離文字法。　佛之所說者，旣是以離言說文字之自心眞如爲修證標的，如是爲人宣說；則諸菩薩證悟已，亦當效法諸　佛而廣爲學人宣說，亦當效法諸　佛以無量文字語言而爲衆生宣說離文字法；是故平實多年以來，不斷以言語及文字而爲大衆宣說如是離文字、離言說之法。

如是以衆多言說及文字，爲人宣說離文字法，方是眞正弘傳佛法者也。未悟凡夫及諸外道則不解義，依於經中之文字表義，謗言「諸　佛菩薩宣說諸法者，即是違佛自說。」審如是者，則三乘諸經悉應燒卻，皆是文字法故。然實非是，更當廣解諸經文字涵義，令諸學人廣知經文中所顯示之離文字法──各人悉皆本自具足之自心如來──第八識阿賴耶。

學人若以文字表義作爲實義，則不能解知 世尊所說般若之正理，亦不能解知 世尊所說一切種智之正理，自己誤會「法離文字言說」之正義，不知不證「法離言說」之正義，卻來訶責他人，將他人親證之後爲令大衆週知而作之言說弘法等行，誣責爲不如法，此等人即是依語不依義者。是故諸 佛菩薩雖證離言說法，非不饒益衆生而廣宣說。諸 佛證悟成佛後，若不說此離文字法，而逕行入滅者；菩薩證悟之後，若不依其所證而宣說能證如是離文字法之一切法者，了義教法則必失傳，只餘彼等錯悟之人所傳之離念靈知心，只餘如是與言說文字相應之常見外道法，則佛門教法不免隨之而壞。

若佛門之眞正教法壞滅而失傳者，則人間將不可能再有諸 佛、菩薩、緣覺、聲聞等親證佛法之人存在；所說、所學、所修、所證者，皆是常見外道法之離念靈知心故。人間若不再有佛門之眞正教法存在者，那麼究竟還有誰人能出世說此「離言說、離文字法」？則一切人皆將不信眞正之離文字法，則菩薩證悟已，復能為誰宣說？是故，一切學人及大師，未眞實證得般若慧之前，莫因名聞利養流失之故，莫因身為法師而不能宣說故，見平實以居士身而宣說之，便起瞋恚而阻余說之。是故 佛告大慧菩薩：「**是故大慧！菩薩摩訶薩莫著言說，隨宜方便，廣說經法。**」

云何必須廣說之耶？緣於衆生之心性差別不一，種種不同，故其希望求證之法亦有種種不同，故有衆生欲求聲聞解脫之離文字法，亦有衆生欲求緣覺解脫之離文字法，亦有衆生心性廣大，欲求菩薩所修證之佛菩提離文字法；復因衆生本來所具之煩惱不同，故於所修證之方便法門上，亦須別作種種方便施設而廣說之，非唯一法便可函蓋也，是故佛門廣有八萬四千法門者，其故在此；為說八萬四千法門，則須假藉無量語言文字而廣說之，令諸學人因此無量語文而修證之，而證得離文字法。是故菩薩摩訶薩固然應離言說執著，然卻必須依佛指示而廣設方便，以衆多言說文字而廣為衆生宣說如是離文字法也；凡此皆因衆生有種種異解、異見、異煩惱、異希望故。

如是廣設方便，菩薩摩訶薩為諸已證自心如來之初悟菩薩衆等說法，令此諸菩薩證悟後對自心如來離於執著；亦爲未悟之一切學人說法，令離執著意根思量心之處處作主體性，令離意識之時時覺知分別諸法之體性，令離意識之時時執著六塵萬法之體性，令離意根與意識之對自我繼續執著；如是廣爲大衆宣說者，不爲自己之求證如來地所證自覺聖智處，而是純爲荷擔如來家業，而是純爲利益衆生，而是純爲護持如來正法，令正法燈燈相續不斷，能在人間繼續而長遠地利益有情。

若如彼諸未悟錯悟之人，要求平實停止說法者，悉是起煩惱之人：見平實所說正法無訛，而自己未能親證，因此致令信衆流失、利養大減、在佛教界之影響力消失，便起不如理作意，便以邪見而要求平實住口不言其過。若證悟之人皆是同彼諸人，同以覺知心不起語言妄念作爲證悟者，則一切人悟後皆不應於聞聽語言時能解其義，悟後仍能與語言文字相應則非是悟故，悟後不應復迷故，悟後復迷者違 佛所說故，即非是眞悟故。如是而可言爲證悟禪宗之般若者，則彼悟乃是生滅變易之法：隨於有念無念而成爲時迷時悟故。時迷時悟之悟，則非是 世尊所傳之常恆不變易法故。

若人不肯檢討自己之所悟正訛，以不起念爲悟，唯是一味要求平實住口不言，坐視衆生隨諸名師同入常見斷見中者，則是不具正見之人，則是情執深重之人。彼諸大師同以一念不生爲悟，責平實不斷造書而說正法，謂平實如是正行爲離一念不生之境，謂平實正當造作如是正行時與語言文字相應故爲非證悟，試問：世尊在人間廣說諸法，廣有極多經文語句，正當說法之時，世尊是否爲離開悟境？此若不然，彼亦不然，理必如是故。是故，一切眞悟之人，悉皆親證第八識自心如來，現觀自心如來從無始劫以來本離語言文字，本即不與語言文字法相應；如是證悟之後，不妨仍有意識覺知心繼續住於與語言文字相應境界中，以諸言說而爲衆生宣示離文字法、離語言法。如是行、如是說者，方屬正說，方符　佛行，方是眞悟之人也。

「大慧！於一切法無所有，覺自心現量，離二妄想，諸菩薩摩訶薩依於義，不依文字。若善男子、善女人，依文字者，自壞第一義，亦不能覺他；墮惡見相續而爲衆說，不善了知一切法、一切地、一切相，亦不知章句。若善一切法、一切地、一切相，通達章句，具足性義，彼則能以正無相樂而自娛樂，平等大乘建立衆生。大慧！攝受大乘者，則攝受諸佛、菩薩、緣覺、聲聞；攝受諸佛菩薩緣覺聲聞者，則攝受一切衆生；攝受一切衆生者，則攝受正法；攝受正法者，則佛種不斷；佛種不斷者，則能了知得殊勝入處；知得殊勝入處，菩薩摩訶薩常得化生，建立大乘十自在力，現衆色像，通達衆生形類希望煩惱諸相，如實說法。如實者不異，如實者不來不去相，一切虛僞息，是名如實。」

疏：《大慧！對於一切法都是無常變異，終歸壞空而無所有，能夠覺知到這個無所有的現象其實都是自心如來之所生現的事實，就能遠離諸法有與諸法無的兩種虛妄想，菩薩摩訶薩都是依止眞實義而不依止文字表相的。如果有善男子與善女人，是依止諸經的文字表相的話，那麼他就是在毀壞第一義的正理，他這樣宣說諸經的結果，不但不能使自己覺悟佛法，也是不可能覺悟他人的；他這樣作，其實是墮在惡見的相續相裡面而爲別人說法，這樣的人不懂得要去了知一切法的眞實相、不懂得要去了知菩薩修證佛法的各種次第與階位、不懂得要去了知佛法修證上的所有境界相，也不知道諸經中所有各章諸句的眞正意思。若是善能了知一切法的眞實相、善能了知菩薩修證佛法的各種次第與階位、善能了知佛法修證上的所有境界相，也能知道諸經中所有各章諸句的眞正意思，而且具足了知經中文句所說眞實體性的眞正義理，這位菩薩就能以眞正的無相法樂而娛樂自己，也能以這樣的平等大乘的妙法來建立所有衆生，都入佛法的大海中修習。

大慧！能夠攝受大乘的人，就能攝受諸佛、菩薩、緣覺、聲聞的所有法義；攝受了諸佛、菩薩、緣覺、聲聞的所有法義的人，就能夠攝受一切的衆生；能夠攝受一切衆生的人，就是攝受正法的人；能攝受正法的人，就能夠使佛教裡面的佛種不會斷絕；能使佛種不會斷絕的人，就是能了知證得殊勝佛法境界入處的人；能了知修證殊勝佛法入處的話，這位菩薩摩訶薩就可以常常化生在人間，建立大乘十種自在力，隨緣示現種種形類色像而與衆生同事，就能通達衆生的種種形類、通達衆生的希望與煩惱的種種相貌，就能如實而爲衆生說法。如實的意思就是與法界眞相的事實沒有差別，如實的意思就是不來與不

去的法相，一切的虛偽想像都已經息滅了，這就是如實的眞正意思。》

解：「大慧！於一切法無所有，覺自心現量，離二妄想，諸菩薩摩訶薩依於義，不依文字。若善男子、善女人，依文字者，自壞第一義，亦不能覺他；墮惡見相續而爲衆說，不善了知一切法、一切地、一切相，亦不知章句。若善一切法、一切地、一切相，通達章句，具足性義，彼則能以正無相樂而自娛樂，平等大乘建立衆生」：

百年以來，大乘佛法之弘傳，可以概分爲兩類：一者常見見，二者斷滅見。常見見者，謂如法鼓山聖嚴法師、中台山惟覺法師、大陸元音老人、徐恆志、柏林禪寺淨慧法師、西藏密宗之紅白花敎諸師，率以意識覺知心之離念無念，作爲禪宗證悟明心者所明之心，或如密宗之以此作爲佛地之眞如；如是之悟，同於常見外道所見，故名常見見。

斷滅見者，謂如印順法師、昭慧法師、傳道法師…等人，以及西密黃敎之達賴喇嘛及隨從者，同以一切法空作爲般若佛法、作爲般若中觀之正見，是故否定般若中觀之主體識—第八識如來藏；彼等以爲一切法皆是緣起性空，所以唯名而無實體，故以一切法空作爲般若中觀，是故彼等諸人不須以修證自心如來作爲般若修證之標的。

然而佛說般若中觀時，其實乃是依自心如來（淨土宗謂爲自性彌陀）之體性而說蘊處界空，而說蘊處界所生一切有爲法與無爲法，亦悉皆依蘊處界而顯示於三界中，故亦是空；亦說自心如來能生蘊處界等一切法，亦說自心如來能生一切有爲法、能顯一切無爲法，而自心如來本體卻不墮於一切有爲法與無爲法中，無始劫來本離一切法之有與無，從來不墮二邊；若人如是現觀、如是轉依而安住者，即是證得般若中觀者，即入大乘菩薩之見道位中。

般若中觀實以自心如來爲體，若離自心如來，則無般若中觀可言。非唯大乘般若系諸經如是說，第三轉法輪之所有唯識種智經典中，亦皆如是說；乃至小乘法教之原始佛法阿含系經典中，亦復如是宣說；平實於未來選註阿含經典而出版《阿含正義》時，將逐一引證宣示其理。是故小乘佛法諸阿羅漢所證涅槃，其實亦是中道性，唯是彼等不迴心阿羅漢不能證知其中道性爾，然由大乘諸證悟之菩薩觀之，小乘涅槃仍然不離中道性；何以故？謂小乘阿羅漢所證無餘涅槃之中有其實際常住不壞，故非一切法斷滅空之空無，迥異印順、昭慧、傳道與達賴等人之所說也；如是涅槃之實際者，即是般若諸經所宣說之「非心心、無心相心、不念心、無住心」，即是第三轉法輪所宣說之「阿賴耶識、異熟識、無垢識、心、識、菴摩羅識、眞如、所知依、所熏識……」等心，皆是同指第八識心也。

無餘涅槃中，由有此第八識之常存不壞，故非斷滅空；無餘涅槃中，由有此第八識之恆離見聞覺知、恆離思量性，故名涅槃寂靜；無餘涅槃中，由有此識之恆存不壞，而滅盡一切蘊處界法，絕無一切世間我之存在，故名諸法無我；無餘涅槃之中，已無一切蘊處界法故無身行口行，覺知心意識及思量心意根皆已滅除，故無心行，是故無餘涅槃之中絕無任何身口意行，故離無常諸行。如是境界，乃是聲聞羅漢之所證，而不能作如是現觀。菩薩證悟已，親住本來自性清淨涅槃中，非唯能作爲聲聞羅漢所觀之有餘涅槃之境界，亦能現觀聲聞羅漢親證而不能現觀之無餘涅槃境界（編案：此理詳見《邪見與佛法》中之開示即知）。能作如是現觀者，方名菩薩之般若正觀，三法印之所確印。

是故，三乘佛法皆非斷滅空，然而時至末法之今時，印順與達賴等密宗中觀師，皆以一切法空之斷滅空，作爲般若中道觀之修證境界。作一切法空之說已，爲恐他人責彼等墮於斷滅空中，遂發明子虛烏有之「滅相不滅」妄法，以爲諸法滅已，仍有滅相存在，故不墮斷滅空中，以如是「斷滅之相」作爲不滅之法，名爲世間妄想，違於三法印之正理。何故說爲世間妄想？謂「滅相不滅」之言說施設者，乃是依於意識之妄想而生；乃是依於「蘊處界有」而施設「蘊處界滅相」，本質即是依於「牛有角」而施設「兔無角」之法，然後執著「兔無角法」爲不滅之法，其法純是子虛烏有之法，焉得謂爲實相之法？同理，滅相不滅者，乃是依於蘊處界有，方有蘊處界滅之法相，故蘊處界滅已，其滅相實無不滅者；所謂滅相不滅者，唯是印順個人意識心中依於蘊處界有而產生之蘊處界滅之觀念，乃是兔無角法，本質乃是子虛烏有之法，唯是意識心中依附三界有而作之妄想，本無實體眞性存在，絕非實相正法也。

是故「滅相不滅」之說，仍是斷滅見，乃是意識心中之虛妄想罷了。如是，印順、昭慧、傳道⋯等人，以及達賴、創古、⋯等人，以及追隨印順之佛光山星雲法師、慈濟之證嚴法師，悉皆同墮斷滅見之虛妄想中，總說「緣起性空即是一切佛法、了知緣起性空即是禪宗開悟之境界」。此等墮於斷滅見者，復以施設妄想之「滅相不滅」說，自謂不墮斷滅空，自謂已修、已證般若，乃是戲論之般若中觀也。其餘之聖嚴、惟覺、…等人，則同墮常見見中；星雲、證嚴二人亦不能離此外道常見之惡見，與印順、達賴等人同墮二邊邪見中，皆不能知般若中觀之眞實意旨也！

如是等人，所以致此者，皆因不能了知：一切法有及一切法空，皆是自心如來所現之事實。一切法有者，謂蘊處界及蘊處界所生一切法，皆是依八識心王方能生起，八識心王則歸結於自心如來；若無自心如來，則七轉識尚且不能現起，何況能有一切法？是故一切法之出現與存在，而能變異運作者，皆依自心如來而有。由有自心如來故，而有一切法之現起；有一切法故，而有一切法空；有一切法空故，方有印順所說之「滅相不滅」觀念；由有印順所說之「滅相不滅」觀念故，方有印順所著之《妙雲集、花雨集、如來藏之研究、性空學探源、中觀今論、成佛之道…》等妄想中觀諸法。

如是事實，已證明印順等人所說之「一切法空」及「滅相不滅」等說，其實皆是從自心如來而輾轉出現；若無自心如來，則無印順等人所說諸法。若能了知此理者，名為「覺自心現量」者，能覺照一切法無所有之事實與認知，皆是自心如來所現之事實。證知一切法空實是自心現量者，方是眞實能離二邊妄想者；如是證知之菩薩，方名菩薩摩訶薩；如是菩薩摩訶薩方是眞能依義而不依語者，方是眞實證解諸經佛語者。由是正理，是故 佛說：「於一切法無所有，覺自心現量，離二妄想，諸菩薩摩訶薩依於義，不依文字。」

若諸善男子、善女人，不依如來所說如是正理而修而證，唯依文字表相而自思惟，執意識之一念不生境界以為證悟者，則是自壞第一義之邊見者；自壞第一義者，尚且不能覺悟自己，何況能覺悟他人？如是之人，則同於印順與達賴等人之同墮惡見之中；墮於惡見中而又不肯轉依善知識之分析解說，故令惡見相續不斷，復又繼之以言語及著作，而為衆生廣說，自誤誤他。

如是等人，不能善知一切法之本質、不能善知聲聞、緣覺、菩薩所修證之一切境界與地位，不能善知一切世間相及出世間相，亦不能眞實了知諸經章句之正義。如是等人之「見取見」極爲深重，是故絕不認錯；非唯不肯認錯而修正之，乃至積極尋覓余諸書中所說諸法之過失，未來若有一日覓得過失時，便將出而破斥，非以慈心之欲救平實、非以慈心之欲挽佛教於邪見狂瀾中也。由是緣故，彼等諸人迄今未肯修改原來所墮之種種過失，迄今未肯捨棄原來承襲於印順之密宗應成派中觀邪見。

若有菩薩善於了知一切法之自性、善於了知一切凡夫、外道、聲聞、緣覺、菩薩之境界及修證之內涵、善於了知一切世間法及出世間法之眞實相者，則能通達三乘諸經章句所說義理，則能依三乘諸經章句所說，而證知其法性之眞義。如是人則能以眞正之無相法門修證所得之法樂，而自得其樂；復能以此般若智慧及自證之正眞法義，以大乘法平等度化眾生，將彼一切有緣隨學之眾生置於大乘佛法之中。

「大慧！攝受大乘者，則攝受諸佛、菩薩、緣覺、聲聞；攝受諸佛菩薩緣覺聲聞者，則攝受一切眾生；攝受一切眾生者，則攝受正法；攝受正法者，則佛種不斷；佛種不斷者，則能了知得殊勝入處；知得殊勝入處，菩薩摩訶薩常

得化生，建立大乘十自在力，現衆色像，通達衆生形類希望煩惱諸相，如實說法。如實者不異，如實者不來不去相，一切虛僞息，是名如實」：

由有證量故能攝受大乘三乘菩提佛法者，則能善爲大衆演說二乘菩提及大乘佛法成佛之道，能如是善爲大衆演說三乘佛法者，則能攝受學佛之大衆，能令今世及未來世中皆有三乘佛法之證道者繼續出現於人間，則名此人爲能攝受諸佛、菩薩、緣覺、聲聞諸法；能攝受諸佛、菩薩、緣覺、聲聞諸法者，是人則能攝受一切衆生修學佛法；能攝受一切衆生修學佛教正法者，此人即是能攝受佛教正法之人；若能攝受佛教正法，則此人住世時可以令佛種不致斷絕；若能令佛種不斷絕者，此人必能如實了知如何證得佛法殊勝境界之入處；能了知如何證得佛法殊勝入處之人，則是菩薩摩訶薩，如是菩薩常能依願化生於人間，常能入胎受生而無所懼，常能次第建立大乘十種自在神力，於人間世世示現受生而顯現有色之人類身像；由受生爲人而現有人身故，能通達人間衆生之種種形類差異，亦能因此而通達人間衆生之不同希望與不同煩惱相，故能巧設方便而爲人間衆生如實宣說第一義諦正法。

如實爲他人宣說佛教正法者，乃是說：此人所宣說之法，確實不異 世尊三乘經典所說；如實說法者所說，乃是不來不去之相，非是有來有去之相也。

今時諸大法師居士所說者，實非不來不去之相；謂今時諸師所說諸法者，皆是不離來去之相，而不能自知已墮來去之相，猶自謂已離來去之相，翻謂余所說不墮來去相之法爲非法。

譬如法鼓山、中台山所說之法，同以離念靈知心作爲禪宗開悟所明之眞實心；佛光山與慈濟亦復如是，同以意識覺知心之無念離念，作爲禪宗之證悟境界；然而此離念靈知心乃是有來有去之法，不離來去之相，是故彼等所說皆非如實演說佛教正法也。離念靈知心，夜夜眠熟則斷而不現；次晨復藉意根與法塵爲緣，方能復從自心如來中現起；此一事實，我正覺同修會諸多已悟同修，已經如實現觀，現前親證，現觀離念靈知心從自心如來示現之事實；如是自心現量，皆是我會明心者之現量境界，非是未悟之人比量所能證知也。

離念靈知心既然晨晨從自心如來而出現，出現之前實無此心，則知離念靈知心本無今有、乃是有來者，不離來相；夜夜眠熟無夢時復斷，則是有去者；

有來有去者，則非　佛所宣示不來不去之實相法。復次，離念靈知心於靜坐時離念，下座後又起念，則是有來有去之法，離念境界有來去相故；縱使能如無相念佛之淨念相繼而不斷者，仍是有來有去之法，未修無相念佛法門之前，未得此淨念相繼境界故，故仍是有來有去之法；必須以此定力，藉由禪宗觀行之法，而覓得第八識自心如來已，現見自心如來從無始劫以來本不曾來，故盡未來際亦將永遠不去，如是修證者，方是親證不來不去者。

今者法鼓山、中台山所教授於其廣大四衆弟子者，皆是離念靈知心也（安住離念無念境界中，作爲禪宗之開悟境界。詳見拙著公案拈提第六輯《宗門正義》舉證）；佛光山星雲法師與慈濟證嚴法師亦復如是，皆是以此離念靈知心之證得，作爲如實法，作爲開悟之境界；如是而說、而傳、而修、而證者，皆是有來有去之法，皆是依他起性之法，則非　佛所開示之第一義諦如實法也。

佛光山、慈濟、弘誓學院等，則是同時再繼承印順之密宗應成派中觀學說，以蘊處界等一切法空，作爲佛法之修證標的，作爲《成佛之道》之修證標的，非是以蘊處界等一切法空之根源（自心如來）作爲修證之標的，故亦是有來有去之法也。一切法緣起性空之說，乃是依蘊處界等法而有，故「一切法空」之法，亦是有來有去之法，蘊處界等法本是有來有去之法故；依有來有去之蘊處界法而有之一切法空觀念，當然亦是有來有去之法故。由是故說彼等崇信印順人間佛教思想之弘法者所說，亦非如實法，凡有所說，皆是有來有去之法故，皆不能如實宣演不來不去之法故。彼等諸人縱使廣稱自身已證如實法者，亦無補於自墮來去法之事實也。

唯有自心如來——第八識阿賴耶，於衆生捨壽以致離念靈知斷滅時，祂仍自在不滅，爲證悟者之所證知；於衆生入胎故導致此世離念靈知心永斷，不能去至後世時，自心如來仍舊常住不斷，安處母胎之中，繼續去至來世而不曾暫斷，此事亦爲眞悟之人所確認；乃至定性阿羅漢入無餘涅槃時，滅盡五蘊十八界法，導致離念靈知心及其所依之意根悉皆永斷時，此自心如來——第八識阿賴耶（此時改名第九識異熟識）仍然常住於無餘涅槃之無境界境界中，此一事實，爲一切地上菩薩所現觀之，證明如是；於阿含諸經中，亦依聖教量而證實如是事實，無有淆訛。

是故親證自心如來後，能作如是現前觀察，並能完全符合三乘諸經　佛與諸菩薩所說者，方是實證不來不去之實相法者。若人所修、所證者是眞正不來不去之法，而非印順等人所臆想之不來不去法，則其人爲大衆宣演之一切佛法，必定亦皆是眞正之不來不去法；則其所說諸法方是第一義諦，則此人心中一切虛僞之念想皆永息滅，一切虛僞之言說亦皆息滅；凡有所說，皆是眞實義，皆符第一義諦，如是爲人說法者，是名如實說法。

「大慧！善男子、善女人，不應攝受隨說計著，眞實者離文字故。大慧！如爲愚夫，以指指物；愚夫觀指，不得實義。如是愚夫，隨言說指，攝受計著，至竟不捨，終不能得離言說指第一實義。大慧！譬如嬰兒應食熟食，不應食生；若食生者，則令發狂，不知次第方便熟故。大慧！如是不生不滅，不方便修，則爲不善；是故應當善修方便，莫隨言說，如視指端；是故大慧！於眞實義當方便修；眞實義者微妙寂靜，是涅槃因。言說者，妄想合；妄想者，集生死。大慧！眞實義者，從多聞者得；大慧！多聞者，謂善於義，非善言說。

善義者，不隨一切外道經論；身自不隨，亦不令他隨，是則名曰大德多聞。是故欲求義者，當親近多聞：所謂善義者。與此相違計著言說，應當遠離。」

疏：《「大慧！善男子與善女人，對於彼諸隨於言說而誤計與執著者之所說法，不應攝取而信受之，眞實法所說者皆是離文字之法故。大慧！譬如智者為愚癡凡夫指示某物，然而愚癡凡夫以無智故，唯觀智者之指，不能獲得智者所說之眞實義。如是愚夫，隨於智者言說之指而攝受之，由於誤計其法為眞實法故生執著，但眞實之法乃是離文字之法，故說愚夫之攝受誤計執著，為是不得實義者。如是等愚夫，隨於智者言說之指，而攝受及誤計，然後執著之，至最後仍不能捨棄，終究不能證得『離言說指』之第一眞實法義。

大慧！譬如嬰兒應食熟食，不應餵食未煮熟之食物；若人不知如是方便善巧，而以未煮熟之食物餵之者，則令嬰兒發生狂鬧不息之事，這是因為不能善知如何方便成熟嬰兒的緣故。大慧！同此道理，對於不生不滅之眞理，若不懂得方便修習之道理，則為不知善巧者；由此緣故，應當善於修學實證不生不滅之方便法門，不可隨於諸經章句之言說表義而修，否則便如愚人之唯視智者指端而不觀智者所示之物。由此緣故，大慧！對於眞實義，應當依於善巧方便而修；眞實義之正理者，微妙而寂靜，乃是涅槃之正因。而親證眞實義之後，所宣說如是眞實義之言說，亦是由於世間意識與證悟心境和合而生之言說，言說本身非眞實義。若是未悟者臆想之妄想言說，則是令人蒐集生死種子之法。

大慧！眞實之義理者，應當隨從多聞之人而得；大慧！我所說之多聞者，乃是說善於眞實義者，而非是善於言說者。善於眞實義者，從來都不隨順一切外道所說之經與論；善於眞實義者，不但自己不隨從外道之經論，亦不許他人隨從外道經論而修，如是之善知識，名爲大德多聞之善知識。由這個緣故，想要尋求眞實義的人，應當親近多聞的善知識，也就是親近善於眞實義的人。若是有人所說所修所證，與我此一說法相違背，而誤計及執著於經中文字表相的人，他們所說的法，大衆都應遠離。》

解：「大慧！善男子、善女人，不應攝受隨說計著，眞實者離文字故。大慧！如爲愚夫，以指指物；愚夫觀指，不得實義。如是愚夫，隨言說指，攝受計著，至竟不捨，終不能得『離言說指』第一實義」：

修學佛法之人，對於諸經中佛所說語，及諸文字，不應隨 佛所說而加以誤計致生執著，應當探究 佛語之眞實義何在。探究時，莫墮於文字法中。

譬如今時諸方道場之所謂開悟之法，悉墮離念靈知心之境界中，悉以爲覺知心若能保持一念不生，便是禪宗之開悟；乃至聖嚴法師以爲保持長時間一念不生，便是禪宗之大悟徹底（詳見拙著公案拈提第六輯《宗門正義》舉例），凡此所說者，皆是墮於文字相者。法鼓山如是，中台山、佛光山、慈濟等，莫不如是。然此皆非般若禪之開悟正見，離念靈知心必與文字語言相應故，於離念無念時亦能對文字及語言了了分明故，如是則非 佛所說之離文字法者，非是 佛所說之離語言法者。唯有 佛所說之自心如來——本離見聞覺知之第八識如來藏，方是離文字者，方是離語言者。學人欲求證悟般若者，當依如是 佛語而作觀行，而參究之，而親證之，眞實法本離語言文字故。如是證已，無妨不離語言文字之覺知心意識繼續存在運作，而爲衆生廣說正法，與本離語言文字之如來藏同時同處而利益衆生。

諸經中所錄佛語，即如智者爲愚人指月之指；有智之人，當隨佛語之指，觀向明月，不應於佛語之言說指上作觀，不應於佛語之文字表義上研之究之，否則盡此形壽，終將不得佛語中所指示之眞實義也。如是，時至今日末法之季，大師學人悉墮 世尊言說指上，唯觀言說文字之表義，而不肯探究佛語言說文字所隱藏之眞實義；如是隨於 佛之言說指，而誤計及執著攝受之，乃至捨壽時至，而亦不能捨棄如是誤計與執著；如是等人，即是 佛所訶責「終不能得『離言說指』之第一眞實義理」者。

「大慧！譬如嬰兒應食熟食，不應食生；若食生者，則令發狂，不知次第方便熟故。大慧！如是不生不滅，不方便修，則爲不善；是故應當善修方便，莫隨言說，如視指端；是故大慧！於眞實義當方便修；眞實義者微妙寂靜，是涅槃因。言說者，妄想合；妄想者，集生死」：

猶如世人養育子息，於嬰兒初生及未成長之時，不應令其飲食生鮮之物，應當餵食煮熟之物；若人不知此理，而將生鮮之物餵食者，嬰兒必將狂鬧不休，必令其腹中不適故，此即是不曾知曉養育嬰兒之成熟次第者。

同理，修學佛法亦然，對於難修難證之不生不滅大乘第一義諦，若不能善知如何方便修學者，則此人雖然修學大乘不生不滅之眞實義，仍然不能有所修證，名爲「不方便修」；不方便修者，佛說之爲不善之法。是故，欲修學大乘不生不滅之第一義諦者，應當善於修學證悟般若之種種方便法門，而不應隨於彼諸不知方便證悟之大師所說，彼等皆是隨言說指而計著者故。

於親隨眞善知識而修學時，因善知識稟於佛誡，不得明言故，往往以諸言說指而指示第一義諦，隨學之人不得隨於善知識之言說而誤計及執著，應當探究善知識之言說中所含藏之密意。若欲如是證悟者，於眞實義，當詢善知識開示，隨其所說種種方便之指，以求證入眞實義。詢得種種方便法門已，亦應了知證悟之方向：「眞實義者微妙寂靜，不墮於言說之中，不與言說相應；眞實義者亦是無餘涅槃之正因。」眞實義者，謂自心如來；自心如來從無始劫以來，不曾一念與語言相應，不曾一念與文字相應，從來不墮於語言文字之中，然卻有其微妙之性用，是故寂靜而微妙。

眞善知識所說之言語，乃是依證悟自心如來之後，以意識現前體驗同時同處之第八識如來藏體性之結果，而以意識思惟如是境界所得智慧，爲學人所作之言說；如是言說出口已，即非眞實義也；唯有自心如來所住之自住境界，方是善知識言說與文字所欲表達之境界，非如今時諸方大師同以意識自己之一念不生境界作爲般若境界也。如是以意識覺知心，現前了知與意識自己同時同處之自心如來自住之境界者，方是眞實義也。善知識所說之言說自身，既是由意識層面所說者，則如是言說亦是妄想；妄想則是集藏生死之原因，故不應墮於善知識之言說中，而應從善知識之言說中，探究善知識所表達之眞實義，依之而證得自心如來之自住境界，方是眞實證得眞實義者。

眞實義云何是涅槃之正因？此謂眞實義即是自心如來也，自心如來即是四種涅槃之體也。四種涅槃者，謂佛所證涅槃具足四種：本來自性清淨涅槃，有餘涅槃，無餘涅槃，無住處涅槃。此四種涅槃之體，皆是第八識自心如來也。

菩薩破初參而悟得眞實心時，乃至進修般若別相智、一切種智等法，未至六地滿心前，皆住於本來自性清淨涅槃智慧境界；此涅槃者，即是「一切衆生本來常住涅槃」之意也。云何謂凡夫衆生亦是本來常住涅槃？謂凡夫衆生固然貪著世樂、耽著五欲，而其自身中第八識阿賴耶「恆而不審」——遠離見聞覺知而不觸六塵、遠離思量性而離一切法執著、寂靜安住而不於六塵動心分別，故名清淨；恆住於清淨涅槃之境界中，卻有其性用——能了知眾生之心行，隨於眾生之七識心行而有種種運作，令眾生得於三界內生老病死、受諸苦樂，故名自性；此自心如來復又隨攜眾生所造之一切善惡業種及無明種，來往三世受生，於眾生之三世生死中，自心如來之體常住，從不改易其性，無生無死、不生不滅，體恆常住故名涅槃；如是清淨、涅槃、自性等三種體性，無始本有，盡未來際亦永不壞，故能恆持眾生業種、無明種及所修無漏法種，永不滅失，由此三種體性無始本有，故名本來；合此四種體性，故名本來自性清淨涅槃。如是涅槃，即是禪宗破初參之明心者所親證者，我會中諸已經明心者，皆已親證此一涅槃，並能依余上來所說而現前觀察之，證實無訛。

聲聞阿羅漢與緣覺辟支佛所證者爲有餘涅槃，然此有餘涅槃，乃是斷盡見思二惑之後，未至捨壽時，十八界尚未滅除，依其身中自心如來之本來自性清淨涅槃，而施設有餘涅槃之名，其實不離本來自性清淨涅槃；所以者何？謂若離自心如來所常住之本來自性清淨涅槃，則此有餘涅槃即無涅槃之可言故，此際之十八界非是不生不滅之法故，若非不生不滅之法，則非是涅槃故。

逮至捨壽時至，意根不再思量一切法、不再思量覺知心及意根之自己，願令自己斷滅而永不復現，乃滅除自己，唯餘自心如來常住於本來自性清淨涅槃中—無六根、無見聞知覺性、無思量性、離六塵、無我亦無我所，絕對寂靜，是名無餘涅槃，是名涅槃寂靜。

初地至六地未滿心前，皆能於一生中斷盡思惑而取證有餘涅槃及無餘涅槃，而不願斷惑取證—不斷分段生死，爲修學一切種智故，爲圓成無生法忍故，爲履行初地所發十無盡願故由慈悲大願所持故；如是進修一切種智至六地滿心時，不得不取證滅盡定，方成俱解脫果—能隨時取證無餘涅槃而不取證，故雖已得滅盡定，亦不取證有餘無餘涅槃，發受生願而保留最後一分微細思惑，故說初地至六地菩薩不證有餘無餘涅槃，非不能證，非不能斷分段生死；久前所證之本來自性清淨涅槃，即是自心如來故，自心如來即是無餘涅槃之實際故。如是名爲菩薩留惑而潤未來世生，爲成佛道故，爲利衆生故，爲護世尊正法故。

菩薩悟後進修至初地以上時，不在斷除思惑上用心，而在一切種智之修學上用心，及在二乘無學聖人所不能斷之煩惱障習氣種子之斷除上用心。故諸菩薩乃至等覺地時，猶不斷除最後一分思惑，保留至最後身菩薩位，明心見性成佛時，方頓斷之；此時非唯斷盡分段生死之「起煩惱」，亦已斷盡分段生死之煩惱障習氣種子，復又斷盡無始無明過恆河沙數一切「上煩惱」。由已斷盡二乘無學所斷分段生死之現行，復又斷盡二乘無學所不能斷之煩惱障習氣種子，故令自心如來所藏一切種子不復變易，故名斷盡變易生死，由是斷盡二種生死故，說 佛雖永不入無餘涅槃，而亦具足有餘及無餘涅槃，所斷除之煩惱障已至究竟地故，非唯二乘無學所斷盡之分段生死現行之粗淺境界故。復因佛地之斷盡無始無明一切過恆河沙數上煩惱，故能住於無住處涅槃，非諸等覺菩薩所能證之。是名四種涅槃。

然若推究後三種涅槃，皆不能外於本來自性清淨涅槃；從斷盡分段生死之思惑而取證有餘涅槃，而至捨壽時之取證無餘涅槃者，即是滅除十八界法之現行輪轉生死而已，捨壽後之無餘涅槃只是顯現本來自性清淨涅槃之境界爾，絕無任何境界可言爲無餘涅槃者，唯是不令十八界法存在而遮蔽本來自性清淨涅槃爾；是故有餘及無餘涅槃，悉是依於本來自性清淨涅槃而立名，入無餘涅槃後唯是本來自性清淨涅槃故。然而性淨涅槃卻是依自心如來—第八識之本來性、自性性、清淨性、涅槃性—而立此涅槃之名，乃是表示自心如來本體自住之無境界境界，唯是所含種子有無分段生死種子之差別爾，其境界仍是本來自性清淨涅槃。

如是正理，若非已證如來藏而發起佛菩提智者，聞之不解，必將更生妄想；若是性障深重者，聞之便將猶如張志成之責余爲畫鬼，之責余爲「將涅槃說得更模糊了」。若是已眞證悟如來藏之人，聞之則生更爲勝妙之般若智，聞之則能了知二乘無學所不能知之種智妙理。菩薩又復進修而斷盡煩惱障習氣種子，又斷盡無始無明所知障時，成就無住處涅槃者，亦依自心如來立名，以自心如來不再含藏二障隨眠與種子，斷盡變易生死，故名無住處涅槃，已無絲毫微法爲心所住故，究竟解脫於一切粗細法故。

反觀此四種涅槃，悉依自心如來而有而顯；既依自心如來而有而顯，當知自心如來即是涅槃之正因也，若離自心如來，則無任何一種涅槃可修可證故。是故二乘無學實證有餘涅槃已，唯知斷盡十八界自我之執著，不免因此生起疑惑：「若斷盡十八界自我已，無有一法獨存而成爲一切法空者，恐成斷滅境界，則同斷見外道無二。然 佛所說法絕非斷滅見，必有所異。」乃問於 佛，佛即爲說無餘涅槃中之實際。此實際者，即是阿含諸經中所說之如來藏、識、本際、如、如來、眞如、阿賴耶、名色本、名色因也。如是正理，四阿含諸經中本已有之，今猶可稽，唯是彼諸密宗應成派中觀師讀之不解，故不能知爾；由是不知不解故，印順更妄作斷言：「涅槃之與如來藏合流，乃是後來之大乘佛教發展演變而創造之說。」正是：「阿含經專家，不懂阿含經意旨」，卻來大放厥辭、誤導學人。

由是正理，佛說：「眞實義者微妙寂靜，是涅槃因。」眞實義者即是自心如來故，自心如來之覺知心行極爲微妙，不墮不觸三界六塵，是故難知、難解、難證，是故寂靜無聞、絕對寂靜。四種涅槃之體即是自心如來，故說自心如來之微妙寂靜即是涅槃之正因。印順等人所說諸言，唯是依其臆想所得之虛妄想而作之言說；如是言說悉與妄想合，如是妄想者，與解脫生死無干，更與成佛之道無關，乃是集聚生死之戲論法。印順所著《成佛之道》，書中所說者，悉是妄想言說，唯是意識情解所得之「解脫生死妄想」，與成佛之道完全無關也，悉非佛菩提之正義故，悉悖解脫道之正修眞理故。而彼徒衆不知印順法師大過，今猶思欲救亡圖存，極力推廣之；意欲繼續誤導衆生、繼續耽誤自身道業、繼續破壞佛教正法、繼續成就破法惡業而由來世之五陰受之。

「大慧！眞實義者，從多聞者得；大慧！多聞者，謂善於義，非善言說。善義者，不隨一切外道經論；身自不隨，亦不令他隨，是則名曰大德多聞。是故欲求義者，當親近多聞：所謂善義者。與此相違計著言說，應當遠離」：

大乘佛法之眞實義，必須隨從多聞之善知識，方能眞實證得。然而多聞之義，非謂廣聞他人說法、或多讀經典、多聞他人著作；乃是善於了知諸經中所說義趣者，非是指善於言說論辯、博學強記之人也。初機學人不能了知此理，往往跟隨假名善知識修學，每見彼善知識開示佛法時之言說詼諧有趣，往往令人哄堂大笑，時人謂之爲幽默，便以爲是人眞是大善知識；殊不知如是大善知識所說諸法，悉墮戲論妄想言說，不曾稍微觸及大乘佛法所說之第一義諦；而諸初機學人不能知此，共推彼人爲多聞之善知識。

更非印順、昭慧、傳道……等人可名爲多聞善知識，多讀經典而著作等身之人，若無親證之現量，則所說法皆是情解思惟所得者，則所說法皆是依文解義者。若如印順、昭慧、傳道……等人，則往往依彼等所崇信之藏密應成派中觀邪見，而作種種否定大乘法義根本之邪說，絕非是眞正之多聞善知識也！

唯有已曾親證自心如來之菩薩，悟後依經中意旨久作觀行者，方能了知彼等諸人妄想言說之所墮，方能知其所說悉皆言不及義。猶如世俗諺語所云：「內行看門道，外行看熱鬧」，佛門之中亦復如是，唯有已曾親證自心如來而發起般若總相智慧之人，悟後依諸大乘經典中　佛說，精進觀行數年時間，發起別相智與道種智已，方能具有如是慧眼乃至法眼而鑑照之；一般人唯有隨於諸方善知識之出家在家、名聲大小及道場大小、徒衆多寡、年庚壽考……等表相，而作判斷，實無簡擇之能力也。

然我　世尊所謂之多聞者，非謂多讀經論、廣閱諸方老宿所造書籍者；縱使有人閉關六年乃至十二年中，專心閱藏而無遺餘，並作細心思惟者，仍非是佛所說之多聞者。要須親證 世尊於諸經中所說之眞實義已，方得名之爲多聞者；是故，多聞者，謂善於三乘佛法之眞實義，絕非是指多閱經論而不解眞實義者，絕非廣閱諸方老宿所造諸書諸論者，更非是指善於演講技巧、口才超勝之人。

非唯如此，世尊更指示佛弟子：「眞正善知眞實義之善知識，自身絕不隨從所有外道之經論。」以知外道經論之所說者，皆是臆想法界實相而作之虛妄想故，皆非親證法界實相之第一義諦者故；旣已親見外道經論之過，是故絕不隨從其虛妄之經論。

世尊更言：「眞正多聞之善知識，非唯自身絕不隨從外道經論所說之法，亦不樂見其他眾生隨從外道之經論。」由不欲令他人隨從外道所造經論故，若見外道經論未曾廣弘，便息心而不破之；若見外道經論廣弘，誤導衆生極爲嚴重，便出面廣破之；若見外道經論所說邪見，已經混入佛門之中，誤導佛門之大師與學人極爲嚴重，便出面廣作破斥之言，乃至造書流通而廣傳之，不令一切佛教大師與學人隨於外道妄想言語而自誤誤他。能於諸方大師環伺之際而作如是行，心中無所畏懼者，方是眞正之大德多聞也；是故佛說：「善義者，不隨一切外道經論；**身自不隨，亦不令他隨**，是則名曰大德多聞。」

世尊此語，謂能如是廣破外道經論，攝受大衆迴歸佛門三乘菩提正義，不作濫好人、不賣人情者，方是眞正之大德，方是眞正之多聞者。如是人，方是佛教學人所應親隨而修學者。余作種種破邪顯正之行，於諸方大師環伺之際，而無所畏者，乃是秉於 佛示：「身自不隨外道言論，亦不令一切學人隨於諸方大師墮於外道言論中。」有智佛子，當知多聞之正義，當知余之所行，當知自身之所應行、應修、應證者。

世尊又開示曰：「是故欲求義者，當親近多聞：所謂善義者。與此相違計著言說，應當遠離。」世尊此語乃謂：凡佛門學人若欲尋求佛法之眞實義者，應當親近多聞之人，所謂多聞之人乃是善知經中法義者，非是廣讀強記而善言說者。佛又宣示：若是與此段佛語所言多聞之道理相違背，而又喜好爲人說法、喜好著書造論者，皆是誤計經中佛法而執著於言說之人，如是之人，乃是一切佛弟子皆應遠離者。一切眞欲修學佛法之人，皆應遠離如是等人。今時台灣地區，正有衆多佛說「與此相違、計著言說」者，觀乎印順、昭慧、傳道、星雲、聖嚴、惟覺、證嚴…等人之所說、所著，莫非如是，本質無異也。

如 佛所言：「**隨逐依止惡知識故，又不能廣流布法故，汝於阿耨多羅三藐三菩提心而還退失**（《大寶積經》卷77）。」初悟佛菩提而無檢擇力之人，由於隨逐未悟示悟而有大名聲之宣揚常見外道法之惡知識故，遲早必定被其常見外道見所轉，則退失大乘菩提；亦如《菩薩瓔珞本業經》所說之善目及王子法才等人，般若正觀現前時，未有眞正之善知識加以攝受護持故，一劫乃至十劫之後，退失大乘菩提，反墮外道法或聲聞法中；是故一切修證禪宗般若而於今世初悟之人，若非往世已曾證悟而不退轉之人，此世悟後皆不應繼續親近未悟之大法師大居士受學，應起擇法覺分，加以簡擇。

根本之道，則是遠離之，不再親近之，否則難免如 世尊此段經文所說之被惡知識所轉易，而退回常見外道見中，卻自以爲是更上一層樓；此世初悟之人無力辨別惡知識故，每以爲身現出家相而有大道場、大名聲、著作等身之人，即是大善知識，殊不知彼等諸人正是　佛所說之惡知識，其法偏斜而誤導四衆弟子故，乃是依外道見而說佛法故，必定會導致此世初悟之人返回常見外道見故，必作否定眞悟者所證之無上菩提正法故，爲免喪失名聞、利養、眷屬與佛教界之影響力故。

如是隨於大名聲之假善知識而修學依止者，遭其否定原本所悟之如來藏已，返墮常見外道見中，卻不知自己正是退轉於無上正等正覺之法，卻反而自以爲是較前初悟時更爲增上。如是之人，於余出道弘法以來，屢見不鮮，皆因隨逐及依止惡知識故，退轉於無上正等正覺之法。由是正理，　佛說不應依止於未悟言悟之惡知識，以免退失於正法之道。惡知識者謂：「未悟示悟，而以常見外道見所認定之離念靈知心作爲佛心者」，亦謂迷信密宗應成派中觀邪見而否定如來藏法門者，凡此皆是　佛所言之惡知識也。凡此等人，一切佛弟子皆不應親近、隨逐、依止、修學。今者，印順、昭慧、傳道、星雲、聖嚴、惟覺、證嚴…等人所說者，悉悖三乘諸經所說解脫道及佛菩提正道，悉同常見及斷見外道所說，烏可依止之？至於西藏密宗古今諸師所說，完全與佛法無關，乃是最大之惡知識，更不應親近修學之。凡我佛門四衆弟子，於此顯密諸師所說，皆應當有所簡擇也！

爾時大慧菩薩復承佛威神而白佛言：「世尊！世尊顯示不生不滅，無有奇特；所以者何？一切外道因，亦不生不滅，世尊亦說虛空非數、緣滅，及涅槃界不生不滅。世尊！外道說因，生諸世間；世尊亦說無明愛業妄想爲緣，生諸世間；彼因此緣，名差別耳，外物因緣亦如是；如是，世尊與外道論無有差別。微塵、勝妙、自在、衆生主等，如是九物不生不滅；世尊亦說一切性不生不滅，有無不可得。外道亦說四大不壞，自性不生不滅，四大常；是四大乃至周流諸趣不捨自性；世尊所說亦復如是，是故我言無有奇特。惟願世尊爲說差別，所以奇特勝諸外道；若無差別者，一切外道皆亦是佛，以不生不滅故；而世尊說一世界中多佛出世者，無有是處。如向所說，一世界中應有多佛，無差別故。」

疏：《爾時大慧菩薩復又稟承世尊的威神之力，而向世尊提出質疑：「世尊！您所顯示的不生不滅法義，其實並沒有奇特於外道之處，因爲一切外道所說世間及衆生出現之根本因，也說是不生不滅的萬法之因；世尊也說虛空非數、緣滅，又說涅槃界是不生不滅。世尊！外道所說世間萬法之因，能出生一切世間萬法；世尊也是說無明、愛、業、妄想爲緣而出生種種世間；但是彼諸外道所說之因，以及世尊所說之緣，其實只是名相之差別罷了，並沒有什麼不同；色身外之一切物質等法，也是一樣由外道所說因，或是世尊所說的緣而出生；這樣一來，世尊所說的緣起法與外道所議論的意思，其實並沒有差別。

外道等人說：微塵四大元素之聚合，出生了世間及世間一切法；或說有一勝妙的體性，能出生世間及世間一切法；或有主張大自在天創造世間及萬物，然後才有世間一切法；或有主張世間本來存在，而一切衆生都由衆生主所創造，故有如是等九物之結縛不生不滅；世尊也說一切法不生不滅，有無都不可得。

外道諸人也說四大元素不壞，四大之自性不生不滅，所以四大元素常住不壞；又說四大元素不論如何變化，乃至周遍流通到五趣衆生身中時，也還是不捨這種常住不壞的自性；世尊所說之法也是像這樣，所以我說世尊所說的法並沒有奇特之處。惟願世尊為我等述說佛教的不生不滅，與外道所說的不生不滅之差別處，令弟子等人了知佛法之所以奇特而勝過諸外道處；如果世尊的不生不滅與外道沒有差別的話，那麼一切外道也應該都是成佛了，因為同樣都是不生不滅的法；如此一來，世間就應該有多尊佛同時住世了，然而世尊又說：『一世界中有多尊佛同時住世的話，那是不正確的道理。』但是如果像前面所說同是不生不滅的話，一世界中應該有多尊佛住世，法無差別的緣故。」》

解：「**爾時大慧菩薩復承佛威神而白佛言**」：世間無人能有智慧對 佛提出如理作意之質疑，然因外道聞 佛說法已，為護名聞利養故，每作種種混淆佛法之說，自謂其法同於 世尊所說佛法，是故 世尊欲令大眾了知其中差別所在，便以威神之力加持大慧菩薩，令大慧提出質疑，因此而有機會為大眾宣示其中差別；宣示已，則佛門四眾弟子便得了知其中差別，因此得入正法。

今時亦復如是，每有未悟之人，妄言曾受平實之印證，出世宣說開悟之法；然而究其所言，並非正法；復又未曾與余熟識，亦未曾隨余修學佛法，竟然夤緣余名而作是言，矇騙衆生。亦另有人宣稱其所證法，同於平實之所修證，私言其徒，謂與余法相同無異。然實未悟，唯是緣余今時聲名與法義，私心籠罩衆生爾。如是等事，非獨今時有之，佛世已然如是，是故 佛令大慧提出如是問疑，以啓破邪顯正之機。

「世尊！世尊顯示不生不滅，無有奇特；所以者何？一切外道因，亦不生不滅，世尊亦說虛空非數、緣滅，及涅槃界不生不滅。世尊！外道說因，生諸世間；世尊亦說無明愛業妄想爲緣，生諸世間；彼因此緣，名差別耳，外物因緣亦如是；如是，世尊與外道論無有差別」：

實相之理，必定不生不滅，若非不生不滅之理，則非法界實相正理。然因外道聞佛說法之後，爲符 佛說不生不滅之理，卻又不能證得 佛所宣說不生不滅之自心如來，是故緣其本有虛妄創造之不生不滅外因，而說其法亦是不生不滅之法，如是欲求成就其理而爲人所信。外道如是說已，學人不知，便謂佛法與外道同。若 世尊所言不生不滅之理，同於外道所言之不生不滅，則佛法即無奇特而勝妙於外道之處，則非是法界之實相，則非是第一義之眞諦也。

外道等人說彼等所信奉者為宇宙萬有之第一因，宇宙萬有皆從此第一因而生起，而此第一因是不生不滅之法；世尊所說之虛空非數、而世間蘊處界及一切萬法，悉屬緣起必滅，又說涅槃法界不生不滅、自心眞如不生不滅、如來藏不生不滅；如是說法，似與外道所說宇宙第一因之不生不滅說法，極為雷同。所說根本因之理體，同是不生不滅之法，極為相似，同是本體論。由有此種相似之處，是故印順、昭慧、傳道、達賴、宗喀巴、阿底峽、寂天、月稱等密宗應成派中觀師，便否定 世尊所言之萬法本體論。而不知外道所說一切法本體之根本因，其理論本無錯謬，咎在不能覓得眞正之萬法本體，錯以虛妄想像建構之萬法本體，作為眞正之宇宙萬法本體；此乃是理論無誤，而修證偏差，故墮虛妄想中，各各自謂能知能證宇宙萬法本體；由如是多種外道之無量虛妄想故，便有種種外道所作之無量虛妄言說。印順等人不知如是事實，昧於歐美研究佛學者之心態與邪見，對彼等外道凡夫否定如來藏之邪見，加以信受之後，復以如是先入為主之觀念，而作種種與法義弘傳事實相違之不實考證，妄言阿含與唯識等三乘佛法中之本體論為虛妄法，藉此否定而令佛法淺化、世俗化。

然而今時，余從原始佛法之四阿含諸經中，卻處處可見　世尊在四阿含諸經中隱說與顯說本體論之言語。佛世尊於四阿含諸經中，處處宣說如是正理，非未曾說，絕非是「後來大乘出現後方有此說」也，彼歐美諸國崇尚一神教法義之研究佛教學者，不知不解原始佛教四阿含諸經中早已宣說涅槃界本體不生不滅之正法，復因私心欲抑制佛教勝妙法義，以顯自宗一神教之不遜於佛教，是故假藉經典考證之名，而作否定之說，謂本體論是與神我外道合流者。印順不知其中內情，隨於外道之「考證」者，依彼等「考證」所得理論，更作「考證」之舉，以先入為主之密宗應成派中觀邪見為主軸，預設立場而否定如是本體論，謂之為「後期大乘與外道神我梵我合流」後所出現之外道神我梵我思想；是故其書中每言：「如來藏思想，富有外道神我梵我色采。」凡此皆是不解原始佛法四阿含諸經之意旨，以先入為主之邪見，預設立場而隨同一神教等研究佛學者之立論，而對自宗勝妙法義加以否定；經過長期之否定以後，必令如來藏妙法無人修學，則致佛教漸漸衰微；然後又以傳統佛教之衰微，引為證明，謂傳統佛敎之衰微，乃是因爲與外道如來梵我神我思想合流所導致，其實完全錯判傳統佛敎衰微之原因。

傳統佛敎衰微之根本原因有二：一者，近代社會由於工業革命，及科學之發展，致令近代人類頗有物化之傾向；又崇拜及迷信科學，反對一切宗敎之思想與信仰，對於古老弘傳至今之宗敎產生懷疑，致令近代人多數懷疑佛敎之敎義，以爲是同於一神敎、多神敎之迷信之宗敎，故不願信受修學之。二者，傳統佛敎之衰落，絕對不是印順等人所說之因如來藏思想之廣弘而衰落；反而是因爲印順等一類古今否定如來藏之人極力否定如來藏，導致無人修學，使如來藏之親證法門失傳，導致佛敎之般若與種智勝妙法義不能令人親證理解、以及不能弘傳，所以導致密宗外道可以將意識劣法取代勝妙之如來藏正法，可以輕易滲透佛敎，而轉易原本勝妙之敎義，致令義學不彰，因此導致傳統佛敎之衰微；如來藏之眞正法義不能弘傳時，則佛敎正法必轉易爲類似如來藏正法之常見法故，因此必定喪失第一義諦之實質故，眞正之如來藏本體方是第一義諦之本源故，方是二乘涅槃之本源故。

如是正理，彼印順、昭慧、傳道…等人，與達賴等密宗應成派古今中觀師悉不能知，反而違背佛教正理，對佛教深妙法義根本之如來藏法門，加以極力之誣蔑，指稱爲同於外道之神我梵我，致令如來藏正法數十年來更加少人修學，致令如來藏正法弘傳時之倍增困難，故說達賴與印順、昭慧、傳道、星雲、證嚴……等人，乃是破壞佛教正法最嚴重之人也，其次方是以常見而取代眞正如來藏之聖嚴、惟覺等人。如是以外道法取代眞正佛法之人，焉可說是佛教之僧寶？是故平實不認爲彼等諸人是佛門僧寶，本質實乃破壞佛教正法之人故，遠不如謙恭自修而老實自認未悟之人故。諸多未曾「未悟言悟」之法師二衆，雖然未入賢聖菩薩數中，然未毀破大乘妙法，未隨順藏密邪淫之理論與行門，方是眞正之表相僧寶。昭慧、傳道二人，努力以印順之藏密中觀邪見，否定 佛所說之三乘菩提根本之如來藏妙法，如是等人皆是實際從事破壞佛教正法之人，焉得說爲佛門之表相僧寶？

由是緣故， 世尊於三乘諸經所說「以如來藏爲一切法界之本體」之理論，方是眞正之佛法也，一切佛弟子修證般若慧時，絕對不可違背 世尊於三乘諸經中之如是說法也。平實今已證明如來藏本體方是三乘諸經之眞實法義，而印順、昭慧、傳道、星雲、證嚴、達賴、創古……等人窮之究之，終究不能覓得平實如是立論之過，不能推翻平實所舉如是諸經證據故，無餘涅槃界實以如來藏爲體故。

世尊說虛空非數，謂虛空是無法—性空唯名—依世間諸物之無物處而立名虛空，故《倶舍論》說虛空是「色邊色」，謂虛空乃是依色法物質之邊際無物處而施設虛空一名；猶如依牛有角而施設兔無角一法，虛空之性即是兔無角法—依物質之邊際無物處而施設虛空一名，故虛空一法性空唯名，並無實體。虛空一法，遍盡十方無窮無盡，非有二虛空，是故非數；以非數故，不可滅之；自心如來非色，猶如虛空之非數而不可磨滅，其性無爲無作，是故建立自心如來之自體性爲虛空無爲。世尊因此緣故，說虛空無爲非是有數之法。

蘊處界及其所生萬法，則是有爲有作之法，悉依種種緣而生；如是依緣生已，後必依於外緣之散壞而復滅失，由是說名緣滅之法。世尊又說涅槃界爲不生不滅境界。如前所說：無餘涅槃，乃是滅盡十八界我，完全無我，唯餘第八識自心如來獨存，常住絕對寂滅之境，故涅槃界有自心如來獨存，而非斷滅境界。自心如來既從無始劫來常恆不斷、不間、不壞，故名不生不滅者，而無餘涅槃復依自心如來之獨存而立名，故說涅槃界不生不滅，涅槃界乃是以自心如來之獨存而立名故，實以自心如來爲體故。

然而外道亦說彼等所說者方是法界之第一因，如是法界之第一因，或有主張「微塵等不生不滅法爲緣，能生一切法界」者，或說「勝妙天不生不滅，爲是能生一切法界者」，或說「大自在天不生不滅，爲是能創造一切法界者」，或說「衆生身中之神我不生不滅，即是能創造一切法界者」，或說「時節不生不滅，能生一切法界」，或說「方處不生不滅，爲是能生一切法界者」，或說「虛空不生不滅，自然能出生一切法界」，或說「四大極微種不生不滅，是能生一切法界者」，或有說爲「大梵天不生不滅，爲是能生一切法界者」，以如是九種想像之物，作爲不生不滅之法，表面以觀，似與世尊所說之不生不滅相同，是故佛門學人便因經中有如是質疑，便認同外教研究佛學者之主張，認爲大乘諸經所說之如來藏法門，同於外道之本體論。

譬如外道所言「衆生主不生不滅，是一切法界之根本」：「衆生身中之神我即是能創造一切法界者。」如是說法與 世尊所言「衆生身中皆有如來，常住而不生不滅，亦不染污，是一切法之根源。」二者極爲相似，幾乎無相異之處。然而推究其理，外道所言之本體論是正確之理，惟因所說之衆生主……等法界萬法之本體，唯是想像推理，實無所證，皆不可證，同於印順所施設之意識細心而主張爲不可知、不可證者；由所證本體錯誤故，則有種種外道虛妄言說。世尊所說之法界因如來藏，則是可以眞實親證之法；親證之後，並能加以驗證，證實自心如來藏確爲一切法生起之根源，證實自心如來藏確爲一切有爲法與無爲法之根本，證實一切無爲法皆由自心如來藏而顯示；凡我正覺同修會中已經證悟明心之人，皆可如是現前觀照之，故得發起實相般若智慧。

由如是正理與證量，說 世尊所言如來藏法門，表面觀之，與外道所說本體論法界因之不生不滅道理，似有相同之處，然於實質而觀，絕對不同外道之唯是臆想而作言論也。此類外道依過去佛所說涅槃正理之傳說，而作臆想推理，不能親證；如是臆想所作之言論，皆名妄想言說，非是實證之法故，所施設之本體「衆生主」必墮臆想之法故，則其所說衆生主之種種法，必有差池，不可能正確故。印順、昭慧、傳道、星雲、證嚴等人，不知此理，但見大乘如來藏法門所說諸法，與此衆生主之外道所說雷同，便認定經中如來藏法門同於外道神我梵我之法，便隨順彼諸一神教中之研究佛學者所說，加以肆意否定，不承認有如來藏可以親證，而隨順印順之邪見，在言語中誣賴大乘諸經所說之如來藏法門為後來始「與外道神我梵我合流」，其誤會不可謂小也。

譬如　佛未出現人間之前，外道依過去佛之正法滅後所留傳下來之佛法傳說，亦各各說涅槃界為不生不滅，　釋迦佛出現於人間後，亦說涅槃界為不生不滅，若依印順、昭慧、傳道、星雲、證嚴…等人之見解，則應說　世尊所說之涅槃不生不滅等法，為與外道所說合流。然實非是，謂外道依於推理，及依過去佛所遺正法年代久遠之傳說，而知涅槃界必定是不生不滅者，否則即不必修證涅槃法界也；理論雖然如是正確，而諸外道由於觀察不實，以及無福德與智慧故，所修證之涅槃悉墮世間之生滅法中，或墮意識境界法中，或墮意識變相之境界法中，或墮意根之境界法中，心中卻自以為所證是不生不滅之涅槃，其實卻是不出三界世間之有爲法境界。

佛不如是；在人間示現如同凡夫之無知，初始出家時，隨諸外道一一修證彼等所說之涅槃；一一修證已，隨知皆是三界世間之境界，非眞涅槃，便一一告知彼等所證非是涅槃，指出彼等外道所證者皆是世間有爲境界，非是不生不滅之涅槃界。然而 世尊親證涅槃已，所說涅槃之言語文字表相亦同外道：皆說有一法不生不滅，然二者修證之本質與內涵，則有天壤之別，印順等人不應將之相提並論也。達賴、印順、昭慧、傳道、星雲、證嚴……等人愚騃無智，未知此理，但見大乘經中宣說涅槃不生不滅之理，同於外道不生不滅之言說文字，似同外道眾生主等神我梵我之言論，便反對之；殊不知基本理論言說雖然雷同，而實際理論及修證境界迥然有別、大異其趣，焉可便誣如來藏法爲同於外道神我之法？

是故外道所說世間萬法之因，不同 世尊所說萬法之緣起正因；世尊所說人間萬法之緣起者，要依自心如來第八識爲因，復依自心如來所攝藏之無明、貪愛、業種、父母、四大等緣，方得生起，非如外道所說之唯依大自在天…等唯一之因便得生起也。復次，外道所說如是衆生主等九種法界因，一一推究之，皆是生住異滅之變異法，終歸無常壞滅，彼諸外道不能了知，誤以爲常，說之爲不生不滅者，本質則是生滅有爲之法，或是虛妄想像而建立之「兔角」法及「兔無角」法，焉得說爲眞實不生不滅者？是故外道所說不生不滅之法界因，皆是虛妄臆想所得，皆是妄想言說，所說皆無實義。

大慧爲請 世尊啓示大衆，而令了知其中差別所在，是故承 佛威神之力，在大衆中作如是問，效諸外道之質疑者，謂 佛所說之不生不滅，以及 佛所說之緣起因，爲同於外道所說，爲不異外道，欲令 世尊爲諸大衆宣示其所以異於外道之處，宣示佛法之所以勝妙於外道之處。

「微塵、勝妙、自在、衆生主等，如是九物不生不滅；世尊亦說一切性不生不滅，有無不可得。外道亦說四大不壞，自性不生不滅，四大常；是四大乃至周流諸趣不捨自性；世尊所說亦復如是，是故我言無有奇特。惟願世尊爲說差別，所以奇特勝諸外道；若無差別者，一切外道皆亦是佛，以不生不滅故；而世尊說一世界中多佛出世者，無有是處。如向所說，一世界中應有多佛，無差別故」：

微塵者，謂有一類外道，主張微塵不生不滅，認爲一切法皆從微塵輾轉而生；若離微塵，則無一切法出生，以微塵爲法界因。審如是者，則應一切衆生之心生皆同，亦應一切因緣果報皆同；然實非是，故此說法謬誤。

勝妙者，謂有天主不生不滅，其性勝妙，超勝一切人天，彼能創造一切世間及人與物等，以此勝妙之天主爲法界因，而未指稱此勝妙之天爲是第幾天之天主；自在者，則明指大自在天不生不滅，爲創造一切世間及人、物者，言大自在天爲法界因；若審如是，則同微塵而造一切世間及與衆生，同有其過。

衆生主者，所說如前段經文疏解，同墮於世間有爲生滅之法中，乃是想像虛妄之觀念，非是可以實證之法。今時海峽兩岸各大道場，多有如是衆生主之法門宣揚，唯是四衆弟子不能了知其過爾。譬如法鼓山與中台山，宣說衆生身中皆有一法是不生不滅者，此法即是眞如佛性，說此眞如佛性即是衆生之主人，所說似同 佛說，若究其實，則與衆生主外道所說無異；何以故？謂其所說者，大略與佛法所說雷同，然推究法鼓山與中台山所弘傳之法，則同常見外道法，同墮意識變相之離念靈知境界，以意識作爲衆生之主人，更敎衆生認取離念靈知心作爲**衆生主**，主張捨壽時必須能以此離念靈知而時時處處作主，是名**衆生主外道**也。

然而 佛所說之自心如來，所說之眞正如來藏，所說不生不滅之法界因，卻是從來不作主者，從來離見聞覺知者，從來皆是任運而隨緣運作者，是從來離六塵之貪厭等二邊者，是從來不了知六塵者，是一向「恆而不審」者。佛所說法，與如是**衆生主**外道所說者迥異。如是**衆生主**之外道，今時已遍佈於海峽兩岸之禪宗道場，同以衆生主之變相境界作爲禪宗證悟之標的，可謂已經根深柢固而難以轉移也。如是大道場諸大法師所弘傳者，自謂是眞正之如來藏正法，自謂是眞正之眞如佛性正法，本質卻是外道**衆生主**之偏斜法門，唯是言說雷同於佛法，其實根本不能實證三乘菩提正法，根本未曾實證三乘菩提正法。如是現象極爲普遍，故謂此時爲末法時期也。

至於其餘五種外道，以時節、方處、虛空、四大種、大梵天等法，作爲法界因，亦復同有種種過失，前諸輯中已多有宣說，此處略表不述。此五種外道所說之法界因，合前四種外道所說法界因，共爲九種。彼諸外道皆說如是法界因是不生不滅之法。所說似同 世尊所說之不生不滅法，然本質迥然不同；愚癡無智之人，未證得自心如來之前，不知其中差別，便認作同於 世尊所說之不生滅，便認爲 世尊所說緣起諸法，無有勝妙於外道之處。

彼諸外道亦有說四大元素不壞，故四大之自性不生不滅，故四大元素之體性常恆不壞；又說四大元素永遠不變易，是故永遠不生不滅，乃至周流於五趣六道衆生身中，亦復不捨如是不生不滅之自性； 世尊所說之自心如來亦復如是，同是不生不滅之法，則與外道之不生不滅法似無差異，是故大慧菩薩故意倡言：世尊之不生不滅法義，無有奇特。因此請求 世尊爲大衆宣說佛法之不生不滅，與外道之不生不滅法，其間有何差別，爲何佛法是奇特法？其奇特之處何在？而能勝妙諸多外道所說之不生不滅。若佛法所說不生不滅之法，與外道所說之不生不滅法無有差別者，則應一切外道皆亦是佛，同是親證不生不滅之境界故，則應同是親證正確之涅槃者故。然而 世尊曾說：「一世界中有多佛出世者，無有是處。」但若猶如前來所說者，則一世界中應有多佛住在世間，佛所言之不生不滅，與外道所說不生不滅，其間並無差別故。

佛告大慧：「我說不生不滅，不同外道不生不滅，所以者何？彼諸外道有性自性，得不生不變相；我不如是墮有無品。大慧！我者離有無品，離生滅，非性非無性。如種種幻夢現，故非無性。云何無性？謂色無自性相攝受，現不現故，攝不攝故；以是故，一切性、無性非無性；但覺自心現量，妄想不生，安隱快樂，世事永息。愚癡凡夫妄想作事，非諸賢聖；不實妄想，如犍闥婆城及幻化人。大慧！如犍闥婆城及幻化人，種種衆生、商賈出入，愚夫妄想謂眞出入，而實無有出者入者，但彼妄想故。如是大慧！愚癡凡夫起不生不滅惑，彼亦無有有爲無爲；如幻人生，其實無有若生若滅；性無性，無所有故。一切法亦如是，離於生滅；愚癡凡夫墮不如實，起生滅妄想，非諸賢聖。不如實者，不爾。如性自性妄想，亦不異：若異妄想者，計著一切性自性，不見寂靜；不見寂靜者，終不離妄想，是故大慧！無相見勝，非相見；相者，受生因，故不勝。大慧！無相者，妄想不生，不起不滅，我說涅槃。大慧！涅槃者，如眞實義見，離先妄想心、心數法，逮得如來自覺聖智，我說是涅槃。」

疏：《佛告訴大慧菩薩：「我所說的不生不滅，不同於外道所說的不生不滅，因什麼緣故而這樣說呢？這是說：他們那些外道所說的不生不滅之法，都說是有一種有自體性的自性，他們說這種體性具有不生也不變異的法相；我所說的不生不滅卻不會這樣墮在『有與無』的說法之中。大慧！我所說的不生不滅，不墮在有與無的兩邊之中，遠離生與滅，非如外道所說的有其不變性，亦非無不變之自體性。我所說的是：諸法之出現，猶如夢幻一般而出現，所以諸法不是完全沒有自性。爲何我卻又說諸法無自性？這是說：物質等色法沒有常恆不壞的自性，對這個法相加以攝受認知。因爲色法五塵等相在事相上是確實有出現而可以體驗得到的，然而出現之後便又漸漸的壞滅而消失了；色法五塵等相是可以在現實中攝取領納的，但是攝取領納之後又隨之消失了；由這個緣故，我說一切法無自體性，然亦非無自體性。我所說的是：只要能夠覺察到『一切法都是自心如來所顯現的事實』，那麼無始以來的虛妄分別等想就不會再出生，從此安住於實相境界，安隱無煩而得到眞正的快樂，產生世間煩擾諸事的煩惱根源便永遠的息滅了。愚癡的凡夫總是依其心中的虛妄分別而作種種的事情，這不是聖人與賢人作事的原則。

不如理作意的虛妄想，其實就像是海市蜃樓及其中幻化出來的假人一般，大慧！譬如海市蜃樓及其中幻化的假人，看來似乎有種種衆生及商人買販出出入入，愚癡凡夫見了，以爲眞的有那些人在海市蜃樓中出入，然而其實並沒有任何人在海市蜃樓中出入，都只是那些愚癡凡夫的虛妄想而以爲眞的有人出入。就像是這個道理，愚癡凡夫無智，對不生不滅的道理有迷惑而產生了妄想；但他們的妄想迷惑，其實也是沒有所謂的有爲法與無爲法可說的；就好比幻化的人出現又消失一般，其實並沒有出生與消滅；他們所謂的有法性與無法性，其實都無常住的自體性的緣故。三界中的一切法也是像這樣，都是離於生與滅的；愚癡凡夫墮在不如理作意的妄想中，生起了有生有滅的虛妄想，這不是聖人賢人的看法。不能觀見眞理的愚癡凡夫，則不能像聖賢所見一樣。

對一切法所生的虛妄想，其實也是不異一切法的：如果一切法與虛妄想互異的話，那麼學佛的人將會誤計而執著一切法的自性，就無法從說法者所說的法音文字中觀見眞正的寂滅了；不能觀見眞正的涅槃寂靜境界的人，是始終都無法遠離虛妄想的，由這個緣故，大慧！我所說的無相的見地是殊勝的，不是外道所說墮在有相法中的見解殊勝；一切法的種種相，就是衆生不得不接受生死輪迴的原因，所以不殊勝。大慧！我所說的無相，是說虛妄想不再出生了，證知本際不現起也不滅失，我說這就是涅槃。

大慧啊！所謂涅槃，就是：依眞實的義理而產生見地，遠離原先所有因爲虛妄想而出生的對於自心如來的妄想，以及遠離對於自心如來種種功能性等心數法的虛妄想，獲得如來的自覺聖智，我說這就是涅槃。」》

解：佛告大慧：「我說不生不滅，不同外道不生不滅，所以者何？彼諸外道有性自性，得不生不變相；我不如是墮有無品。大慧！我者離有無品，離生滅，非性非無性。如種種幻夢現，故非無性。云何無性？謂色無自性相攝受，現不現故，攝不攝故；以是故，一切性、無性非無性；但覺自心現量，妄想不生，安隱快樂，世事永息。愚癡凡夫妄想作事，非諸賢聖」：

佛所言之不生不滅，與外道所言之不生不滅，有其迥異之處，此謂：外道所言不生不滅之法，乃是具有世間六塵自體性之自性，彼等主張如是體性具有不生亦不變異的法相。如是之言，猶如今之一神教外道一般，每言彼等所信奉之上帝爲常恆不變者，而能創造一切世間及諸植物、人物、動物與精神體，此即是印順法師所言之外道神我也。然而外道此說有其大過：謂上帝若是不變異者，則上帝必是無有創造世間人物之能力者，能生之法則必有其變異性故；若能由其自身出生山河大地，則必有其變異性故；若是有變異法，則非不生不滅之法；若非不生不滅之法，則不可能萬法之主體故。

反之，上帝若是從來不變異之法，則必定不能不藉外緣而從其自體中直接創造世間與萬物；是故上帝之體若是不變異、不生滅之法，則不能出生萬法。是故，必須是體無生滅，而含藏無量種子，能有變異，方可能萬法出生之主體。一神教之上帝既是有覺有知、能造萬法者，則是生滅法、變易法，則是有生有滅之法，則不可能是萬法之主體。是故，一神教等外道所言「具有性自性之不生不滅法」，有大過失；不變異法必無如此「性自性」故，有「性自性」之法，則必是生滅之法故。

一神教外道如是墮於有自性之一邊者，則必有我，故名外道神我，彼等不可能實證無我法。謂如是外道神我思想之所說者，唯是妄想爾，絕無如是實體法存在；三界萬法中，實無一法是外道所言之如是神我，實無一法是外道如是所言不依外緣而能創造世間萬法者。一神教外道所言如是神我大我者，其實並無其法，唯是彼等外道依於不如理作意而生之虛妄想爾；如是妄想乃從外道之意識思惟而出生，乃是人造神性，不離世間人之我性。故說如是外道神我思想，永遠不離我性；既有我性，則不離有無生滅二邊，則非是不生不滅之法，非是實相中道佛法也。

佛所說之不生不滅之法—自心現量境界，則不如是墮於『有自性與無自性』之過失中，不墮外道神我思想所墮之意識妄想境界中。世尊所宣說之不生不滅法，乃謂一切法皆以第八識自心如來爲因，假藉父母、四大、無明、業種等外緣，而生諸有情—因緣具足而後始生，非是唯由自心如來不藉外緣而成就有情身；非如外道所言之不藉外緣而從上帝意識自體直接出生有情身心—非是「唯因無緣」之外道法。佛所說者，乃謂共業有情之自心如來，假藉虛空中之四大元素，而共同聚合成為山河大地世間，非由共業有情之自心如來不藉外緣而從自心如來直接創造山河大地世間，亦非由獨一之上帝意識心而創造山河大地世間；亦非如外道後來改變之說法：由上帝自體之靈體而直接創造山河大地世間，而不假藉虛空中之四大元素等外緣。佛所說不生不滅者，乃是自心如來第八識，外道神我則是第六識之意識心，迥然懸殊，絕無相同之處，故離外道神我所墮之「不變異而有能造萬物之自性過失」中。

世尊所說之自心如來，體恆不變，但自心如來所含藏無量種子，則可藉外緣而變生世間萬法；是故 世尊所說不生不滅法，不墮於外道神我所墮之「有自性與無自性」等二邊窘境中。既不墮於有無二邊之中，則能遠離生滅二邊，何以故？謂若自體能生萬法而不藉外緣者，則彼上帝自體必有生滅增減；若有生滅增減，則非不生不滅法。 佛所說之自心如來，則是自體恆無變異，而有大種性自性等法性運作，故能假藉虛空中之四大外緣而變生山河大地世間，而自體無所變異； 佛所說之自心如來，由有大種性自性故，能假藉父母、四大、業種、無明等緣而創造自我之色身；以諸種子而創造諸法之過程中，自心如來本體則常恆不變，是故不墮外道所墮有無與生滅之窖境中。是故 世尊所說不生不滅之法性，非如外道所說之有其不變性，亦非是無有法性之完全不能變生諸法之「無自體性」。

世尊非唯由自心如來而說不生不滅，亦由世間事相上之法性，而說不生不滅，所說者乃謂：諸法之出現，猶如夢幻一般而出現，故說諸法並非完全沒有自性；然因物質等色法實無常恆不壞之自性，於此無常變異之事實加以認知及攝受。此因色法五塵等相，於事相上而言，非是無法，乃是確實已出現而可以被衆生所體驗者，然而出現後又漸漸變異壞滅終至消失，雖有所取，終歸壞滅而無所得，故說之爲「現不現故，攝不攝故」；色法五塵等相確屬現實中可以攝取與領納者故，但是攝取領納之後，又隨之次第消失；由此緣故， 佛說一切法皆無自體性，然於事相上、現象上而言，一切法亦非無自體性。

世尊宣說世間萬法及蘊處界等一切法緣起性空之本意，目的乃是：欲令佛弟子現前觀察到『一切法皆是自心如來所顯現之事實』。若能如是現前觀察者，則無始以來由於對法界體性之誤解，而產生之虛妄分別等妄想，即可滅除，從此依於如理作意之觀察而出生實相般若智慧，因此便得安住於法界眞實相之境界中，如是安隱無煩，虛妄想永離而安住於自心現量之寂滅境界，如是寂滅之樂，方是眞正之快樂；能出生世間煩擾諸事的煩惱根源，已經永息故；此寂滅境界方是涅槃境界故，方是出世間之無境界境界故。

如是現觀一切法之出生現行與無常空，現觀一切法之可取與無常空，現觀一切法皆依自心如來爲體而藉緣生現，而自心如來離我性、我所性，從來皆無所得，是名現觀大乘法無我者；能作如是現觀者，說名證得無生法忍果，成眞佛子住，可以荷擔如來家業，不論身現在家出家相。然而愚癡凡夫不解 世尊意旨，悉墮 世尊所說言句表義之中，依於言語，而不能依於 世尊言語中所顯示之正理；如是依語不依義故，心生種種虛妄分別，由種種虛妄分別而作種種言說，乃至造作種種自以爲護持正法而實破壞正法之種種事端，凡此皆非聖人賢人行事所依止之軌則。

「不實妄想，如犍闥婆城及幻化人，大慧！如犍闥婆城及幻化人，種種衆生、商賈出入，愚夫妄想謂眞出入，而實無有出者入者，但彼妄想故。如是大慧！愚癡凡夫起不生不滅惑，彼亦無有有爲無爲；如幻人生，其實無有若生若滅；性無性，無所有故。一切法亦如是，離於生滅；愚癡凡夫墮不如實，起生滅妄想，非諸賢聖。不如實者，不爾」：

不如理作意之虛妄想，其本質與海市蜃樓及其中幻化出現之商賈假人無二，而愚癡凡夫不知此理。不如理作意之虛妄想，謂不能證得法界眞實相之愚人凡夫，依意識之情解思惟而作種種妄想，乃是依他起性之意識中所生起妄想，即是依他起性中之再依他起性之法，絕非實相，絕非法界之本源。譬如海市蜃樓以及其中幻化之假人，觀之似有種種衆生及商賈出入，愚癡凡夫見之，誤以爲眞實有彼諸人於海市蜃樓中出入，然究其實，絕無任何人於海市蜃樓中出入，唯是影像爾，唯是愚夫依其妄見而作虛妄想，誤以爲確有眞人出入，智者絕不作如是觀。

同此道理，愚癡凡夫無智，於不生不滅之自心如來涅槃正理不能了知，依於佛語表義而不能了知佛語中之眞實義，心中生迷故生妄想。然彼諸愚夫依其妄想與迷惑而作之種種有爲法與無爲法之言說，其實唯是假名，絕無眞實之有爲法與無爲法可言，即是性空唯名之法；是故彼諸凡夫所說諸多佛法，與海市蜃樓中所幻化之人物現已隨滅無二，唯是妄想爾，究其實際，並無出生與消滅；彼等外道諸人所謂之有法性與無法性，其實皆無常住的自體性的緣故，皆是假緣而有之生滅法故。三界一切法亦復如是，本皆離於生滅，本皆依緣而從自心如來出現者，本質乃是幻有幻滅之法；既是幻有幻滅之法，則不應具備有性與無性。

然彼等外道愚癡凡夫，墮在不如理作意之妄想中，於意識心中生起上帝有自性之神我見，墮在有爲法中，不離六塵法之有無法相，不離有無二邊。大乘佛法中則有一分凡夫愚癡者，好言一切法緣起性空，墮在諸法有生有滅之虛妄想中，而不能了知萬法皆是自心如來藉緣所現之事實，不能了知萬法皆是從自心如來中幻起幻滅之理，不曉一切法本質上並無「生與滅、有與無」之可言也；是故印順等應成派中觀師所言之「一切法緣起性空（一切法空）、性空唯名」之說，皆是依於諸法有而施設諸法緣起性空之無也，乃是依於世俗有自性法而說爲勝義無自性法，墮在有無二邊中，始終不離有無二邊。

如是印順等人所說之理，唯可於修學二乘法之愚人中說，不應於修證大乘般若正法之菩薩中說，未斷我見故，仍執意識細心為常住不壞我故。故說自心現量境界，方是大乘菩薩欲求見道者所應修證之標的，故說印順等人所言「外於如來藏而有諸法緣起性空」之妄想，絕非大乘聖賢之見地也。是故 佛說：愚癡之二乘聖人與諸凡夫，由於不能現觀一切法皆是自心現量故，則不能與大乘聖賢所見無二。印順等人所說緣起性空諸法，乃至不應於南傳佛法地區中宣說，所說法義嚴重違背四阿含涅槃之正理故，令二乘涅槃成為斷滅法故，亦嚴重違背三法印正理故。

「如性自性妄想，亦不異：若異妄想者，計著一切性自性，不見寂靜；不見寂靜者，終不離妄想，是故大慧！無相見勝，非相見；相者，受生因，故不勝。大慧！無相者，妄想不生，不起不滅，我說涅槃。大慧！涅槃者，如眞實義見，離先妄想心、心數法，逮得如來自覺聖智，我說是涅槃」：

然我佛門學人，於言說之自性，亦當了知，是故 佛又宣說：「如性自性、妄想，亦不異。」云何說自心如來之自性，與宣說自心如來法性之言說妄想不異？此謂：宣說自心如來法性之言說妄想，若與自心如來之法性有異者，則此宣說自心如來法性之言說妄想，即不能顯義；若不能顯義，則一切聞法者皆將誤計自心如來之自體性，皆將無法親證自心如來所常住之涅槃寂靜無爲境界；若不能親見自心如來之涅槃無爲寂靜境界者，則聞法者終究不能遠離虛妄想，則永不能實證自心如來所住之無爲無相境界。而諸佛子依於 佛菩薩宣示自心如來法性之言說，藉彼言說而證自心如來，便得親見自心所住之涅槃無爲寂靜境界，故說證悟者所證之自心如來性自性，與其悟後依於意識觀察而出生之言說妄想，亦不可說有異，能顯示自心如來之自體性，而爲聞者依之得證故。

此等自心現量之涅槃無爲寂靜境界，乃是無相法；如是無相法，方是眞實殊勝之法，非彼等外道所言之有相法可說爲殊勝者；何以故？謂彼等外道所說者，皆是有爲法上之自性相，有爲法之自性相者則非殊勝法，有爲法之自性相者即是衆生不斷受三界生死之原因故，故說「有相見」之法非是殊勝法也。

云何謂有相之法非是殊勝法？謂若有人以有相之法作爲眞實不壞法，則必導致後時之重新入胎而再受生死。譬如離念靈知心，不離三界中之六塵法：於欲界中必定恆觸欲界六塵而了了分明故，於色界中必定恆觸色界三塵而了了分明故（唯除無想天），於無色界中必定恆觸定境法塵而了了分明故，皆是有相之法，六塵上皆有法塵相故，法塵仍屬六塵相所攝故。唯於非想非非想處定中，方不返觀自己而離了了分明境界，而此定境仍是有相法，仍墮意識心行不斷之境界相中故，意識之無念心行存在時仍是三界有之法故。

如是等法，皆是外道與佛門凡夫之所修證者，皆不能遠離有相有爲境界，皆是不能出離生死而自謂已經出離生死者。如是邪見邪修之法，即是法鼓山與中台山、佛光山，所傳授與四衆弟子之「禪宗修行開悟法門」也，慈濟之證嚴法師今亦踵隨之，同以意識心所住境界爲其修證之標的，悉皆不能超過意識境界，悉是未斷意識我見之凡夫人也。佛所說者迥異彼法鼓山、佛光山與中台山之所傳授者，佛所說之無相法門，乃謂對於法界實相心之體性之虛妄想已經斷除，親自證知涅槃之本際——自心如來——從未出生亦永不滅，佛說如是即爲涅槃寂滅無相境界。

如是正理，方是眞正法界實相之因，如是所證「一切法皆是自心所現之事實」境界，方是　佛所說之大乘涅槃寂靜實際。涅槃之修證，及與涅槃之見地，當依如是眞實無境界之義理而產生，復依如是眞實義理而弘傳之。如是證得自心現量境界者，則能遠離對於涅槃之自己本有妄想，則能遠離得自他人邪教導之虛妄想，亦能遠離對於自心如來的種種功能性等心數法之虛妄想，親自獲得如來所宣示之自覺聖智，佛說如是親證一切法皆是自心現量者，即是親證大乘涅槃之菩薩。

爾時世尊欲重宣此義而說偈言：

滅除彼生論，建立不生義；我說如是法，愚夫不能知。
一切法不生，無性無所有；犍闥婆幻夢，有性者無因。
無生無自性，何因空當說：以離於和合，覺知性不現，
是故空不生，我說無自性。
謂一一和合，性現而非有；分析無和合，非如外道見。
夢幻及垂髮，野馬犍闥婆，世間種種事，無因而相現。

折伏有因論，申暢無生義；申暢無生者，法流永不斷；

熾然無因論，恐怖諸外道。

疏：《爾時世尊欲重新宣示此眞實義而說偈曰：

滅除彼諸外道所說有生之論議，建立一切法不生之眞實義；

我說像這樣的法義，二乘愚人與凡夫是不能了知的。

一切法本來不生，無有眞實法性，終必歸於無常空；

猶如海市蜃樓，亦如幻夢中所顯現諸事一般，

在事相上雖是確實有，然而並無（並非）眞正之法界因。

無生之法既然是無自體性者，由何種原因之故而應當爲大衆解說？

這是由於：如果離開和合性的話，能覺能知之自性就不能現起了，

由這個緣故，所謂空與不生，我說這些法都是沒有自性的。

這就是說：藉著與一一緣的和合，

所以覺知心的自性現起，而其實覺知心卻沒有眞實常住的法性，

當我們加以分析的時候，可以了知涅槃寂靜境界是不與諸法和合的，

所以涅槃寂滅之境界並非猶如外道所見的斷滅空一般。
外道們依夢中所見幻化境界，以及垂髮眼翳所見境界，
野馬所見遠處陽焰，及海市蜃樓之假現影像境界，
以及世間所有種種事相上之一切法，
他們所說這些法出現的**因**，都是**無因**而有這些世間相出現。
爲了折伏外道所說的這些錯誤的**有因論**，我演說本來無生的眞實義；
這樣正確宣演無生之法義者，則佛教正理之法流水就永遠不會斷絕；
我這樣很明確的演說：**外道的因是無因之論**，使得外道們都很恐怖。》

解：爾時世尊欲重宣此義而說偈言：「滅除彼生論，建立不生義；我說如是法，愚夫不能知」——：外道所言世間萬法出生之因，本屬妄想而建立者，故彼等所說世間萬法之因者，悉無眞實義；如是外道妄想所說之一切法出生之因，應予滅除，將衆生導歸一切法出生之眞正因由——自心如來，所以 世尊演說無生論，說所有外道所言一切法出生之因皆非正因；由於外道所說一切法之根本因、法界因，皆是謬誤之說故，不能言及眞正之根本因，所說諸因皆是子虛烏

有之因，非是可以實證者，故說外道所說種種因之論議，皆是**無因論**之邪見。

世尊滅除了彼諸外道所說由某一因而生諸法之論議之後，復建立一切法不生不滅之眞實義。然而世尊所說一切法不生之眞實義，定性二乘之有學無學等愚人，及大乘中之凡夫，以及一切外道，皆不能了知世尊正法之意趣。此法甚深難解，唯有禪宗證悟明心者，或餘宗派中親證**自心如來**之人方能了知其義趣故。

「一切法不生，無性無所有；犍闥婆幻夢，有性者無因」：一切法不生者，其義甚深，尚非定性二乘無學親證解脫果者所能知之，何況大乘中諸未證三乘菩提之凡夫，云何能知？印順、昭慧、傳道、星雲、證嚴……等人亦復如是，將一切法不生之理，與自心藏識不生不滅之理混淆，因此混淆故，於佛法理論墮於不如理作意之中，便信印順之邪說，以爲第二三轉法輪諸經與阿含諸經所說之法有異，因此自定「原始佛教、初期大乘、後期大乘」之錯誤判教說法，意欲宣示三期法義之大異其趣所在；因此而不承認第二三轉法輪諸經爲佛口親說；更假藉考證之名，對大乘第三轉法輪諸唯識經典加以否定之，印順更誣之爲「後時部派佛教與外道神我、梵我合流」之演變而集成者。

然今依於四阿含諸經所說，已足以證明彼等中外研究佛教學術者，對三乘法義演變之種種考證，悉屬妄說；已足以證明印順、昭慧、傳道、星雲、證嚴等人所謂佛教法義流傳演變之說，皆是違背佛教法義弘傳歷史之說。事實爲：佛教法義至今仍惟舊慣而無改變，是故印順所判三期佛教之法義演變者，其實是妄判。如余今時所傳解脫道之法義，仍與 佛世阿含諸經所傳法義無差別故；如余今時所傳般若及唯識種智之法義，仍與 佛世大乘諸經所傳法義無差別故。然於印順、昭慧、傳道、星雲、證嚴…等人觀之，必謂今時平實所傳法義有別於佛世四阿含諸經之法義，然余舉例證明相符無異之後，便令彼等不能置喙。是故彼印順、昭慧、傳道、星雲、證嚴…等研究佛學而不事親證者所說諸法，悉不可信；是故印順、昭慧、傳道…等人所說考證之事，悉不可信；彼等諸人對於古今法義之異同所在，皆無眞實智慧故不能了知。

又考證之人，每每尋章覓句，對於與其預設之立場相符者，便取作證明；於與己立場有異者，便加以故意忽略、故意曲解。此乃事所必然者，無足怪哉！是故，如今平實依據四阿含諸經中佛說聖教，略舉而證實大乘般若及第三轉法輪之唯識諸經，完全符合四阿含諸經　佛說者，行事驃悍之印順、昭慧法師……等人，至今不能具文正名否定。平實未來更將著作《阿含正義》一書而廣泛證明之，普令佛門大師學人悉能了知三乘法義之純正，證明佛教阿含、般若、唯識種智之弘傳，本來已是前後一貫，同一法味，唯是深淺差別之有異，法義內涵實無演變，本無印順、昭慧、傳道…等人所說之後來大乘法義之改變也。

當知彼等所謂「後來大乘法義流傳之改變」者，乃是後人誤會佛法、不能親證佛法，因而宣揚錯誤之佛教法義所導致者；如是，彼等未證三乘菩提之凡夫所說之言語，所作之錯誤弘法現象，不能代表眞正之佛教法義，故不可取爲根據，而說佛教法義之弘傳有任何演變；何故作如是說？此謂彼諸凡夫所誤說之佛教法義廣爲弘傳之時，仍有眞悟者依三乘經典之眞實法義繼續弘傳；然因未如彼等凡夫之好樂聲名而廣傳故，便不容易引起當時大衆及後來佛學研究者之注意，故多未被取作佛教**弘法歷史**之素材；凡夫弘法者既因未斷我見而好樂營造聲名，則必廣爲宣傳弘傳錯誤之法；由其廣弘廣傳故，則被取作當時佛教法義弘傳之代表，便有印順等人之所謂佛教法義弘傳之演變等違背史實之說。

譬如今時諸大法師居士悉以錯誤法義而弘傳之，平實若唯作自己弘法之事，不曾出而破邪顯正；或雖出而破邪顯正，然而事不彰顯，致未留下文書證據，或者留下之文書證據散失而未能留傳至後世者，則後世之佛教歷史考證者，便將唯以今時錯悟之諸大法師、大居士文書內容，作爲考證今時法義弘傳之歷史事實；然而如是考證，實是錯誤之結論，未可作爲實際佛教歷史之依據也。是故從古至今，眞正之佛教法義弘傳，其實未曾有所轉變也。如今平實之著作所說者，以及書中略引阿含諸經之句義中，已證實如是事實。

由法義以觀，已可證明印順、昭慧、傳道、星雲、證嚴……等人所說「由小乘而大乘，由前期大乘而後期大乘之佛法弘傳之演變」等說法，皆是依於各宗派間未悟之人所廣弘之法義表相，而作錯誤之推斷，與三乘諸經法義之實質完全不同也，皆只是表相佛教之弘法現象而已，皆與佛教法義弘傳之實質無涉。非唯如此，印順法師更將眞正法義曲解而後說之（例如印順所造《攝大乘論講記》之曲解論文有如來藏原義爲無如來藏之己義），嚴重扭曲佛教眞正法義弘傳之歷史事實。如今余所略舉之大乘諸經所言法義，皆與四阿含諸經所說契符無異，唯是深妙廣大於四阿含諸經所說爾；而彼印順、昭慧、傳道……等人考證所得結論，則與四阿含諸經所載相違，亦與古今佛教眞正法義之弘傳事實相違，根本悖於佛教史實，云何可言彼等所作考證之言爲可信者乎？

三乘諸經至今猶在，猶可親歷而稽查之，而印順、昭慧、傳道：等人對於如是尚可親歷之法義文獻上之考證，尙且錯誤百出，何況考證自己所未親歷之過去世表相及實義之佛教史實？是故彼等必定依自己預設之藏密應成派中觀立場而作取捨，余諸書中所舉證印順曲解法義與歷史之事實俱在，如是印順之考證，其可信乎？今猶可稽之法義考證，印順尙且嚴重錯誤，何況印順將往世諸家未悟凡夫，各依自宗偏見而評論他宗者，所說所寫之偏見諸文引爲證據，如是所作之考證，其所說者可信之乎？而印順、昭慧、傳道、星雲、證嚴：等人採之，作爲判斷諸經是否爲　佛說之證據，全不依四阿含諸經意旨加以比對檢驗，純以古今中外專作佛教研究之俗人所作文獻，據爲準的，如是之考證者，其可信度，思亦可知矣！

是故，一切佛門學人與諸大師，應依三乘諸經之原有意涵而論究之，應將般若系與如來藏唯識系之諸經法義，與四阿含比對而研求之，不應依於往世諸宗末悟凡夫之言文而作考證也。如是印順等人所謂之考證者，有二過故：一者取捨時難免預設立場故，二者如是考證實與三乘菩提之修證無關故，唯是針對各宗凡夫所作戲論加以綜合研究，皆是違背佛教眞正法義弘傳之歷史事實者。

是故大衆當以親證三乘諸經所說解脫境界與佛菩提所言之自心現量境界爲準的，由此而發起二乘菩提之親證功德，及發起大乘佛菩提之般若智慧功德；如是以用其功者，方是眞正學習二乘解脫道佛法、眞正修習大乘佛菩提道、眞正親履菩薩道之人也！若如法鼓山、中台山、佛光山、慈濟等四大團體之領導法師，皆離三乘菩提之修證，而以意識心作爲所歸者，則所說、所傳一切法義悉成戲論，於三乘佛法之修證上言之，終屬無義。然大乘佛法之親證，極爲困難，二乘不迴心無學聖人，尚且不能了知、不能親證，是故學人應當遵循佛語指示：依止於眞正之善知識——所謂大德多聞善義之人。

此段偈文中所說「一切法不生」者，乃依自心如來之不生不滅性，方得說不生也。一切法既依附於自心如來，是故每日起而又滅、滅已復起，唯是自心如來之表相上所顯示之現象而已；若依自心如來而觀，此等一切法本如夢幻與海市蜃樓一般，根本無所謂有生或有滅，故依自心如來自住境界而觀之，亦說之爲不生者。又一切法本屬自心如來所出生與顯示之法，本亦屬於自心如來之局部功能性，本亦屬於自心如來廣義之心數法，由自心如來之從無生滅，故說此等一切法不生。如是一切法不生之理，依自心如來而有而現，所說者有二：一爲從自心如來出生之一切法，二爲自心如來本體；學人於此不應混淆，否則便將自生錯亂，乃至因而信受印順等人之邪見，說之爲自相衝突者，即成謗菩薩藏之大過。

如是所言之一切法，實無自體性，皆是依自心如來而現前、而消失，故說一切法無常住不壞之自體性，探究一切法之本質時，便知一切法本無實質，唯是自心如來藉緣而幻化之法而已，故說「無性無所有」。至於外道所言種種「一切法之因」，則如海市蜃樓一般，亦如夢幻中所見一般，既然是有自己能變生諸法之體性者，則是有生滅之法，非是不生滅之法；如是外道所說一切法之因，實無此因，唯是虛妄想所建立之唯名相法罷了，即是印順所立性空唯名之法。如是外道諸論所說一切法之因，既無其實，則成外道無因論。

「無生無自性，何因空當說：以離於和合，覺知性不現，是故空不生，我說無自性」：一切法既然無生，則無生之法即是無自體性者，無自體性者即非實相法，即成生滅法，復因何種緣故應爲大衆解說？乃是緣於爲令大衆悉皆了知一切法皆是虛妄法而不復執著故。

一切法者，謂蘊處界及其輾轉所生萬法，悉屬一切法所攝。此等一切法皆屬緣起法，悉依衆緣之和合方得現行；若離衆緣之和合性，則一切法皆不能現起，何況能有住異與滅之演變？

譬如欲界衆生悉有能覺能知之自性，然此覺知萬法之自性，若無意根法塵及未壞之五勝義根、五扶塵根爲緣，則必不能現起；若無自心如來含藏覺知心之種子而流注之，則此覺知了別之自性亦不能現起；是故 佛說：「以離於和合，覺知性不現」。由此緣故，說知覺心、知覺性，是衆緣和合所成者，若離眾緣之和合，則於眾緣分散時，覺知心之知覺性便隨之散壞，由是故說能知能覺之自性是無常空，空已無法，何可說之爲有生？是故，於覺知心性上所謂之空與不生，佛說此等一切法皆屬無自性者。

如是正理，余已十年之中廣作宣說，而彼等法鼓山、中台山、佛光山、慈濟等堂頭和尚都不信之，或誤執離念靈知心之能知能覺體性而說爲開悟者所悟之眞如，或誤執「外於如來藏之一切法緣起性空」之斷滅空，說爲禪宗所悟之佛菩提，悉墮**外道無因論**中。彼等皆不能了知一切法空無自性、依緣而從自心如來現行，不知有念及離念之覺知心悉是自心如來所現之事實，不知自短，又復不肯寂默自修，更欲廣「度」徒眾，故皆無法遠離虛妄分別、無法避免誤導眾生之過。當知蘊處界等一切法皆無自性，則「**一切法緣起性空**」之法亦無自性，皆是緣起法，非是恆常不壞之法界實相心也。

「謂一一和合，性現而非有；分析無和合，非如外道見」：世尊所言一切法皆無常住不壞之自體性，皆是無有實體之法者，主要在宣示如是正理：假藉眾緣之和合，方能令覺知心之自性現起而了別六塵諸法，故離念靈知心能於六塵萬法中離於雜念而了了分明。離念靈知心雖然離念而了了分明，雖有此體性出現而可體驗證實其存在，證實爲非無；然而離念覺知心實無獨存常住之法性，必須依於衆緣，方能由自心如來中現起運作；既是衆緣和合方有之心，復無「不依他緣而能獨存」之自體性，當知即是緣起性之法，則亦必是緣滅性之法。離念靈知心如是，其餘一一法，凡是和合而成者，悉皆如是：於現實世界中和合而出現，雖有自性出現而皆終必歸於壞空，皆非可以不依他法和合而獨存者；以是緣故　佛說：「謂一一和合，性現而非有」，謂離念覺知心之知覺性，及所有一切和合而現之法，皆非眞實常住不壞之法。

然而眞正之涅槃，一切大乘菩薩於親證後，加以條分縷析時，皆可現前了知：無餘涅槃之寂靜境界，絕非是與諸法和合而有者，乃是獨存而不斷滅者。乃至大乘七住菩薩所證之衆生身中本來自性清淨涅槃，雖然爲衆生之業力與無明所牽，而流轉於三界生死之中，然此大乘涅槃仍是獨存者，完全不與六塵爲侶，不觸內相分六塵境而起了知、而起領受與分別，不起貪厭等心行，唯是隨緣任運而不與六塵萬法諸緣和合，隨時隨地皆是獨自住於本來自性清淨涅槃而存在不滅；是故涅槃寂滅之境界，絕不與外道所見之斷滅空相同，絕非如印順所言之「滅盡一切法後亦無自心如來」之空無也，印順如是見者即是一切法空之斷滅空故，《楞嚴經》及餘經中，佛已曾破斥一切法空之虛妄故。

「夢幻及垂髮，野馬犍闥婆，世間種種事，無因而相現」：彼諸外道之所言論者，往往依於夢中所見幻化境界而說；或有不知眞實，如見魔術師之幻化而有之法，便以爲所見是實者；或有外道猶如眼翳者之見垂髮一般，不知是自己眼翳所見垂髮幻影之虛妄境界，而執以爲實者。彼諸外道之所見者，悉如野馬之眼見遠處陽焰，誤以爲水，而不知非水；亦如愚人之見海市蜃樓，不知是假現影像境界，以爲實有城市車馬人物出入往來；彼等若見世間所有種種事相上之一切法，不知一切法之根本皆是自心如來，不知皆從自心如來直接或間接出現，故作種種不如理作意之揣測，復由如是種種不如理作意之妄想，而建立世間萬法之根本因；然而彼等外道所言世間萬法出現之因，皆非萬法出現之正因，是故　佛說外道等人所說者，皆是「無因而有世間萬象出現」，名之爲外道無因論。

「折伏有因論，申暢無生義；申暢無生者，法流永不斷；熾然無因論，恐怖諸外道。」此段經文於《大乘入楞伽經》譯作：「折伏有因論，申述無生旨；無生義若存，法眼恆不滅；我說無因論，外道咸驚怖」：

世尊爲欲折伏外道所說種種非因計因之謬論，是故演說本來無生之大乘眞實第一義正理。外道常偷學　佛之說法，攀比於佛法，自謂其法同於　佛所說法，以此而令大衆信之不疑，以求留住信衆，而免利養及影響力之流失；爲求達成如是目的，故效　世尊之解釋萬法生起之所因。然而彼等由於不如理作意，故作種種不實之觀察；由種種不實之觀察故，便有種種非因計因之言說出現及宣揚，故有六十二種或九十六種外道言說，悖於萬法眞正之起因而說種種因，各自誤計而執爲萬法生起之第一因。由誤計萬法生起之因故，說彼諸外道是「非因計因」者。

如是非因計因者，今時佛門之中已然極爲普遍，悉墮無因論中。無因論有二：一者外道無因論，二者佛門凡夫所作之無因論。

外道無因論者，謂如上所言九種外道誤計萬法生起之正因。彼等外道不了實相，錯認萬法生起之正因而誤計為實，堅執不捨；譬如一神教之誤計上帝為創造宇宙世間及人物者，誤計世界、人物及一切法皆由上帝所創造，於萬法生起之根本因有所誤計故，名為非因計因者。或如極微派外道、四大元素外道、大自在天外道……等人，悉是非因計因者，悉是無因論外道也。

佛門凡夫中之無因論者，略說有三種：一者以依他起性心作為法界因之非因計因者，二者復加遍計所執性，作為法界因之非因計因者；三者撥無一切法，墮於一切法空之外道無因論。

前者謂如法鼓山聖嚴法師，亦如大陸之元音、徐恒志、淨慧法師…等人，將意識離念時之知覺性作為自心如來，以此作為萬法之根本因，無有智慧依經據論加以簡擇，而不能了知此是意識，誤計離念覺知心之意識即是自心眞如；然而離念覺知心絕非自心眞如，必以了別境界之五種心所法為其心性而運作故；於第三轉法輪諸經中，佛已明確宣說此了境心是意識故；諸經亦說如是制心一處而與定境相應之意識心，乃是衆緣和合然後始有之心，名為依他起性之法，乃是有生之法，非是本自存在之心。由其依他起性故，生起之後終必歸於壞滅，是故夜夜暫斷，死已入胎後永斷，不能去至後世，非是不生不滅之法，故是有生有滅之心。有生有滅之心，焉得認作萬法之第一因？完全違背 世尊所說萬法根本因之自心如來也。

如是，離念靈知心絕非萬法之第一因，絕非法界之根源，然而法鼓山之聖嚴法師、河北柏林禪寺之淨慧法師，竟認爲離念靈知心之意識心即是法界之實相心、即是根本因。聖嚴與淨慧法師、元音老人、徐恒志、南懷瑾…等人，既然誤計萬法之根本因，故名非因計因者。淨空法師近來宣講實相念佛之淨土法門時，則認爲念佛至一心不亂時，此覺知心即是眞實不壞之心，則同於聖嚴…等常見見者。聖嚴、淨慧、淨空、元音、徐恒志、南懷瑾等人，既然同皆外於實相心而求佛法，故名非因計因之佛門外道。

第二種佛門外道，即是中台山之惟覺法師。彼於依他起性之離念靈知心上，復加處處作主之意根思量性，合此依他起性之離念靈知心性及恆審思量，故能處處作主之意根思量心性，作爲眞如佛性，振振有辭而公開宣示：若能時時離念而了了分明、處處作主，便是證得眞如與佛性之人，便是禪宗之開悟聖者。然而處處作主之意根雖然恆在而不滅失，乃至眠熟無夢時亦復運作不斷，卻是可以修斷之心，卻是求證二乘無餘涅槃之阿羅漢，捨壽後所必須滅除之心，卻是十八界所攝之必須斷除之法；阿含四大部千餘經中具說分明，今猶可稽也。既是可以永斷之法，焉得執爲法界萬法之根本因？無是理也！

審如惟覺法師所說，而可言爲無誤者，則二乘涅槃即成斷滅法，意根若滅時則十八界俱滅，則成一切法空之斷滅境界故。若言如是處處作主之意根與離念靈知之意識滅已，非是斷滅空，尚有自心如來常存，故非斷滅空；則惟覺法師應當以此離念靈知心再行參禪，尋覓第八識自心如來之所在，如是則已顯示惟覺其人之未悟言悟也。如是則已顯示惟覺由於未悟言悟故，今已令己陷入進退兩難之局。由惟覺法師之誤計依他起性之離念靈知心，及誤計處處作主思量、遍計所執性之意根末那識等二法，作爲法界之根本因，而非以 佛所說之眞正根本因——自心如來——作爲法界因，故說惟覺法師是非因計因者，故說此人亦名佛門外道，外於自心如來而求佛法故，正是心外求法者故。唯除惟覺後時公開聲稱：以前所說之證悟爲錯誤之說。否則不能卸卻佛門外道之名，如是之悟，與常見外道完全相同故。

第三種外道無因論，今已廣泛滲入佛門之中，難可轉易之；即是達賴喇嘛等密宗黃教應成派中觀見者；即是印順、昭慧、傳道、星雲、證嚴法師及其隨從者，與達賴外道同皆墮於外道無因論中，**印順之法義中心思想，乃是承襲自密宗黃教之外道無因論故**。如是西藏密宗黃教之外道無因論，在今時之中國佛教中，已經盤根錯節、根深柢固，極難拔除。觀察台灣及大陸地區，各大佛學院所傳授之課程，皆以密宗外道無因論之印順著作所說應成派中觀邪見爲主，即可了知密宗外道無因論在現代中國佛教中，已經滲透至如何嚴重之地步也。由如是緣故，必須盡示印順諸書所弘之密宗外道無因論之邪謬所在，令佛門大衆悉知，方能免除多數四衆弟子隨入印順、昭慧、傳道、星雲、證嚴所弘之外道無因論中。

喇嘛教外道之達賴喇嘛，以及印順、昭慧、傳道、星雲、證嚴法師，與彼等座下之弘法者，皆是弘傳密宗黃教之外道無因論者。此謂彼等諸人皆是宗本於密宗黃教之應成派中觀而弘演其法，皆是外於如來藏因、而說一切法空，復又否定十八界法中之第七識意根者，則達賴、印順、昭慧、傳道、星雲、證嚴…等人所弘之無餘涅槃即墮斷滅空中，與二乘解脫道之正修相違背，佛於四阿含諸經中說十八界是五蘊所攝之法故，五蘊十八界法於入無餘涅槃時，皆須滅盡無餘故。然而達賴、印順、昭慧、傳道、星雲、證嚴等人，否定第七識意根之存在，主張蘊處界等一切法空，滅盡十七界法之後，不許有 佛所說之第八識自心眞如獨存，則阿羅漢入無餘涅槃之後，便成斷滅。

宗喀巴承襲印度後期「佛教」之「坦特羅（密續）佛教」邪見，建立密宗黃教；然因應成派中觀有如是斷滅見之本質，宗喀巴爲救如是墮於斷滅見之弊，乃依早已變質之坦特羅佛教氣功修法，建立中脈內之觀想所成明點爲阿賴耶識、爲如來藏，藉以避免墮入斷見之窘境。然而如是建立，乃是妄想，謂中脈內觀想所成之明點，絕非 佛所說之如來藏，明點乃是意識心中所起之法故，乃是依他起性中之再依他起者故；以如是明點爲如來藏者，乃是子虛烏有之法；世間一切法界之萬法，皆非以如是明點爲根本因故，明點是意識心藉觀想所生之法故，是故此因虛無非有，唯是意識境界名相之建立，性空唯名，絕非法界因，故說如是建立者名爲無因論。

達賴喇嘛爲救此弊，便又建立「不可知、不可證之意識極細心」；印順亦爲補救此弊故，建立「不可知、不可證之意識細心」，作爲不墮斷滅見之補救措施。然而印順與達賴之如是建立，有其進退兩難之過失。以印順所說爲例：

若眞如與涅槃，即是滅盡十八界法者，若涅槃實際即是印順所說之「滅盡十八界後之滅相不滅」者，則是以一切法斷滅後之空無作爲涅槃；若印順所說如是「涅槃」爲正確之法者，則不可知、不可證之意識細心，與涅槃有何關聯？若無關聯，只是純爲挽救斷滅空之理論上錯誤、純爲連結三世因果之故而施設，則此施設即成戲論，則不須作如是建立；與第一義諦之實相無關故，與法界體性之實相無關故，亦與涅槃之實證及理論無關故。法界因必定是無餘涅槃之實際；若非眞正之法界因，非是涅槃之實際者，則涅槃之修證，顯然與法界因脫節，則彼涅槃必非眞正之涅槃也。

復次，施設不可知、不可證之法，則已顯示此法唯是名辭施設，非有具體法性，如是亦顯示此意識細心一法之唯名無實，唯是妄想施設之法；印順、昭慧、傳道等人所言之佛法，縱使未嚴重違背　佛說，由此不可知不可證之施設，亦已顯示彼等所說非爲究竟之法，尚有不可知不可證之法，爲當代最勝妙之「印順佛法」所不知不證者故，何況彼等所說處處違　佛正旨？**若彼等所言爲眞**，則亦顯示　世尊尚未成佛，不能具足了知法界之實相故，尚有意識細心一法爲　佛所不能親證故；而事實則是　世尊已成佛、具足一切智。由是故說彼等人皆是不懂佛法之人也，所說皆是進退失據之說，皆是有諸大過之邪說故。

印順、昭慧、傳道…等人，若言如是意識細心之建立，與法界實相有關；則應以如是意識細心爲法界之根本，則一切人若未親證如是「意識細心」者，即非是已經證知法界實相者，則一切佛皆非是已成佛者，尚有法界實相爲佛所未親證故；若言諸佛已曾親證，則此心即不可謂爲「不可知、不可證」者，則印順施設「不可知、不可證」之說，即成無義；若言確有如是不可知不可證之意識細心，則印順便不得主張「滅盡一切法之滅相即是眞如」，應當主張如是不可知不可證之細意識爲是眞如，亦應當主張如是不可知不可證之細意識爲無餘涅槃之實際，不應以滅盡一切法後之**滅相**之空無，作爲無餘涅槃之實際；若印順所主張之意識細心非是無餘涅槃之實際者，則此意識細心即與涅槃無關，建立此心即成無義；若非涅槃主體之心，則非是三世因果之主體識故，如是建立之意識細心則與涅槃、實相無關故。是故，印順、昭慧、傳道所作如是建立者，有其無量無數之大過，非可實證故，違 佛聖教量故，違諸證悟者之證悟現量故，悖於種種正理故。

印順、昭慧、傳道…等人所弘傳之西藏密宗應成派中觀見，既屬如是歪邪之理論，復以僧伽之身分而廣弘之，則必誤導佛教四衆弟子同入歧途，非唯無法親證三乘菩提，抑且成就「以外道法轉易佛教正法」之大惡業。由是緣故，**平實**早年不斷隱覆印順之姓名而宣示正理，然因衆生未曾證悟，難知難解平實所說正義，是故欲救印順師徒與廣大學人之功德便致不彰，必須輔以舉例辨正之舉，細說其中差異，令諸學人得以比對研判，是故最近五六年來指名道姓而破邪顯正之舉，有其必要性。若不如是舉例說明比對而辨正之，則佛門學人便不能了知印順、昭慧、傳道…等人所弘之法，不知其本質乃是喇嘛教外道之密宗無因論。若我**正覺同修會**之衆同修，皆能如是正確宣演佛教眞正之無生法義者，則佛教正理之法流水即可永遠流傳，永不斷絕。

世尊亦說：「熾然無因論，恐怖諸外道」，謂 世尊如是明確而廣說外道之無因論本質者，必能使衆生普皆了知：種種外道所說法界之因，皆是非因計因者，實無彼諸外道所說之種種不同之法界因。由如是說明，衆生便得了知彼等外道皆墮非因計因之議論中。 世尊如是明確演說外道之無因論，致令當時諸多外道心生恐怖，由於彼等所建立之法界因理論，忽然全部破滅不存，致令自己心中及信衆心中皆墮於無所依恃之窘境中故。今時亦復如是，余遵 佛語、護持正法而舉示西藏密宗之外道無因論，亦舉示印順、昭慧、傳道、星雲、證嚴等人所崇奉之密宗應成派中觀之斷見外道無因論，亦以公案拈提而舉示聖嚴與惟覺法師之常見外道無因論，已使彼等諸人心生恐懼，必對平實加以私下之誣蔑而成就謗法重罪；凡此皆因原先受持之無因論所得知見被滅，心中無所依恃，而生「名聞利養受損、眷屬流失、影響力減退」等恐懼故。若人能廣斥外道無因論，令 世尊所施設無因論名相之正理廣爲宣揚者，必令彼等受持外道無因論之外道恐怖，亦必致令佛門內受持無因論之印順、昭慧、傳道等法師心生恐怖，追隨彼等之弟子衆等亦將心生恐怖，是名 佛說「熾然無因論，恐怖諸外道」。

爾時大慧以偈問曰：

云何何所因？彼以何故生？於何處和合，而作無因論？

爾時世尊復以偈答：

觀察有爲法，非無因有因。彼生滅論者，所見從是滅。

爾時大慧說偈問曰：

云何爲無生？爲是無性耶？爲顧視諸緣，有法名無生？

名不應無義，惟爲分別說。

爾時世尊復以偈答：

非無性無生，亦非顧諸緣。非有性而名，名亦非無義。

一切諸外道、聲聞及緣覺、七住非境界，是名無生相。

遠離諸因緣，亦離一切事，唯有微心住，想所想俱離，其身隨轉變，我說是無生。
無外性無性，亦無心攝受，斷除一切見，我說是無生。
如是無自性，空等應分別，非空故說空，無生故說空。
因緣數和合，則有生有滅，離諸因緣數，無別有生滅。
捨離因緣數，更無有異性，若言一異者，是外道妄想。
有無性不生，非有亦非無；除其數轉變，是悉不可得。
但有諸俗數，展轉爲鉤鎖；離彼因緣鎖，生義不可得。
生無性不起，離諸外道過；但說緣鉤鎖，凡愚不能了。
若離緣鉤鎖，別有生性者，是則無因論，破壞鉤鎖義。
如燈顯衆像，鉤鎖現若然，是則離鉤鎖，別更有諸性；
無性無有生，如虛空自性；若離於鉤鎖，慧無所分別。
復有餘無生，賢聖所得法；彼生無生者，是則無生忍。
若使諸世間，觀察鉤鎖者，一切離鉤鎖，從是得三昧。
癡愛諸業等，是則內鉤鎖；鑽燧泥團輪、種子等名外，若使有他性，而從因緣生，彼非鉤鎖義，是則不成就。
若生無自性，彼爲誰鉤鎖？展轉相生故，當知因緣義。
堅濕煖動法，凡愚生妄想，離數無異法，是則說無性。
如醫療衆病，無有若干論，以病差別故，爲設種種治；
我爲彼衆生，破壞諸煩惱，知其根優劣，爲彼說度門。
非煩惱根異，而有種種法，唯說一乘法，是則爲大乘。

疏：《爾時大慧菩薩以偈問佛曰：

究竟是爲了什麼緣故，以及爲了什麼原因，

那些外道是因什麼緣故而產生無因之論？

又是在什麼處和合衆緣而作無因之論？

爾時世尊復以偈答曰：

他們是在觀察有爲法都會壞滅之處，建立自己的法界因的理論；

他們又因爲看見了萬法必定非無因，所以建立了錯誤的法界因理論；

爲破那些生滅論者，所以他們建立了虛妄的常住不壞的法界因的理論；

他們建立如是理論，是因爲看見別人所見一切法到某一因就必定斷滅，所以他們建立了種種的無因論。

爾時大慧菩薩又說偈問曰：

是因爲什麼道理而說是無生？
是因爲沒有眞實不壞之自體性的無常，所以才是無生嗎？
或是因爲觀察種種法皆是藉緣而起，
其中有一不壞之法，所以名爲無生？
那些無生之名辭不應該是沒有眞實意義的，
惟願世尊爲我等諸人加以分別及演說。

爾時世尊復以偈答覆大慧菩薩曰：

不是以沒有眞實不壞之自體性的緣起無常而說爲無生，
也不是因爲看到一切法皆是待緣而有，所以說爲無生；
也不是因爲有一個不壞的「世間有」而名爲無生，
這些無生之名相也不是沒有眞實義。

爲數衆多的一切外道，以及那些未迴心大乘的聲聞羅漢與緣覺，
乃至大乘別教證悟不久之第七住位菩薩，都無法了知這個無生的境界，
這就是我所說的無生的法相。
有一個法體，祂是遠離種種外道所說的因與緣的，
這個法體並且也是遠離一切事相法的，
那就是只有一個很微細的心安住而不動，
遠離能覺知與所覺知的境界，而不住在能生與所覺的境中，
如是證悟以後，身心便隨之轉變，這就是我所說的無生。
祂沒有自心以外的種種法的自性，也沒有衆生所知心的自性，
也沒有像覺知心一樣的生起覺知來攝受六塵萬法；
這樣，依這個「無心相心」而斷除了一切不正確的見解，
我說這就是大乘法中的無生。
如是所說蘊處界等一切法都無自體性的義理，
以及有關於空的種種義理，應該加以分別了知，

不是因爲斷滅後的空無而說爲空性，
是因爲本來無生所以才說是空性。
若是由一因與數緣和合而出生與存在的法，
那就一定會有出生與消滅現象；
不須種種因與緣的和合便能獨自存在的法，
是不會另外再有生滅的現象來使祂生起與壞滅的。
如果捨離了所說的一因與衆緣的和合，
就不可能再有離開因緣和合而有的其他自性了；
如果是在離『因、緣』法的事實中，來說一與異的話，
那都是外道們的虛妄之想啊！
若言世間萬法爲有，或言斷滅後爲無，此有無之法其實不曾出生與存在，
如果他們有人說世間萬法都是非有亦非無的話，
本質上，除了在他們所說的種種緣上面有互相不同的地方以外，
所說的非有亦非無的某一常住不壞的法，都是子虛烏有的。

他們所說的法界因，都只是世俗言說上的種種法，
他們所說的無生的法，其實都是輾轉成爲繫縛他們的鉤鎖；
如果離開了外道的因緣法的鉤鎖來探究眞義的話，
則輪迴生死而不斷受生的理論就不存在了。
我所說的無生的法，是說這個法自己永遠不會有出生的現象，
這樣的深妙正法，遠離了那些外道所說法界因的所有種種過失；
我如果不說這個道理，而只說『衆緣是衆生輪迴的鉤鎖』的話，
凡夫與二乘愚人就不能了知我所說的深妙法了。
但是，如果離開能使衆生輪迴的緣鉤鎖，
而說另外有能令衆生輪迴的生因，那也是無因論，那就會違背事實，
使得事相所見的能使衆生輪迴的緣鉤鎖的正理也被破壞了。
猶如燈點亮了以後能顯現出種種色像一樣，
緣鉤鎖能顯現令衆生輪迴的現象，也是一樣的道理，
那就應該離開緣鉤鎖本身時，另外還有能令衆生輪迴的法性存在啊！

如果說法界因是沒有自體性的話，那這個法界因就應該不會出生眾法，
這個法界因就應該如同虛空自性一樣冥頑不靈而不能出生種種的法了；
如果不能出生種種的法，那就沒有緣鉤鎖可說了，
那就應該也沒有覺知心與貪染心，也就不能對實相智慧作種種的分別了。
除了外道如此所說的錯誤法義以外，其實還另外有不同於外道的無生法，
這就是大乘佛教的賢聖們所證得的法；
他們所證得的是：眾法不斷出生時，另有一個本來無生的法同時存在，
這就是大乘法中的無生忍。
假使世界上所有的修行人，都能像這樣來觀察眾生的緣鉤鎖的話，
那他們所有的人都可以遠離輪迴生死的緣鉤鎖而證得解脫，
他們就都可以從這個法門中證得「不可思議的解脫三昧」。
眾生心中所含藏的無明、渴愛、及諸業種，這些都是內在的緣鉤鎖；
鑽燧取火、聚泥而以木輪造瓶、
植物種子及世間一切法，名爲外在的緣鉤鎖；

如果說，另外有別的法性，是從那些外道所說的因與緣而出生的話，
他們所說的鉤鎖的義理，那就不可能成就了。
如果出生一切法的根本因的法性是無自性的話，
那這個根本因究竟是哪些法的鉤鎖呢？
由於世間一切法都是輾轉相生的緣故，
所以佛弟子們應該了知因與緣的正確道理。
依堅溼煖動等四大元素作爲法界因的說法，
其實是凡夫與二乘法中未證得解脫果的愚人所產生的妄想；
因爲這種想法並未超脫世間緣起的種種有數之法，
根本就沒有一個不壞的法可得，都是沒有自體性的虛妄施設罷了。
譬如醫師爲衆生醫療種種的病苦，其實都不外於同一個理論：治病；
但因病苦有許多種差別不同之故，所以施設種種不同的治療方法。
我爲了要使那些衆生們，破壞掉種種的煩惱，
所以我分別了知他們的根器優劣差別，

而爲他們分別宣說種種不同的得度法門。

然而實際上並不是因爲煩惱的不同和他們的根性有所不同，

因此也沒有種種不同的修行法門；

我所說的所有修行成佛的法門，其實只說唯一佛乘的法，

這就是大乘的修行法門。》

解：**「爾時大慧以偈問曰：云何何所因？彼以何故生？於何處和合，而作無因論？」**凡我大乘佛教中之一切修行者，特別是弘揚大乘法之弘法者，都應當了知種種外道所宣示之法界因，究竟是眞是假？若認定爲眞，則應了知其理是否與三乘經典所說相符？若認定是假，則應了知其虛僞之所在，方能爲衆生宣示，方能令衆生悉皆了知其假而得遠離邪見。是故，大乘法之弘法人，應當探究外道所建立之法界因，以何原因及何外緣之故而墮於非因計因之過失中？而成爲無因論本質之心外求法者。亦應了知外道輩諸人，究竟在什麼情況下而成就「唯緣無因便能生萬法」之無因論？爲此緣故，大慧菩薩乃爲當時及後世衆生，向世尊提出如是問疑。

「爾時世尊復以偈答：觀察有爲法，非無因有因。彼生滅論者，所見從是滅。」對於諸多外道墮在無因論法中之緣由等，世尊以偈而爲大慧開示。

「觀察有爲法」，此句係答覆大慧所問：「於何處和合而生無因論外道？」有諸外道，乃因觀察世間一切法，皆屬有爲法—皆是假藉種種緣而和合成功者；既是衆緣假合而有之法，則爲本無今有之緣起法；本無今有之緣起法，則是有生之法；若是有生之法，則將來必定壞滅；若是必定壞滅之法，則應不能具有能生諸法之體性。如是現觀所生之法已，隨後又觀察能生此一所生法之衆緣法，發現此諸衆緣等法，亦非屬於不生不滅之法；若衆緣皆非是不生不滅之法，則此等衆緣亦是待緣而有，則亦非不生不滅之法；若非不生不滅之法，則不可能是法界一切法之根本因。若無根本因，則衆緣所成之法，不應能成各種種類：應當人類忽然無因出生鬼怪狐猴…等生物，而不應是十月滿足方能出生人類。唯由衆緣所成而不須其因之故。

然現見人類之所生育者，唯是人類；亦須由往世之業因、藏識因，亦須依其父母、四大、世間、時間等緣因方得出生，絕非「無因獨緣、無因缺緣」而能忽生子嗣者，亦無「具因具緣」而生育猿猴狐狗異類之事，是故必定有其根本因及種種緣因存在。既然必須有其根本因與業因…等，探之究之，則知必有往世所造異業，是故有諸眾生種類差別；眾生則隨於心性差別及往世業種之差別，各自受生於三界六道之種種眾生之中。由是推究其理，最後則知必有持種受生之心，能持眾生所造一切業種，而令果報成就。業種如是，熏習亦復如是，不另別述。

然彼外道，由無福德値遇善知識故，由自身無慧之故，遂作不如理作意之推求與論斷，依於不實觀察而起虛妄想，依其妄想而施設某法爲法界之根本因；然因彼外道對於根本因之觀察不實，唯能在有爲法上而作觀察，不能依有爲法而觀察到一切有爲法所從來之根本因，是故以推斷之理而言某法爲眾生所觸萬法之根本因；如是過失，即是 世尊所言之「觀察有爲法」句義所在也。謂外道唯能觀察至有爲法而止，不能探究至有爲法之根本因所在也。

「非無因有因」—，此句答大慧所問「云何生諸無因論外道」也。彼諸外道緣於觀察有爲法皆必壞滅之故，起心探究有爲法之根本因；外道輩之所以會作如是推論而起觀察者，乃因現實世界中絕無「無因忽生萬法」之事；謂現實世界中，一切法皆有其因其緣配合，然後漸漸出生、漸漸變異，終至壞空，絕非「無因獨緣」而生萬法，亦非「無因缺緣、有因缺緣」能生萬法。衆緣之多寡、之具足與否，彼諸外道依世間慧，多能觀察，過失尚小；然於根本因之所在，則皆不能觀察，故於不如實觀察之處，心中作種種妄想；由此妄想之故，遂建立自己獨有之法界因理論，以別於其餘外道。彼諸外道輩，皆因萬法事相上之觀察與推理，了知萬法之所以漸次出現而不紊亂，了知衆生之所以受報井然而不紊亂，了知……等等，故知萬法之現行，絕非無因唯緣，是故各各建立根本因，作爲衆生法界萬法之本體，是名本體論。

如是本體論，一切外道之初始觀察而建立此論時，本無過失，然於推論根本因及建立根本因之階段，則有無量過失；皆因墮在觀察有爲法，而不能觀察無爲法及無爲法之根源所在，隨於錯誤之觀察故，未曾親證法界因之所在，未曾親自觸證法界因，純依臆想推論而建立彼等錯誤之法界因理論。由如是故，佛說彼諸外道亦知萬法之生住異滅「非無因有因」，由如是「非無因有因」之故，彼諸外道因於不實觀察而建立不如實之法界因；然而彼等所建立之法界因，絕非眞正之法界因，絕非親身觸證眞正之法界因，故彼等外道實未證得法界因，墮於唯名無實之境地，故名無因論者。

「彼生滅論者，所見從是滅」，此二句答大慧所問「何所因」及「彼以何故生」也。「何所因」而有生滅論者？彼諸斷見外道緣於現觀世間萬法皆必歸於斷滅故，建立斷滅見之無因論。彼諸外道細觀世間萬法，觀之至再，歸結於衆生之十八法界，了知萬法皆由衆生之十八法界而輾轉出生，不能外於十八法界；然而十八界等法，觀之至再，亦復不離始終必壞之理。由是觀察故，彼諸外道認爲：「滅盡十八界法之後，無一切法可以獨存；如是一切法空，即是無餘涅槃。」此即 世尊所訶「以見一切法壞，爲涅槃」之外道也。密宗應成派中觀師之達賴喇嘛與印順法師、昭慧、傳道…等人，皆不出此類，故名無因論者。達賴雖別行建立意識極細心，印順雖別行建立「不可知、不可證之意識細心」，然此等建立皆非正確，皆非眞實之法界根本因，故彼等如是建立，仍非是實證法界因；是故彼等師徒一切人，若不肯改易如是邪見者，則彼等悉皆屬於無因論者。

觀察達賴與印順等人之言說法義與作爲，吾人可以作如是論斷：彼二人及諸徒衆，爲破斥所有生滅論者所主張之斷滅論，是故建立虛妄不實之「常住不壞之法界因」等理論：「三世因果由不可知、不可證之意識細心聯結而成就。」假藉此一建立而欲擺脫斷見，依此建立而自認爲可以不墮斷見中，遂以此理論轉而破斥斷滅論之外道，以此而令佛教四衆弟子誤以爲彼等非是斷見外道。彼等諸人建立如是理論，實因現見一切法至某一因（譬如無明）則必定斷滅，故作如是建立——以不可知不可證之意識細心作爲萬法之根本因——由此緣故而墮於無因論中。不可知、不可證之細意識唯是想像之法故，非是親證法界根本因故。

若達賴與印順等人所說之細意識是法界之根本因者，則印順師徒與達賴師徒皆須親證之，方得名爲已證得根本因者；若實未證，抑或不可知不可證，則是虛妄想之法也；虛妄想之法者，絕不可謂爲佛法也；佛法必是眞實可證之法故，佛所說之法界根本因乃是如來藏故，如來藏乃是可證之法故，今時我正覺同修會仍有多人親證之故；如來藏之爲法界根本因者，亦是證悟如來藏後可以親自現觀而證實者，非是想像之法也！是故，達賴與印順等人雖已破斥斷見外道所墮之無因論，然自身實亦未能離如是無因論，同墮斷滅見之本質中，想像十八界法滅盡後尚有意識極細心存在而不滅；或如印順之想像十八界法悉滅盡後之滅相爲不滅者，而以意識觀念中之「滅相不滅」爲主旨，以此作爲不墮斷滅見之施設建立，本質乃是想像之中觀、想像之佛法、想像之涅槃也。

斷見外道之所說，固然由達賴與印順等人之所破斥，令斷見外道無因論之所見，從是而滅；然我　世尊破斥外道斷見無因論者，實以十八界法所不攝之如來藏而破外道斷見之無因論，與達賴及印順、昭慧、傳道等人所說迥異。今者達賴與印順等人所墮之無因論、之想像佛法，亦因平實如是舉證佛法正理，令彼等之所見，從是而滅。是名　佛說「彼生滅論者，所見從是滅。」達賴與印順師徒等人之所見，不離斷見外道之無因論故，唯是以諸佛法名相及觀念加以包裝，並以佛教法師身分而區隔之爾。

爾時大慧說偈問曰：「云何爲無生？爲是無性耶？爲顧視諸緣，有法名無

生？名不應無義，惟爲分別說。」

無生之眞實道理究竟如何？是因萬法皆無眞實不壞之自體性而顯現了無常性，是故說爲無生？或因顧視萬法依衆緣而現起之中，必有某一法恆存不滅不斷之緣故，而說爲無生？無生之名辭既然存在世間而爲人所言、所聞、所思、所弘傳，不應是無義語。由上述種種緣故，大慧菩薩請求 世尊爲四衆弟子詳加分別及演說，以此利益四衆弟子。

爾時世尊復以偈答：「非無性無生，亦非顧諸緣。非有性而名，名亦非無義。」

佛所宣說之無生法義，絕非基於「萬法皆無眞實不壞自體，皆屬無常性」而說爲無生，亦非顧視「萬法皆待緣而有，無自體性」故說爲無生。若因顧視諸法皆是依緣而起，故說無生者，則無生即同斷滅見，必墮印順、昭慧、傳道等人所言之「滅相不滅故名無生」之窘境中故。如前經文 佛所訶斥之兔無角法：若是相待於諸法之緣起緣滅、無有實體恆存，而說爲無生者，則違三界現象界中確有諸法現前之事實，有法生住變異然後方滅故，非是眞實無生故；亦墮斷滅見中，滅已即成無法故，無法即是斷滅故，「滅相不滅」之觀念亦將隨意識之入胎永斷而不復存在故，此觀念隨於此世意識永斷後，既無七八識能入胎復生來世意識，則此世意識與「滅相不滅之見解」已成爲永遠斷滅之法故。是故 佛從來不因爲顧視諸緣之無性而說無生之法，乃是親證自心如來之無始恆在、從來無生、從來無滅，而說無生之法也。

亦非觀察某一「世間有」之常住不壞而名爲無生，所以者何？謂世間有者，無有一法性如金剛而可說爲不壞者。世間有者，謂蘊處界，及蘊處界所生一切法，皆名世間有。世俗常人所執著之世間有，即是受諸苦樂之覺知心，常不欲令覺知心永滅；修行人則執著無念離念時之覺知心作爲常住不滅之法，作爲萬法之根源，以此緣故而執著之，欲令其覺知心常住永存而離種種世間苦，欲令此無念之覺知心常存而住於涅槃之中，此即是法鼓山、農禪寺聖嚴法師之禪觀也；另有一種修行人，則於此離念覺知心之上，復加處處作主之意根體性，欲保持離念而處處作主，誤以爲覺知心永遠離念而能處處作主，便是禪宗之究竟徹悟，誤以爲將來可以此心入無餘涅槃之境界中，此即是中台山、萬里靈泉寺惟覺法師之禪觀、之解脫道也。

凡此皆名「外道五現見涅槃」之邪見，《楞嚴經》中早已具說分明，今猶可稽也；於第三轉法輪諸經中，佛說此爲依他起性及遍計執性之意識與意根也。如是二師所言之離念靈知心，乃是意識心；所言處處作主之心性，乃是意根末那識；如是二心，皆是十八界法所攝之世間有，皆是名色之「名」所含攝、皆是五蘊之識蘊所含攝之世間有也。然而如是世間有，皆是可壞者；不論有念抑或離念之覺知心，夜夜眠熟時必滅；饒爾保持覺醒而夜夜不眠，忽然當頭一棒而致昏迷，離念靈知心亦必斷滅不現。縱能覺醒不昧而維持至捨壽時，保持離念靈知永不斷滅，及至中陰身入胎後亦必永滅，盡未來際不能令此世之離念靈知心再現；來世再現離念靈知心時，已是依來世五根爲緣而現起之另一全新靈知心也，已非此世之離念靈知心也。

若入無想定及滅盡定中，離念靈知心亦必斷滅；能滅能斷之法，焉得說爲常住不壞之法？故說離念靈知心乃是世間有也。又其體性，乃是意識，第三轉法輪諸經中說之甚詳；余諸書中亦多所舉證，此處且置不論。

處處作主之心乃是意根，乃至眠熟無夢時亦保持其恆審思量之體性故，雖於眠熟等五位中常住不斷，無始劫來不曾暫斷，輾轉而至此世，然不能憶念一切法，不能如實了知一切法；雖是常住不斷者，然而 佛說此識亦依自心如來為俱有依，方得現起，非能獨自恆存；又說定性聲聞入無餘涅槃時，亦須令此處處作主之意根自我滅除而不復現，方是無餘涅槃也；既是可滅者，又是須依自心如來方得存在之法，則顯然非是常住之實相心也；是故第三轉法輪諸經中，佛說之為末那識意根，十八界法所攝，亦是世間有。

離念靈知及處處作主等二心，既是意識意根等世間有，焉得入無餘涅槃？必須非是世間有，亦是眾生盡未來際常住而不暫斷之法，亦是定性聲聞入無餘涅槃時仍不滅除之法，方屬於「非世間有」也；窮究如是非世間有，則唯有佛所言之實相心第八識—自心如來—方屬於非世間有也； 佛出現於世者，則是為向眾生開示如是 佛之知見，而欲令眾生悟入如是 佛之知見也，此乃諸佛示現於人間之唯一大事因緣也，《法華經》現在，聖嚴、惟覺二人云何未之知耶？乃竟以離念靈知心意識，及處處作主之末那識等「世間有」作為實相心眞如，匪唯不應正理，亦非正統佛法，乃是常見外道法也！俱墮世間有故。

常見外道及聖嚴、惟覺二師，捨壽時必將發覺：離念靈知心不能獨存，必定因五根之毀壞而斷滅，屆時方知離念靈知心必須藉五根爲緣方能存在。彼時不欲令覺知心及作主心消失故，不得不又入胎受生：俟來世之五根生長圓滿時再顯現來世全新之另一覺知心。

若不欲藉五色根而保有離念覺知心者，唯有一法：親證四空定之定境，捨壽生於無色界中；除此以外，必須藉五勝義根方能維持離念覺知心之存在。然而聖嚴與惟覺二師，莫道四空定，乃至淺如初禪定境，皆猶未證，何能生於四空天耶？何能離五色根而保有離念靈知心耶？是故彼二師將來捨壽後，必須再度依業、及依如是執著覺知心之無明而入母胎，非如證悟者之能正知入胎也！若有抵制正法、誹謗大乘在家出家勝義僧之情事者，則不經中陰階段而逕入地獄，何況能正知入胎？

即使彼二人後來閉關專修四空定而親證之，捨壽生往四空天已，依舊是意識覺知心與意根也，依舊是世間有也，與三乘菩提之修證無關也，依舊是未斷我見之凡夫也！是故衆生之所以不能破除一念無明，之所以不能斷除我見者，皆因墮於世間有故，皆因不能確實了知世間有之眞義所致。今者平實造諸書籍，宣說世間有之體性與正理，無非欲令佛門四衆弟子皆離世間有之執著；然而聖嚴、惟覺、星雲、證嚴、昭慧、傳道等人，至今仍然不肯改易原有邪見，至今不肯捨棄世間有之執著，仍繼續教令徒衆執著如是世間有，而彼等廣大徒衆至今仍繼續迷信，不改初衷，令人浩嘆！故謂末法！

然而此諸無生之名相，雖唯名相聲相，雖非即是無生本體，仍亦非不顯示無生之眞實義。體以名顯故，若不以如是名而說諸法，則衆生何能了知言說所說義而隨之親證耶？是故 佛說名亦非無義，名能顯義而令人隨之親證故。

「一切諸外道、聲聞及緣覺、七住非境界，是名無生相」：無生者，乃是本來無生，非是將有生之法滅已令不復生，言爲無生。印順、昭慧、傳道法師等人不解此理，常教人滅卻種種有生之法，以爲滅卻有生之法已，不復有法出生，以如是空無作爲無生之眞義，悉屬誤解佛法者也。

無生者乃是無始劫來本自存在不滅，是故永遠無生；不可如印順、昭慧、傳道之「將滅止生」也，不可如聖嚴、惟覺、星雲、證嚴等師，將有生之意識心而欲修成本來無生之眞如也，本來無生之眞如乃是本來已存在之心，只須去尋覓本來已在之眞如，不須辛苦打坐而別將有生之意識心修行變成眞如也；若可將意識修行變成眞如者，則變成之後將有二眞如存在，則有大過：後有眞如乃是有生之法故，有生之法將來必定有滅故；從緣而修成「無生之法」，則此「無生之法」，將來亦必因於緣之散壞而復歸滅故。

復次，後來始生之「眞如」是否應與本來已有之眞如合併？若不合併，則有二眞如心同在，違佛所說；若應合併，則二眞如心皆成變異法，可合併之心亦應可以再分割故；如是則陷於進退失據之窘境中，非是融通無礙之佛法也。是故余說達賴與印順、昭慧、傳道師徒所說之般若，乃是禪宗六祖所斥責「將滅止生」之法；聖嚴、惟覺二師所說之開悟般若禪者，則是「錯將有生認作無生」之法，墮於世間有中，皆非眞正之佛法也！

如是　佛說無生之理，彼等爲數衆多之一切外道，悉不能證知，皆墮斷見與常見之中而不能捨離故，皆不能證知自心如來本來無生之理故，皆因不能如實了知世間有之內涵故。乃至不迴心大乘之聲聞羅漢與緣覺，亦復不知如是正理；二乘無學聖人乃是以滅卻十八界等世間有，作爲解脫果之修證故；定性二乘無學聖人不曾證知自心如來故，雖聞 佛說無餘涅槃中有本際不滅故非斷滅，然未能證知此本際故。乃至大乘別教證悟不久之第七住位菩薩，雖已發起般若慧之總相智，亦復未能了知如是無生正理，要待後時之思惟整理而入八住九住等位，發起般若慧之別相智以後方知。如是本來無生之法義，方是 世尊所言之無生眞義也。如是而說無生之法相，方是符合 佛說之無生法相者也。

「**遠離諸因緣，亦離一切事，唯有微心住，想所想俱離，其身隨轉變，我說是無生**」：無生之法，本依從來無生之自心如來體性而施設其名；自心如來從無始劫以來，本即不從因與緣之和合而有，本自獨立存在而出生意根與離念靈知心等十八界法。如是法體，雖因衆生所造業種與種種無明，而爲意根及業力所牽，入住母胎受生人間，然於人間萬法雖是隨緣任運而應者，卻一向遠離六塵中之一切事相法，永遠如是安住常住而不變異。此心之知覺性行相極爲微細，唯了知衆生七識心行，而不了知六塵，不受六塵中之一切苦樂，不現起三界六塵中之見聞覺知，故其了知之心行極爲微細，是故 佛說：「唯有極微細之心安住不動，遠離能覺與所覺境界。」

若能覺知六塵而了了分明，則有能覺與所覺，覺知心中縱使故意不作能覺所覺之想，其實仍然不離能覺與所覺，必知五塵境與定境中之法塵故；如是，自心如來不了知外境五塵等法，亦不住於五塵所顯之法塵中，亦不了知自己所生之內相分六塵萬法，亦不墮於覺知心所覺知之境界中，若有人如是證悟者，悟後身心隨之轉變，漸次遠離外道見與無明，漸次發起聖性與種智，乃至發起菩薩第四五地之意生身等；凡此種種身心轉變之境界，皆是佛所宣示之無生——自心眞如本來無生。

「無外性無性，亦無心攝受，斷除一切見，我說是無生」：本來無生之自心如來，無始以來，不曾剎那現起同於七轉識之心行，從來皆是現起第八識自心體性之心行而隨緣任運。未悟之人聞悟者說自心如來無七識心之體性，復說離見聞知覺性，聞此說已，往往便誤認爲自心如來是無法，是空無；猶如印順、昭慧、傳道師徒等人，墮於「萬法緣起性空而無實法、性空唯名」，以此邪見作為般若之智慧。凡夫甫聞智者所說無有七轉識之體性已，便誤作自心眞如是無法，與印順、昭慧、傳道師徒所墮無二。然自心如來固然無七識心之體性，卻絕非無有自體性，卻有不墮三界六塵相之心性不斷運作，無始劫來隨時隨地不斷運行而不曾刹那暫斷；如是 佛說乃是事實，今時我會中諸多明心者皆得現前觀察證實無訛；是故 佛說此心雖然「無自心以外之法性」，然非是「無性」之無法也，故說無有「外性」，亦無「無性」—無「外性無性」。

如是自心如來之心行，絕非衆生所知之覺知心與作主心之自性，非如覺知心與意根之生起覺知而攝受六塵萬法，或如衆生所知之由意根作主而捨棄厭惡之六塵法；從來無有如是心行。親證如是正理者，則能斷除一切外道邪見，則能斷除聖嚴法師與惟覺法師等一切常見，亦能斷除印順、星雲、證嚴、昭慧、傳道…等人所墮之一切斷見與常見妄想。如是，依此《般若經》所說「無心相心」之自心如來，而斷除一切不正確之見解，是故 世尊宣示言：我說這就是大乘法中的無生。

「如是無自性，空等應分別，非空故說空，無生故說空」：如是所說五蘊、十二處、十八界等一切法都無自體性之眞實義，與諸經所說「空」之種種眞實義，凡我佛門大師與學人，皆應詳審思惟、分別了知。

今時海峽兩岸之佛法，唯是表相興盛，推究其內涵，則充斥外道之常見與斷見邪說；若人欲離外道邪見邪解者，應當詳細思惟「無自性空、無常空、空相、空性」等義。若能詳審思惟了知者，則不墮世間有之中；不墮世間有者，則知證悟般若之知見，則參禪時便能不墮常見外道見中，亦能遠離印順、昭慧、傳道等人所墮之斷滅見；輔以了知空性如來藏之體性，以及修足證悟所須之福德資糧，則欲求證悟自心如來而發起般若慧，便有希望。凡此了知世間有之無自性空，即是大乘唯識五位之四加行也（非是西藏密宗自行發明之四加行也）。

法鼓山與中台山墮於常見外道之知見中，其故乃因不解世間有之內涵，復又不解十八界法之內涵所致；若人能如實了知世間有，則能了知十八界法之一一界皆是世間有。今者聖嚴與惟覺二大師，不知十八界法中之意識界體性，錯認意識界之修行離念時即可轉變成眞如法界；惟覺錯認意根爲眞如心，於離念靈知上復加意根之遍計執性，墮於意識界與意根界二法中，亦是因於不能如實了知意根界與意識界，是故墮於十八界法等世間有之中。既認定意識界與意根界爲常住不壞法，則不復能再起心探究眞實心之所在矣！

是故，一切大師與學人，悉當以此爲鑑：欲求證悟般若之前，當先行了知十八界法之一一體性；若得如實了知，從此求悟，不墮諸法空相之中。諸法空相者，謂蘊處界及其所生萬法，皆是藉緣方能現起，現起之後又復念念變異無常，故名「無常空」；悉皆無有能離諸緣而獨自存在之眞實性，故說之爲「無自性空」。「無自性空」亦名諸法空相，即是因於此等蘊處界諸法悉屬緣起無常之體性，雖然藉緣而暫有法性出現，終將變異歸於壞空，故說此等無常變異之法，其相不實，名爲「空相」。

空性者，非如印順、昭慧、傳道師徒等人所謂之緣起性空也，乃謂自心眞如之無形無色而有能生萬有之功德力用，名爲空性，亦名空、識、眞相識、如來、我、如來藏、無住心、非心心、所知依、阿賴耶、異熟識、實際、本際、自性彌陀、自心如來……等無量名。印順、昭慧、傳道等人所言緣起性空者，乃謂諸法空相，乃謂蘊處界及其所衍生之萬法悉是藉緣而起者，是故其性空幻不實，故名性空；「名」之識蘊與受想行蘊，更是唯名無實，是故印順等人依此而解般若系列諸經，說般若系諸經所說般若爲「性空唯名」，謂爲唯是「名」之法相，並無實質，故判「般若學即是性空唯名」。此乃誤會般若系諸經之以空性心——第八識自心如來——而說蘊處界等萬法皆空之理，故其所說般若即成戲論，非是實體法故，未曾了知般若諸經之中心思想主體故，不知般若智慧乃依自心如來之體性而建立其名故。由此緣故，一切欲求證悟般若之大師與學人，悉應先行了知「無常空、無自性空、緣起性空、諸法空相、空性」等正理，亦應了知十八界法等世間有之義理，然後方知學佛之要略也。

由是正理，可知 世尊實非因於蘊等無常變異之緣起空相，而說之爲空性，而說之爲無生；非如印順師徒等人以「斷滅後之空無」而說爲空性、而說爲無生也。實是因於自心如來之從無始以來本即無生，故亦將盡未來際而不滅，所以說爲空性；由此從未刹那暫斷之自心如來本來不生之體性，而說無生之義，非是將滅止生之空無而可說爲無生也；非是滅卻蘊處界等萬法後之空無，而可說爲無生也；非是夜夜有斷之意識離念靈知心，而可說爲無生之法也；非是依自心如來方得現行而可以滅除之意根，可以說爲無生也。由是正理，佛說：「如是無自性、空等應分別；非空故說空，無生故說空。」佛意於此可知也。

「因緣數和合，則有生有滅，離諸因緣數，無別有生滅」：舉凡今時佛門諸大山頭諸大法師等人同一所「悟」了了分明之離念靈知心，其心性與第三轉法輪諸經所說之意識完全相同，無有絲毫差異，同是與別境五種心所法相應者，亦同是與煩惱等心所法相應者，亦是與定相應者，本質實是意識心也。然而意識乃是因緣諸數和合而有者，皆是有生有滅之法也。

此等諸人所「悟」離念而了了分明之靈知心，若離自心如來之因，即不能現行也，而彼等大法師悉不能現前觀察而了知也：若離自心如來藉緣所生之五根，離念靈知心亦不能現行也；若離自心如來藉外五塵所現之內相分六塵，則離念靈知心亦不能現行也；非唯如是數緣，隨其六識之異，其現行時所必須依賴之緣法，亦有增減之差別相。六識各自俱有依之數緣，若缺其一，則彼識即不能現行；離念狀態之意識亦復如是，俱有依之數緣中，若缺其一，則不能現行，由是故說離念靈知心乃是「因緣數和合」而有之法也；離念靈知既是因緣和合所成之法，則是有生之法；有生之法現行已，亦必有滅；有生有滅之離念靈知心，當知絕非實相法也。是故唯有第八識自心如來本來無生，後永無滅，方得謂爲眞實無生之法也。

緣起性空之法，不離因緣衆數；若唯因緣衆數，則無緣起性空之法。一切生滅法，皆須依於不生不滅法，方能有生滅等法之現象現行而後滅失也，故說緣起性空之法必須依附於因緣生滅衆數方有。印順、昭慧、傳道師徒等人不知此事實，妄以生滅法之妄想而說般若爲「性空唯名」，妄說「滅相不滅爲眞如、爲涅槃」，去道遠矣！

當知：緣起性空之觀念與現象，皆依蘊處界等緣起法方得有之；若離蘊處界等緣起法，即無緣起性空之現象與觀念，即無緣起性空法也。然蘊處界等法乃是假藉自心如來爲因，復藉父母、四大、業種、無明種等緣之具足，方得現起，是知「緣起性空」一法，乃是依緣起法之蘊處界等法而有，乃是緣起法中之再緣起者，則是性空法中之再性空者，純是蘊處界等緣起法之現象與觀念爾。蘊處界若壞滅時，意識心中所存在之緣起性空意象亦隨之煙消雲散，不復存在，純是虛相法，其中無有一法得能出離三界而獨存，乃是斷滅空，絕非是實相法也。印順、昭慧、傳道等人渾不知此，猶執「緣起性空、滅相不滅」爲般若中觀見，猶執「性空唯名」之虛相法，作爲般若中觀見之實相法，與般若實相中觀正理，根本南轅北轍，猶風馬牛之不相及也！

緣起性空之觀念與現象，既是由「一因與數緣」和合而出生，而暫時存在，則此緣起性空之法已分明顯示爲緣起法中之再緣起者，則緣起性空之法非有實體，其性空無斷滅，則知「緣起性空」一法必有出生與消滅之現象，必歸斷滅空。若無不生不滅之自心如來，則此世之蘊處界壞死已，不應復有來世，則成斷滅空；斷滅已，則成無法，無法不能自生來世之蘊處界也，如是坐實斷滅空之墮處。印順、昭慧、傳道墮於此中，而猶不知遠離，可謂愚癡無智也。

彼等若言：「蘊處界滅已非是斷滅，尚有意識細心去至後世受生出胎，故非斷滅。」則違 佛說與現象界之事實：謂 佛說「一切粗細意識皆意法爲緣生」故，亦謂「唯緣無因者不能出生諸法」故，亦謂彼等如是說者必違因果律故，一切粗細意識皆必須依緣而起故。是故，一切人不應信受彼等所言之無因論邪見。一切藉緣而有之法，皆不能離緣而獨自恆存，皆是緣起法，皆非實相法；唯有不須假藉他因他緣之和合，便能獨自存在之法，方無自體生滅之過失；唯有自體不生不滅，方能令蘊處界等法出生與壞滅，方能令眾生之因果得以實現；由是正理，故說唯有從來不生不滅之法，方能令一切緣起法出生與壞滅，方能令印順、昭慧、傳道等人所言之「緣起性空法」依附於藉緣而起之蘊處界法存在。

由自心如來之本具如是「自體恆存、不假外緣而能獨存」之自體性，故是本來無生之法；無生則無滅，無生無滅故說為無生，非是滅後之空無而說為無生也，滅後空無之無生是斷滅法故，能斷能滅之法則非是無生之法故。印順、昭慧、傳道師徒不知此理，妄謂「滅相不滅即是眞如，即是涅槃」，其實滅相乃是依附一因與數緣而有之法也；彼等所言一切法皆是緣起法，然緣起法必依一因與眾緣方得有之；若離一因與眾緣，則無緣起法；緣起法則是生滅法，不離因緣數；是故緣起生滅之法若離因緣諸數，則無生滅緣起之可言也，由是正理，佛如是說：「離諸因緣數，無別有生滅。」

「**捨離因緣數，更無有異性，若言一異者，是外道妄想**」：若人捨離自心如來因，捨離父母、四大、無明種、業種等緣，尚無此世之蘊處界，何能有「緣起性空」之現象與知見？然而印順、昭慧、傳道等人卻離根本因—自心如來—唯憑衆緣而說般若之一異與非一非異等理，完全是心外求法者，故說彼等所說諸法爲外道妄想。

如　佛所言：捨離自心如來之因，捨離衆多助緣，則不可能異於此因緣而能出生一切法；是故一切法皆因藏識因與種種緣而有，離此因緣則無一切法可言。若有修行者，其所說法爲離此因及衆緣而有者，則其人所說一與異、非一與非異等理，悉屬外道不如理作意而起之虛妄想，絕非佛法也。觀乎印順、昭慧、傳道等人所說者，正墮此句　佛偈所破之外道法中。

「**有無性不生，非有亦非無；除其數轉變，是悉不可得**」：若人修學佛法時，於世間有之萬法上著眼，而說世間萬法之有、之無；或言斷滅後空無之「滅相不滅」等法者，皆是誤會自心而生之妄想；如是外於自心如來而說之世間法有、世間法無，唯是妄想言說，如是有無等法，從來不曾出生與存在，如是有無等法皆唯意識心中之妄想，世間本無如是有無等法，一切法皆是自心如來藏所出生之故，一切法即是自心如來藏故。

一切法皆是生滅法，然於大乘賢聖觀之：一切法既皆從自心如來出生顯現，則一切法之生滅皆是於自心如來中生滅，生已滅已，其實皆不離自心如來，而自心如來之體未曾有生有滅，故令一切法於自心如來體上幻生幻滅；如是依無生法忍而觀之，其實一切法本皆不生，故亦無滅。若如心外求法之一切外教中之外道，或佛門中之心外求法之外道，彼等所執世間有之實有，所執世間有之斷滅，乃至佛門外道所言之非有亦非無，實皆墮在緣數之轉變見中而言者，故說非離緣數之轉變而有「有、無、非有、非無」之可言也。

彼諸外教與佛門中之心外求法等外道，所言世間萬法之有、之無、之非有亦非無等理，悉皆依於蘊處界及蘊處界所生諸法而言，從來不曾言及實相自心如來，從來不曾言及第一義之眞實理，蘊處界等法悉屬緣數之法故，非是根本因故。彼等之所說法，唯除依於緣數之多寡而生妄想，以外無別他法：悉是外於自心如來以外之衆緣差異，而說有、無、非有亦非無等理。

如是依於衆緣而言非有亦非無之某一常住不壞法，其實皆是子虛烏有之想像爾，其實未曾證得眞實爲「非有亦非無」之常住不壞法。如是等人所言之有、無、非有亦非無等理，若剝除衆緣數，則無一法可得，皆是自意妄想所得，非是已證根本因之人所說者也。

大乘佛法之修證，唯一佛乘之修證，須經聞思修之過程；及至證悟已，唯是**自心**現量之境界；自心現量者，謂一切有爲法與無爲法皆是自心如來藏所生現、所顯現也。證實如是事實，即是證得**自心**現量者；除**自心**現量之修證外，別無大乘佛法之可修、可證也。

「**但有諸俗數，展轉爲鉤鎖；離彼因緣鎖，生義不可得。**」《大乘入楞伽經》別譯爲：「我說緣鉤鎖，生無故不生；離諸外道過，非凡愚所了。」

世間萬法之出生，皆從因緣鉤鎖而有；若離因緣鉤鎖，則無世間萬法之出生也。彼諸外道所言之解脫、涅槃，乃至彼等所言之法界第一因，皆唯是世間法上所作之臆想，皆不離數法；數者謂須依衆緣之多寡方能令彼法出現及運作。外道所言之**法界因**，或依世俗所認知之覺知心，作爲**法界因**，作爲生死輪迴之主體；或依數論外道而演生二十五冥諦，或依四大極微元素而說爲法界萬法之主體識（如唯物論），或依虛空而想像虛空中有一法爲一切法界之因，或依不如理作意而主張有一極微實體潛藏衆生身中來去極速而造諸業，……凡此種種，皆因不實妄想而墮於世間有之中，於世間衆緣中而作種種妄想；如是諸想，實不能令彼等外道得以解脫三界生死，反而輾轉成爲繫縛彼等輪迴生死之鉤鎖。

一切衆生之所以不斷輪迴三界之中，皆是因於如是不如理作意而出生之因緣鎖所致。彼等不如理作意故，妄想法界因，墮在世俗法之種種緣數中，不能出離生死苦海；唯有親證自心如來者，不墮世俗法之俗數衆緣中，方是親證本來無生之人。一切法皆是有生之法，有生之法皆是從因緣鉤鎖爲緣而出生者；若人能證本來無生之自心如來，覺知心與作主心轉依其本來不生之性，積極消融覺知心我、及作主心我之我見我執，捨壽時願令自己永滅，則未來世永無十八界法之出生，即是無餘涅槃也，是名解脫果之親證者。若如是遠離外道妄想之因緣鉤鎖，則再度受生之義求不可得也。

如今台灣印順、昭慧、傳道法師及四大法師所說之法界因，皆唯是世俗言說法，不涉般若實義；彼等所說無生之理，正是輾轉成爲繫縛彼等墮於名聞、利養、眷屬欲、面子等生死法之鉤鎖根源；若有佛子能自了知如是正理，而離開如是因緣法之鉤鎖，於眞實理加以如實探究者，便知彼等大法師所說無生之理，其實皆屬子虛烏有之妄想。

「生無性不起，離諸外道過；但說緣鉤鎖，凡愚不能了」：佛所說無生之理，則是第八識自心如來從來不具有「本無而今出生之體性」；如是生無性之理體自身，永不現起出生之生。自心如來從來不生故永不滅，自身無有生之體性，方能藉緣出生蘊處界等萬法。由是緣故，佛說「生即不生」，謂一切法之有生，皆屬不生之自心如來所生者；若非不生者，即無能生諸法之功德也。

是故，佛所說之無生，乃是從來不現起出生自體之法性；如是無生之法，遠離外道種種以有生之法說爲無生之過失，亦遠離印順、昭慧、傳道師徒及諸外道所說「將滅止生」之過失，如是實證無生之法體自心如來者，即是親證大乘無生忍之賢聖也；能忍於如是本來無生故，能忍於自我之虛妄故。如是本來無生之妙法，乃謂無生之法，其體本自不生，非是修行而後無生者。如是深妙正法，遠離諸外道所妄言之法界因所有種種過失。佛若不說自心如來本來無生之眞實理，用以解說因緣之鉤鎖，唯純說「世間衆緣爲衆生輪迴之鉤鎖」，則諸凡夫與二乘愚人，即不能了知「有生之緣鉤鎖皆從無生之法界因」而出生之理，則於 佛所宣說之種種深妙法不能了知也。

「**若離緣鉤鎖，別有生性者，是則無因論，破壞鉤鎖義**」：但衆生往往無智，誤會 佛所言之法義，聞 佛所說「依於無生法方有生法」之義理，便墮他邊，妄謂 佛說「唯有無生之自心如來便能有蘊處界等法出生」，便謂 佛說「不須緣鉤鎖，即可令一切法出生輪迴」。如是，彼諸衆人不解 佛所說義，不知 佛說應須法界因與衆緣和合，如是因與緣和合方生諸法。是故，不得離於緣鉤鎖，而主張別有能生萬法之體，緣鉤鎖皆依自心如來而有故；若人違佛誠語而作是說，則知是人不解 佛所說義，不證自心如來，乃是不知法界因即是自心如來者也。

實證法界因自心如來者，必定皆能現觀：自心如來出生蘊處界等萬法之時，皆是假藉緣鉤鎖，方能成就；非離緣鉤鎖而得成就種種有生之性也。是故若有倡言：「只須自心如來，不須假藉緣鉤鎖，便能出生蘊處界等萬法。」當知是人不解　佛所說法，當知是人非是親證自心如來者，非是證知法界眞實體性者，乃是不證法界體性智之人；彼作是言時，其實亦已破壞緣鉤鎖之眞義也。必須緣鉤鎖之業因，方能令蘊處界等萬法現起故。由是緣故，　佛說：「若離緣鉤鎖，別有生性者，是則無因論，破壞鉤鎖義。」

「如燈顯衆像，鉤鎖現若然，是則離鉤鎖，別更有諸性；無性無有生，如虛空自性；若離於鉤鎖，慧無所分別。」此段偈文，於《大乘入楞伽經》中譯作：「如燈能照物，鉤鎖現若然；此則離鉤鎖，別有於諸法。無生則無性，體相如虛空；離鉤鎖求法，愚夫所分別」：

猶如燈火點亮之後，能顯現出種種色像，緣鉤鎖能顯現令衆生輪迴之現象亦復如是；有智之人，依於緣鉤鎖本身觀察其能令衆生輪迴之事實時，則能推知：必定另有能令緣鉤鎖實現而令衆生輪迴之法性存在。若純依緣鉤鎖而觀衆生輪迴之現象，於此緣鉤鎖之眞義能確實了知、能如實現觀如阿羅漢者，則知欲入無餘涅槃時，必須滅除覺知心自我、必須滅除作主心之自我，覺知與作主之心皆是鉤鎖故，皆是輪迴三界之十八界法所攝故。

阿羅漢如是現觀解脫道之修證境界，而作如是思惟觀察已，必定了知無餘涅槃境界非是斷滅空，必定了知無餘涅槃境界中必有一法遺世獨存、炯然自立而不與萬法爲侶，則知必定是由此法執持衆生之業種與無明種；由是緣故，佛說「是則離鉤鎖，別更有諸性」，除鉤鎖之外，更有種種能生萬法之種種體性存在故，此性即是本來無生之自心如來也。

若如印順、昭慧、傳道等人所說，以「滅相」之無法爲**法界因**者，則**法界**因應是不具有自體性之空無，則如是**法界因**絕無可能出生衆法，則如是**法界因**應如虛空自性一般冥頑不靈，成爲頑空而不能出生種種法；若不能出生世間種種法，則無緣鉤鎖之可言；既無緣鉤鎖，則應亦無蘊處界，則應亦無貪染心與覺知心；審如是，則亦無有衆生能對實相智慧與緣鉤鎖作種種分別與辨正也。

由是正理，說一切佛門學人若欲親證法界實相正因之自心如來者，皆不應離世間煩惱而求佛菩提；佛菩提之親證，以自心如來爲體故，欲證自心如來者不得離於緣鉤鎖而求覓故；緣鉤鎖既是從自心如來所出生者，則自心如來必定與緣鉤鎖同時同處故，故說「離世覓菩提，猶如求兔角」，是之謂也。是故，今時有諸愚癡大師，每教四衆弟子消除貪瞋等世間煩惱，每教四衆弟子竟日打坐以求一念不生，以求覺知心之離念而常住不斷，欲令離於緣鉤鎖而求佛法，乃是未知大乘佛法之人也。如是大師，亦是不解二乘菩提者，保持覺知心之不起念而得常住不斷者，絕非二乘佛法解脫道正修行故，此是修行定境故，覺知心即是二乘菩提所應斷之我見之體故，即是大乘佛法所言之緣鉤鎖所攝故。

亦有一種人誤會余法，責余言：「汝言意識虛妄，應捨棄之。然若捨棄意識覺知心，是誰能說法、能寫書、能修行？」然余所言者爲：不應承認意識覺知心爲常住不壞法，而應以意識覺知心起心動念尋覓恆離見聞覺知性之自心如來，未曾教人滅卻意識覺知心也，唯除對於定性二乘之必取無餘涅槃者。復有一種人誤會佛法，主張應將一切法放下而不執著，以爲自心認定萬法皆是緣起性空，無可執著者；以爲如是萬法都不執著時，便是般若中觀境界，而不於緣鉤鎖中求覓自心如來，以證實相；如是，不於緣鉤鎖中求證自心如來，而唯教人斷除世間五欲煩惱之一類說法者，即是離鉤鎖求法，愚夫所分別之愚人也。

「復有餘無生，賢聖所得法；彼生無生者，是則無生忍」：如是種種佛門內外之外道，說如是種種不如理作意之無生法義；然於如是等不實之無生法義以外，別有異於外道之無生法義，亦即佛教大乘別教中諸賢聖所證得之本來無生法義。如是大乘賢聖所證得者，乃是：於衆法不斷現行運作時，別有本來無生之自心如來，同時存在而隨緣任運不輟，如此證得，方是大乘別教法門中之無生忍，能忍於六七識外別有第八識自心如來之本來無生故，非如佛門外道之誤以覺知心或作主心自己常住不壞而安忍之。

「若使諸世間，觀察鉤鎖者，一切離鉤鎖，從是得三昧」：假使三界世間一切修行人，皆能如是確實觀察衆生之緣鉤鎖，則此一切如實觀行之修行人，皆可因此觀行而遠離輪迴生死之緣鉤鎖而親證解脫；由如是觀行之法，即可證得「不可思議之解脫三昧——金剛三昧」。

「癡愛諸業等，是則內鉤鎖；鑽燧泥團輪、種子等名外，若使有他性，而從因緣生，彼非鉤鎖義，是則不成就。」此段經文《大乘入楞伽經》譯作：

「無明與愛業，是則內鉤鎖；心子泥輪等，如是名爲外。若言有他法，而從因緣生；離於鉤鎖義，此則非教理。」

眾生心中所含藏之無明、渴愛、及諸業種，悉屬內在之緣鉤鎖；鑽燧取火，聚泥和水而以木輪旋轉造瓶，植物種子及世間一切法，悉名外在之緣鉤鎖；一切世間法，皆不離如是內外緣鉤鎖；若離如是內外之緣鉤鎖，而從彼等外道所說之因與緣出生種種世間法之法性者，則彼等外道亦違自宗所說，謂彼諸外道亦言世間法之出現而令眾生輪迴者，是從種種內外緣之鉤鎖所致。彼諸外道所說法義，自相矛盾而不能連貫，既說是從內外緣鉤鎖而令眾生輪迴生死，則不應建立與緣鉤鎖無關之如來藏以外之法界因。

譬如佛門外道印順法師，建立「不可知、不可證之意識細心」作爲法界因，以此法界因作爲眾生造業而輪迴生死之持種者；既如是建立已，則應此意識細心即是無餘涅槃之本際；然印順法師卻又不以如是意識細心作爲無餘涅槃之實際，卻於如是建立之後，別以蘊處界等十八界法滅失後之「滅相不滅」作爲無餘涅槃之實際。如是則有大過：一者滅相是無法、是空無故，則令無餘涅槃成斷滅法；二者，意識細心既然可以通貫三世而不壞滅，則應是永遠不滅之法，永遠不滅之法則應是無餘涅槃之實際，然印順如是建立「滅相不滅爲涅槃實際」已，此意識細心究竟是滅除了？抑或繼續存在？印順、昭慧、傳道等人，對此卻都無交待。

若是已滅除者，則應交待：「諸法滅盡後，不可知、不可證之意識細心亦隨之而滅，是名涅槃。」若已滅除者，則無餘涅槃即成斷滅見；若不滅除者，則不可知、不可證之意識細心之建立，顯然無義，與涅槃脫節而無關故，以滅相爲涅槃之實際故，唯是爲免死亡時意識斷滅而墮於斷見，故作如是建立爾；若是建立之法，顯非事實眞相，與實相無關。是故不論主張入涅槃時滅不滅此意識細心，皆是進退兩難之局，理不得成。

復次，若言入涅槃時應滅卻意識細心，則印順不應言此意識細心爲「不可知、不可證」者；何以故？既然不可知亦不可證，則尚不知彼心在何處，云何能滅之？若言：「意識細心是可知可證者，故入涅槃時能滅之。」則印順及諸徒衆皆應親證此不可知不可證之細意識，其餘一切西藏密宗黃教之法王上師等人，亦應悉皆親證此意識細心，方可說之爲可知可證者。審如是，則印順及其徒衆等人應改正其說，不應再說爲不可知不可證者。如今印順、昭慧、傳道等人應交待此疑：阿羅漢入無餘涅槃後，此不可知不可證之意識細心，究竟滅抑不滅？

若言不應滅，若言應以此意識細心作爲涅槃之實際，則有二過：一者，印順不應以「滅相不滅」作爲涅槃之體、之實際；二者，印順書中斥責他人將涅槃實有化之言，即成誣責，成不如實語，自語前後相違，自己亦建立意識細心爲涅槃之體故，亦成實有化者故。若言應滅，則復有二過：一者，印順所言之無餘涅槃即成斷滅法，成空無頑空故；二者，印順應於書中交待：入涅槃時滅除此細意識。然印順諸書中都未交待，是故有過。

如是，印順法師之《妙雲集、如來藏研究、性空學探源……》等書所言之一切「佛法」，悉皆如是自相矛盾，進退失據。如是進退失據者所說諸法，焉得說之爲佛法？佛法豈眞如是自相矛盾之法耶？而佛光山星雲法師與慈濟之證嚴法師，四十年來竟未之知，竟戮力推崇及實踐如是荒謬之人間佛教思想，眞乃愚癡無智、食人邪見涎唾者也！

是故，自心如來所含藏之內因種，及共業所感生之外因種，合名內外緣鉤鎖；由如是內外緣鉤鎖爲緣，而從自心如來中出生各人所相應之一切法，是故一切法不得離於內外鉤鎖爲緣而生；若是必須依於內外鉤鎖爲緣而出生者，則應有一不生不滅而能與緣鉤鎖相應之心，成爲內外緣鉤鎖之根本因。若是應與緣鉤鎖相應之心，則不應是身外之法，亦不應是虛空，亦不應是四大元素，亦不應是極微外道所言之極微物，悉皆不與緣鉤鎖相應故。是故，若言別有法性從彼外道所言之因緣而出生者，則彼諸外道所言鉤鎖之義理，應不得成就；彼外道所言之大自在天（上帝、阿拉…等）、四大、虛空、極微……等法爲因，即可無緣而生起衆生及山河大地故。審如是者，則諸外道所言緣鉤鎖而生蘊處界等法之鉤鎖義理，則不成就，違於自宗所言之唯因即能生諸法故。

「若生無自性，彼爲誰鉤鎖？展轉相生故，當知因緣義。堅濕煖動法，凡愚生妄想，離數無異法，是則說無性」：

因緣者，謂此法爲諸法生起現行之根本因，諸法必須緣於此法方能生起與繼續現行運作，故說此法為諸法之因緣。

萬法之出生與現行不輟、終歸於壞空，如是成住壞空之過程，皆非無因唯緣而得現起，要須因與緣之具足，方得現起運作。譬如人類之覺知心，其生起現行運作，須具一因四緣，因者即是自心如來及其所含藏之覺知心種子，故自心如來即是覺知心之因緣。四緣者，謂意根、法塵、意根之觸心所、完好之五根；若無全部完好之五根，則成死屍，雖有意根與外法塵，然自心如來無法藉五根而現起內相分之法塵，則意根不觸法塵故，不能令覺知心現起於身中，要須自心如來生起中陰身而有中陰身之微細五根已，方能再現內相分之法塵境，意根觸此法塵境，方能令覺知心現起於中陰境界中。

由是原因故，說覺知心須具四緣方能現行運作；離念靈知即是覺知心意識，故不脫如是一因四緣之限制；故若有人修得離念靈知境界者，但須一針痲醉劑，便能使離念靈知心斷滅不現；但須當頭一棒，便能使之悶絕而令離念靈知心斷滅不現；此是現實常識，亦是精通唯識學之學者所知之常識，非必待其證悟之後始得知也。是故，離念靈知心須具意根、內相分法塵、觸心所、完好之五根等四緣方得生起現行。

然而唯有四緣，仍不能令離念靈知心現起，要須配合一因——自心如來，方得現行；所以者何？謂唯具四緣時，離念靈知心之種子須從自心如來中現行，方能有離念靈知心之生起故；此意識心之種子含藏於自心如來中故，非是無因唯緣而可無中生有故。復次，完好之五根，要須自心如來之攝持，方能運作；若無自心如來，五根隨即變壞，尚不能存在，何況能令意根藉之起用？何況能令自心如來藉之對現內相分境之法塵？

復次，意根之種子、法塵之種子、意根之觸心所種子，悉皆由自心如來所攝藏；若無自心如來，尚無意根、法塵、心所法等種子存在，焉得有意根、法塵、心所法等？此等四緣若離自心如來，即不得存在，尚有何法能藉此四緣而生現？故說自心如來是一切法之因。如是，離念靈知心之生現，必須一因四緣具足已，方得生現；由是事實之陳述，學人可以自行驗證余所說之四緣，雖未證知一因，亦可知余所言無誤也，則知經中 佛語絕非妄語也。

意根非是無因而有者，法塵、觸心所、五根等亦復如是，皆須依憑一因之緣—自心如來，方得生起現行；此四法與靈知心生現已，餘諸萬法方得次第生起現行，故說自心如來爲一切法之因緣。若無自心如來，若無此一根本因，或者雖有此一根本因，而此根本因不具有生起諸法之法性（譬如印順所言「不可知不可證」者），則此根本因不應具有能生諸法之功德；若不具有能生諸法之功德者，則緣鉤鎖（意根、法塵、意識相應之煩惱）將何從出生？

由於緣鉤鎖實從自心如來出生故，由於緣鉤鎖之染污煩惱悉皆含藏於自心如來中故，由於緣鉤鎖與自心如來同時同處故，由於證得自心如來時便得親自領受自心如來依於自己本來清淨之體性而配合染污之緣鉤鎖而運作之事實故，諸佛菩薩及一切證悟者皆說「煩惱即菩提」；一切煩惱皆從自心如來中現行故，一切的緣鉤鎖亦從自心如來中現行故，一切無漏法種亦由自心如來含藏故，一切無漏法亦由自心如來藉緣鉤鎖（意根、法塵、意識相應之煩惱）而於世間法中顯示故。如是正理，乃是我**正覺同修會**中諸多已悟得自心如來者，皆是現前體驗證實者，非是**平實**一人之信口胡言也。**平實**此言若是籠罩人者，此等受余印證爲悟之百餘人，閱余種種作如是言之著作時，豈能默然無言而繼續受學余所宣揚之一切種智？

是故自心如來非唯是涅槃之因、之實際，亦是一切世間流轉萬法之根本因。若此一能出生萬法之根本因，實無迥異餘七識之自體性者，則此根本因應不能成爲緣鉤鎖之正因也。由是緣故，佛說：「若生無自性，彼爲誰鉤鎖？」謂能生萬法之自心如來必定有其自性，而其所生之諸法則無自性，皆是藉自心如來而生現故，無有離於他法而能自己獨存之體性故。

能生萬法之自法，必定有其常恆不滅之體性，亦須具有能生萬法之體性；若無如是體性，則一切法悉不能出生也；若一切法悉不能出生者，則亦無一切之緣鉤鎖也。一切有生之法，既皆由無生之法所生，則一切所生之法當知不離不異能生之法，是故一切有生之法同於不生之法，是故經中有時說：「一切法不異如來」，此理即是經說「生即不生」之意也。然恐衆生誤會，故又說「非異亦非一」之理，而令衆生區分一切法異於自心如來之所在，而免衆生誤將一切法即是自心如來，否則不免繼續貪著一切法而輪轉生死也。

自心如來與緣鉤鎖亦是輾轉相生者：自心如來出生諸法已，則有衆生之出現於人間而輪轉生死；於輪轉生死之過程中，熏習種種有漏法種，則增長自心如來含藏之無明與業種；含藏如是無明與業種已，則令自心如來不斷出生後世之五陰與造業習氣，則令後世五陰更增無明與造業習氣；是名「**緣鉤鎖增長自心如來，自心如來增長緣鉤鎖，互相增長增廣**」。然於如是互相增長過程中，自心如來隨緣任運而配合造業時，自心如來卻從來不起一念之惡，亦不起一念之善，從來不墮兩邊，從來不起貪厭之心，仍秉其無漏無爲體性而行其所當行，而繼續其不生不滅之自性，而繼續其能生衆生萬法之自性，故說自心如來恆住本來自性清淨涅槃；如是自心如來之自體性，爲一切禪宗眞悟者之所親證，爲一切正覺同修會中證悟者之所現觀與領受，非獨　佛說菩薩說也！故說佛語眞實無訛！

由是親證與現前觀察證實，得知世間一切法皆是輾轉相生者，皆是依於自心如來之根本因，及藉緣鉤鎖爲緣，方得生起現行。此意乃謂：必須因緣、所緣緣、增上緣、等無間緣具足，方能生起諸法。增上緣謂熏習之增上也，等無間緣謂自心如來流注八識心王之自類種子而令八識心王之生起現行不致剎那暫斷（限於篇幅，此處不細述之）。由是正理，一切佛門四衆弟子，皆應了知因與緣之正確道理，方能依止正確知見而求證悟般若、乃至親證一切種智，是故　佛說：「展轉相生故，當知因緣義」，一切法之生住異滅等現象，皆歸結於因與緣故。由此當知　佛所說空，非即斷滅；空攝二義故，二義者，諸法緣起必滅之空相，與能生萬法之空性也；空攝空相與空性，是故　佛所說空者，非是印順、昭慧、傳道等人所說之諸法究竟斷滅之空無、之滅相也。

法界因自心如來，具有自體常住不滅不生之體性，亦具有能生諸法而令諸法生住異滅之體性；然而我諸佛門大師居士不知此理，亦不知四阿含諸經中早已隱說此理，每藉不實之考證臆想，而作種種否定大乘經典之說。彼諸外道修行者，亦不知眞實之**法界因**，不知法界之眞實體性，是故依於妄想，認爲堅溼煖動等四大元素即是**法界因**。此等理論，皆屬世俗凡夫、外道、以及二乘法中未證得解脫果之愚人所產生之妄想；若已證得解脫果者，必如阿含諸經中所載之阿羅漢一般：「**於無餘涅槃是否斷滅**」而生問疑，便得依自身之利智解知實非斷滅，或得依　世尊之開示而解知無餘涅槃實非斷滅；因此緣故便知有生之法必依無生之法方得出生，唯因未證自心如來，故未能入別教第七住位爾。

佛門凡夫與諸外道，多依四大所生之蘊處界等法而作觀察，不解法界因，故生「緣起性空即是一切佛法，緣起性空已含攝一切佛法」之邪見，不能了知「緣起性空法實依自心如來而有」，不能了知「緣起性空法」實是兔無角法，依牛有角（依蘊處界等三界有）而有。外道則墮於四大所生之世間法中而轉，故言四大為法界因，或言虛空為法界因，或言……等等；如是所想、所觀、所言，皆未超脫世間緣起之一切有數之法，非如自心如來之空無形色猶如虛空故離諸數；是故佛門凡夫及諸外道所言之常住不壞法（譬如印順所言之「滅相」，譬如外道所言之極微、虛空、大自在天……等），究其根本，實無常住不壞之法性可得，皆是無自體性之虛妄施設爾，悉皆不離妄想施設，悉非實證法界因者。既非實證法界因者，則彼等所說，當知必屬言不及義之戲論也，悉皆不解法界之實相故。

「如醫療眾病，無有若干論，以病差別故，為設種種治；我為彼眾生，破壞諸煩惱，知其根優劣，為彼說度門」：譬如醫師為眾生醫療種種病苦，其實皆不曾外於同一理論：治病。但因眾生心性差別及眾緣差別，導致病苦亦有多種差別不同，是故醫師施設種種不同之療法。世尊亦復如是，爲令種種心性差別、煩惱差別之衆生，得以破壞種種不同之無明煩惱，是故分別了知彼諸衆生根器之優劣差別，而爲衆生分別宣說種種不同之得度法門。

善知識於諸衆生之心性與智愚差別，當作觀察了知，而後對治之，方能令諸衆生獲得實質利益。如余早年之欲與諸方大師和平共處，故不作法義辨正之舉，唯弘自法。然因衆生根性差別極大，不得不隨順他人之無故誹謗於余等事實，而作被動性之反駁，故有第一本**法義辨正**之《正法眼藏—護法集》面世，以利衆生。後時復隨順因緣而造種種法義辨正諸書，乃至因於今世觀見衆生愚癡，迷於大法師之表相而續作謗法之行，成就後世無量衆苦之業緣，乃於事相上，因應諸方大師之故意顚倒事實而說等事，而作事相上之辨正，故有會中同修之出版《學佛之心態》，故有《狂密與眞密—序文…等》小册之改版爲《佛教之危機》而印行面世。凡此種種作爲，皆如醫師之觀察衆生病象差異而作不同之醫療施設，如是以利衆生，以壞衆生之煩惱無明，以助衆生破除愚癡，然後得入正法之門，終能得度。

「非煩惱根異，而有種種法，唯說一乘法，是則為大乘」：然若盱衡事實，絕非由於世俗煩惱之不同，亦非由於眾生之根性不同，而有種種不同之修行法門；種種不同之修行法門，僅為對治眾生種種不同之無明病與煩惱病，對治已，悉皆引入唯一佛乘之法—成就究竟佛道之大乘佛法。是故，二乘菩提實亦由大乘佛菩提中分出，藉以方便接引急求解脫生死之修行者；待其已得出離分段生死，已於分段生死無所畏懼，則方便宣說大乘本來常住涅槃之正理，則方便令其斷除變易生死之習氣種子，及斷無始無明隨眠，令其修證唯一佛乘之自心如來究竟法門。佛所宣說之所有修行法門，其實皆是方便宣說，目的皆在引入大乘菩提之究竟法中，其實皆是說唯一佛乘之深妙法義，此即大乘佛法之修行法門。

爾時大慧菩薩摩訶薩復白佛言：「世尊！一切外道，皆起無常妄想；世尊亦說『一切行無常，是生滅法』，此義云何？為邪為正？為有幾種無常？」佛告大慧：「一切外道有七種無常，非我法也。何等為七？彼有說言：作已而捨，是名無常；有說形處壞，是名無常；有說即色是無常；有說色轉變中間，是名無常，無間自之散壞，如乳酪等轉變，中間不可見，無常、毀壞，一切性轉；有說性無常；有說性無性無常；有說：一切法不生無常，入一切法。

大慧！性無性無常者，謂四大及所造自相壞，四大自性不可得，不生。彼不生無常者，非常、無常，一切法有無不生；分析乃至微塵不可見，是不生義：非生；是名不生無常相。若不覺此者，墮一切外道生『無常』義。

大慧！性無常者，是自心妄想，非常無常性；所以者何？謂無常自性不壞，大慧！此是一切性無性無常事：除無常，無有能令一切法性無性者。如杖瓦石，破壞諸物，現見各各不異；是性無常事，非作所作有差別：此是無常，此是事；作所作無異者，一切性常，無因性。

大慧！一切性無性有因，非凡愚所知。非因不相似，事生；若生者，一切性悉皆無常；是不相似事，作所作無有別異，而悉見有異。若性無常者，墮作因性相；若墮者，一切性不究竟；一切性作因相墮者，自無常應無常，無常無常故。一切性不無常，應是常。若無常入一切性者，應墮三世：彼過去色與壞俱，未來不生；色不生故，現在色與壞相俱。

色者，四大積集差別；四大及造色自性不壞，離異不異故；一切外道，一切四大不壞。一切三有四大及造色，在所知，有生滅；離四大造色，一切外道於何所思惟性無常？四大不生，自性相不壞故。離始造無常者，非四大，復有異四大；各各異相、自相故，非差別可得。彼無差別，斯等不更造，二方便不作，當知是無常。」

疏：《爾時大慧菩薩又向佛稟白說：「世尊！一切外道都生起無常的妄想；而世尊您也開示說『一切行無常，是生滅法。』這些道理究竟是如何呢？這些無常的說法，是偏斜的說法呢？或是正確的說法呢？而無常總共有幾種呢？」

佛告訴大慧菩薩：「一切外道所說之無常，共有七種，不是我所說的無常也。如何是外道所說的無常呢？他們有的人這麼說：『作了以後就立刻捨棄了，這就是無常。』有人說：『造妥之物形相壞滅，就是無常。』有人說：『物質色法本身就是無常。』有人說：『色法物質轉變之中間過程，就是無常；這是沒有間斷的自己轉進到散壞的境界，猶如乳酪的轉變，在乳變爲酪的中間過程中，不能看見它在變化，然而最後卻是無常、毀壞，其中一切的物性在實質上已經轉變了。』有人說：『因爲體性的無常所以是無常。』有人說：『因爲某一法的自性是沒有自體性的緣故所以無常。』也有人說：『一切法不生所以無常，這種無常遍在一切法中。』

大慧！外道所說『性無性無常』者，是說能造諸物之四大無常，四大所造物之相貌也毀壞了，能造種種物之四大，其自性也是無自體性的，所以不生。外道所說的『不生無常』，非是說『常、無常』之體性，而是說一切法的常與無常、有與無都不現起；他們因爲分析物質色法乃至微塵相時，發覺物質色法已不可見，這就是他們所說不生之道理：沒有出生；這就是他們所說的四大與諸物不生的無常相。若不能覺察此類說法的虛妄，就會墮在一切外道邪見所產生的無常道理之中。

大慧！外道所說『性無常』者，其實只是他們自心的妄想，並不是常與無常的眞實體性，什麼緣故這樣說呢？這就是說：無常的自性是永遠不會毀壞的，大慧！這就是『性無性無常』所說的一切法性沒有自體性的無常事相；他們認爲：『除了無常這個法以外，再也沒有一法能使得一切法都成爲無自性的了』。猶如以棍杖來擊打瓦片石塊一般而破壞諸物，現前可以看見的是：一切物都沒有差別—同樣都會毀壞，而無常自己不會毀壞。外道的這種『法性無常』的事相，不是在能作與所作上產生常與無常的差別：這是無常，這是事相。若能作與所作沒有差別者，則會變成一切法性都同樣是常，因此而成爲沒有根本因的法。

大慧！一切法的體性都沒有自體性，卻有根本因，這個道理卻不是凡夫與愚人所能知之。不可能從不相似的因，而產生同樣的事相；如果異因而有此果出生的話，所出生的一切法的體性應該都是無常的；這些因與果不相似而出生的事相，依外道所說的是能作與所作不相異，然而一切法中全都可以看見外道所說的能作與所作是有異的。如果說能生諸法的法性無常的話，那就墮在『所作果性與能作的因性相同』的事相上了；若是墮於這種所作的果性與能作的因性相同的事相上的話，那麼他們所說的一切法體性的道理就不究竟了；因爲墮在所作一切法的體性即是能作的因相的話，那他自己所說的無常的道理也應該是無常的法，無常的法是無常的緣故。

若一切法不是完全無常的，那就應該是常。如果無常是遍入一切法中的話，無常自身就應該會墮在三世中：那些過去世的色身是與『壞滅相』同在的，未來則不生——未來的色身尚未出生的緣故，現在的色身則應與無常的『壞相』同時存在。

色蘊由於四大積集之不同而有差別；然而四大之自身，及創造色身的大種性自性都是不壞的，四大及大種性自性不在異與不異二邊之中故；一切外道，他們自身的一切四大其實也是不壞的。

外道們既然說：「一切三界有的四大，以及所造的色身，在大家所知道的事實上，是有生滅的。」若離四大所造之色身，一切外道於什麼處所而思惟有一『無常法』？四大本自不生，四大的自性相是不壞性的緣故。能遠離『始造時已經無常』者，非是四大，而是另有異於四大之法；四大各各異相故，亦各有自相故，非如是具有四種差別相之四大自己可以配合造色。彼外道所說能造與所造既無差別，則能造之四大創造所造之色身已，應不能更造其他色身，則造一色身已，能造與所造之二種方便，應皆不能復作，則當了知：此外道所言

之能造者乃是無常。》

解：爾時大慧菩薩摩訶薩復白佛言：「世尊！一切外道，皆起無常妄想；世尊亦說『一切行無常，是生滅法』，此義云何？爲邪爲正？爲有幾種無常？」《大乘入楞伽經》譯作：《爾時大慧菩薩摩訶薩復白佛言：「世尊！一切外道妄說無常，世尊亦言：諸行無常，是生滅法；未知此說是邪是正？所言無常復有幾種？」》文義淺白易解，毋勞贅言。

佛告大慧：「一切外道有七種無常，非我法也。何等爲七？彼有說言：作已而捨，是名無常；有說形處壞，是名無常；有說即色是無常；有說色轉變中間，是名無常，無間自之散壞，如乳酪等轉變，中間不可見，無常、毀壞，一切性轉；有說性無常；有說性無性無常；有說：一切法不生無常，入一切法。」 佛世時，一切外道所說之無常，共有七種，與 佛所說之無常不同，別作七種無常之說，藉以標新立異，達成迷惑衆生之目的也。 佛所言之無常一種：蘊處界及其所生萬法悉皆無常。復有一種：體恆常住、性恆不變之因地自心如來，所含種子不斷有變異。唯說如是二種無常。

外道所說之無常則有七種，彼有作是言者：「作已即捨，故名無常。」有作是言：「造物已，後時形相壞滅，故名無常。」有作是言：「物質色法本身即是無常。」有作是言：「色身與諸物質轉變之中間過程，即是無常；無間斷地漸趨散壞，猶如乳酪之漸次轉變，於乳變為酪之中間過程，不能眼見其變化，然於最後仍是無常、毀壞，牛羊乳中之一切物性實質上確已轉變，是名無常。」有作是言：「物之體性無常，故說無常。」有作是言：「由於此法之自性為無自體性，故是無常。」有作是言：「一切法不生所以無常，如是無常之性遍在一切法中。」如斯所言，皆名外道所說無常；皆依蘊處界…等無常之法，而作妄想所衍生者，皆不能面對實相上所言之無常而立言也。

「大慧！性無性無常者，謂四大及所造自相壞，四大自性不可得，不生。彼不生無常者，非常、無常，一切法有無不生；分析乃至微塵不可見，是不生義：非生。是名不生無常相；若不覺此者，墮一切外道生『無常』義。」

此經文於《大乘入楞伽經》譯作：「其中物無物無常者，謂能造、所造其相滅壞，大種自性本來無起。不生無常者，謂常與無常有無等法，如是一切皆無有起；乃至分析至於微塵，亦無所見，以不起故說名無生，此是不生無常相。若不了此，則墮外道生無常義、有物無常義。」

外道所說「性無性無常」者，謂能造諸物之四大元素爲無常之法，而四大元素所造諸物及衆生色身之相貌，亦終必毀壞；如是，能造種種物、種種衆生色身之四大元素，其自性亦屬無自體性之法；無自體性，終必毀壞，是故言爲不生。如是無常與不生，違於法界中之事實眞相。

一切物質法界之事實眞相爲：四大元素從來不生不滅，非是無常相。若四大元素爲無常相、可滅，則無始劫來無量無數衆生，使用無量數之世界物質，將令物質成份之四大元素有所滅失，則十方虛空之世界物質當必漸次減少，歷經無始劫之消耗以來，應早已滅盡，不應猶有四大元素可成就今時世界諸物。然而現見諸物仍存、四大猶在，能令此世界及十方虛空諸世界存在而繼續其成住壞空之過程，以成就衆生之異熟因果感報。是故物相與世界相有成住壞空，而四大元素之極微圓相體，從無生滅；唯是衆生之使用種種物質後，轉變其地水火風四大之組合成份，令物之四大元素分離其結合爲物之體性，復回四大元素各自分離之狀態，回歸大地與虛空爾，四大元素自體仍無增減；唯是物之形處改變，而四大元素自體並無改變，故此外道所言四大元素自體亦是無常者。然而此說不實。

復有外道言「不生無常」，然其所言之「不生無常」，非謂物與色身之「常、無常」體性，彼外道所說者謂：「一切法之常與無常、有與無，從來皆不現起。」此類外道觀察：「分析物質色法乃至微塵相時，發覺物質色法已不可見，此即不生之道理——未曾出生。」此即彼等外道所言之四大與諸物不生的無常相。然現實世界中，眾生之色身非無出生，世界種種物亦非無出生，皆是生已復滅，故名無常。既非無生，則不應言「不生無常」，應言生已復滅故名無常。學佛者若不能覺察此類外道說法之虛妄，難免從未悟大師處聞如是法而信受之，隨墮此類外道邪見所生之無常邪理中。

「大慧！性無常者，是自心妄想，非常無常性；所以者何？謂無常自性不壞，大慧！此是一切性無性無常事；除無常，無有能令一切法性無性者。如杖瓦石，破壞諸物，現見各各不異；是性無常事，非作所作有差別：此是無常，此是事；作所作無異者，一切性常，無因性。」

於《大乘入楞伽經》中譯作：「有物無常者，謂於非常非無常處，自生分別。其義云何？彼立『無常自不滅壞，能壞諸法』：若無無常壞一切法，法終不滅，成於無有；如杖搥瓦石，能壞於物，而自不壞，此亦如是。大慧！現見無常與一切法無有能作所作差別—云『此是無常、此是所作』，無差別故，能作、所作應俱是常；不見有因能令諸法成於無故。」

外道所言之「性無常」者，其實唯是彼等諸人之自心妄想，並非常與無常之眞實體性，世尊何故作是破斥？此謂：外道主張「無常之自性永無毀壞」，以「無常之性是常」作爲「性無性無常」所言之「一切法性皆無自體性之無常事相」。彼諸外道認爲：「除了無常一法，別無他法能令一切法皆成爲無自性者」。彼諸外道復舉例而言：如以棍杖擊打瓦片石塊，若以種種方法而破壞諸物，必可觀見一切物皆無差別—同皆必壞，然於物壞之時，無常之自性必定常住不壞。

外道無智，不了無常一法非實有法性，故作「無常自性是常」之言，唯是戲論爾。所以者何？謂無常一法，猶如兔無角法之依牛有角事相現象而生——依世間物質事相之存在變異方有無常一法。無常一法雖是物質世間所不能避免，所不能推翻之事實，然無常一法非可獨自存在，實依物質世間及無色界世間之存在而有，同於兔無角法之依存於牛有角法而存在。是故，世間萬法推之至再，悉皆無常；則此依於世間無常之萬法而存在之無常一法，亦應是無常，不得謂之爲常也。是故彼外道所言之「無常爲常」說法，爲依他起之法相，爲戲論法，非是眞常不壞之實相也。

復次，外道如是所言「諸法法性無常」之事相，非依能作與所作上之常與無常而作分別：此是無常，此是事相。此外道所言之「無常是常」者，墮於「無常能生一切法、無常能壞一切法」之邪見中，違背法界眞實相。彼等倡言：「無常故，世間出生一切法；無常故，世間一切法終趨毀滅；而無常一法恆存不壞。」審如是者，則是「能作與所作」非異；若能作與所作非異者，則此外道所言「由無常所作之萬法」，必同於「能作之無常」，同是常法，外道自言無常是常故，則有大過：萬法應皆不壞不滅。如是，則成大過：萬法悉皆無因而自存在，不須無常一法而令萬法生起。則外道所言「無常能作一切法」之言說，悉成自語相違。是故，不應言「無常是常」，亦不應言「無常能作一切法」，否則即有大過，無常不能成爲一切法之根本因故。由是正理，主張「無常之性不生」之「不生無常」外道，所說「無常是萬法之因性」者，墮於「無因性」之不如理作意中。

佛所說之萬法根本因者，乃謂自心如來，自心如來生諸萬法，故自心如來與萬法之關係爲「非一亦非異」之非異也。自心如來之體恆常住，從來無生，而其體中蘊涵種種變異不停之種子，是故能作萬法、能生萬法，而不同於萬法之無常變易，是故不墮外道所墮之能作與所作同皆是常、同皆無常之過。佛門學人於此應當了知。欲實際了知者，唯有親證第八識自心如來，方得現前觀察之，方得如實了知此理而不墮於想像思惟之中。

「大慧！一切性無性有因，非凡愚所知。非因不相似，事生；若生者，一切性悉皆無常；是不相似事，作所作無有別異，而悉見有異。若性無常者，墮作因性相；若墮者，一切性不究竟；一切性作因相墮者，自無常應無常，無常無常故。一切性不無常，應是常。若無常入一切性者，應墮三世：彼過去色與壞俱，未來不生；色不生故，現在色與壞相俱。」

《大乘入楞伽經》譯作：「大慧！諸法壞滅，實亦有因，但非凡愚之所能了；大慧！異因不應生異果，若能生者，一切異法應並相生；彼法此法、能生所生，應無有別。現見有別，云何異因生於異果？大慧！若無常性是有法者，應同所作，自是無常；自無常故，所無常法皆應是常。大慧！若無常性住諸法中，應同諸法墮於三世，與過去色同時已滅，未來不生，現在俱壞。」

三界一切萬法之體性，皆無獨自常住不壞之自體性；然一切法之生起、運行、變異與壞滅，卻皆必有根本因，這個眞實道理，非諸外道及佛門內未悟般若之凡夫所能知之，亦非二乘有學無學等愚人所能知之，唯有大乘佛法中證得無生法忍之地上菩薩方能確實了知也。學人若欲證知如是正理而得現前觀察之，必須求於禪宗之破參證悟，悟已方能親學一切種智而如實領納之，方得發起無生法忍，而後始能現觀此一事實。若欲證悟般若者，必須依於眞善知識之聖賢知見，親身受學，然後親歷其境而參究之，方有證悟之緣也；若依凡夫思惟所得之知見，則無證悟般若慧之因緣也。是故印順自身修學佛法六十餘年已，仍未能發起般若慧，仍墮於斷滅見本質之惡見中，說法諸行盡成破壞佛教正法之惡行。故說凡夫知見無益於佛法之修證，所知所解悉皆偏差故，當依證悟賢聖所說正理而熏習、而修證之。

「不生無常外道」所說無常故不生者，有大過失：無常若是常者，則無常所造之萬法亦當是常，不應是無常，能造與所造同是一體故。如是，不生無常外道所言者，則成異因而生異果；若異因能生異果者，則應一切異法亦與此果同時出生，異因能生異果故，不須相似因與相似果而成就因果故。必須因與果相似，方得有三界萬法等事相出生，是故 佛說：「非因不相似，事生。」

若依無常爲因，而有一切法出生者，應彼等依於無常而出生之一切法皆是無常之法，是故 佛說：「若生者，一切性悉皆無常。」然於事相現觀之結果，發現實無不相似因，而能產生相似果者。復次，外道所言無常常，若是眞理者，則能作萬物之無常與所作之萬物，皆應是常，皆應同一體性而無有別異；然而事實上現見有異，非無別異，是故外道所言非理。

若外道爲令其因與果相似故，而改其言論：「能生諸法之無常法性爲無常」，則墮「所作果性與能作之因性不異」之事相中；若如是墮於「所作之果性與能作之因性無異」之事相中者，則彼等所言之一切法體性的道理爲不究竟；此謂外道墮於「所作一切法之體性即是能作一切法之因性」中者，則彼所言無常，必爲無常之法，亦不須堅持其爲正理也，無常一法是無常故，無常之法何須大費周章而弘傳之？彼外道若言一切法非是無常，則一切法應是常；一切法若是常者，則彼外道與自宗相違，不應主張無常一法能生一切法。

復次，無常若眞實是常者，常則不變易；不變易則不生一切法，不生一切法則應世間亦無一切法，然現見世間確有一切法之生住異滅，是故外道所言「無常常、不生」之理論，非是正理，進退失據，不應立宗。佛所說者，謂自心如來非常亦非無常、非變易亦非不變易、非有生亦非不生、與蘊處界等萬法非一亦非異。

自心如來非常亦非無常者：自體恆住不壞，是故非無常；體恆常住不變不壞之中，卻有內含之種子不斷變易，是故非常。非變易亦非不變易者：自體離見聞覺知、離思量性而配合衆生七識心隨緣任運，常住本來自性清淨涅槃，悟後亦不變易，故非變易；體中所含無數種子及無漏法種尚未圓滿，有漏法種尚未斷盡，尚待悟後起修之轉易，要待佛地而後圓滿，故自心如來非不變易，若不變易則永不能藉由修行而清淨染污種子，則永不能成佛故。　非有生亦非不生者：自心如來體恆常住而不暫斷，乃至眠熟位、正死位…等五位中悉皆不曾刹那間斷，以永無暫滅之時故，非是有生之法；於永不間斷、永不暫斷之自體性中，能入胎受生而創造蘊處界等法，復能具有人身而生於人間，故非不生，故非無法性。　與五蘊等法非一亦非異者：謂五蘊等法悉是自心如來所出生之法，本屬自心如來之部份功能差別，故二者非異；然蘊處界之色身與覺知心不能去至後世，唯有一世，入胎時，此世之覺知心永滅而無復現之時，故說自心如來與五蘊非一。如是自心如來創造身心而與之非不俱，身心與自心如來之種子因相似，故無「不相似因」之過。如彼一神教外道所言上帝創造人之身心者，則有不相似因之過失，則其因不得成就，則墮外道無因論中。

是故無常一法絕非是常，無常亦非遍入一切法中，無常乃是依附於一切法中而顯示一切法之無常自性故，是故不應倒果爲因也。若言無常遍入一切法中，故是實相者；則無常自身必墮三世中：過去世之無量色身與「壞滅相」同在，則無常一法亦隨之壞滅，已壞滅之無常一法則不應言之爲常；未來之色身尚未出生，則應無常一法亦未出生，未出生者不可言常。必須自無始以來恆存不滅而至現在者，方可言常故。現在之色身亦應與無常之「壞相」同在，無常恆時變易諸法故，則與壞相同在之無常一法，不得言之爲常。故彼外道主張無常常者，亦墮無因論中，亦是迷失於一切法之根本因者。

「色者，四大積集差別；四大及造色自性不壞，離異不異故；一切外道，一切四大不壞。一切三有四大及造色，在所知，有生滅；離四大造色，一切外道於何所思惟性無常？四大不生，自性相不壞故。離始造無常者，非四大，復有異四大；各各異相、自相故，非差別可得。彼無差別，斯等不更造，二方便不作，當知是無常。」

此段經文《大乘入楞伽經》譯作：「一切外道計四大種體性不壞色者，即是大種差別；大種造色，離異不異，故其自性亦不壞滅。大慧！三有之中，能造所造莫不皆是生住滅相，豈更別有無常之性能生於物而不滅耶？始造即捨無常者，非大種互造大種，以各別故；非自相造，以無異故；非復共造，以乖離故；當知非是始造無常。」

一切有情色身之所以有種種不同者，皆緣於四大積集之不同而有差別；隨於各各有情前世所造業因而集業種，以及前世所熏習之無明有漏法種之差別，而有種種不同種類有情，然欲界有情同皆各有八識心王之具足運行，悉無有異；所異者唯在異熟果所導致之身相及智愚、福德差別果報爾。然而有情身中四大元素自身，及與創造色身之自心如來所蘊含之「大種性自性」，皆是依自心如來而具有常住不壞性，四大及大種性自性不在異與不異二邊之中故。云何四大不在異與不異二邊之中？謂四大本離身心運作之範疇，亦離見聞覺知及思量性，故永不墮異與不異二邊；創造色身之大種性自性，本屬自心如來之自體性，由自心如來之所顯示與運作，自心如來與大種性自性皆離見聞覺知及思量性，故亦不墮異與不異二邊；離異與不異二邊者，則造色之因得與所造色相似，而能與所造色區隔，不墮不異一邊，不墮無常及常之一邊。四大極微悉是圓相，四大極微體恆常住不壞，而彼諸外道身中自亦具有四大極微等體，故說一切外道身中一切四大悉皆不壞。

彼諸外道既言：「一切三界有之四大，及與所造色身，於現實事相上而言，大衆悉知其爲有生滅法。」既如是，若離四大所造之色身，彼諸外道究於何處思惟有一常住之「無常法」？四大本自不生，四大之自性相本是不壞性故，於不壞之四大體性上不應有無常之法故。

能遠離「始造時已經無常」者，非是四大，四大既然不造四大、不生四大，則四大不應有「始造即是無常」之性，四大亦非造色者故。

云何而言四大非是能造色者？謂一切有情種種色身雖由四大之聚集而成就，然此色身非是四大自己能造，實由自心如來及其所蘊含之大種性自性，以及無明種與業種之配合而後始能造就，非唯四大自體獨自能造。復次，四大非是心，唯是物質，若是物質之法，則不能自造有情之身，亦不能自造有情之覺知心、思量心等識蘊與受想行蘊。若四大自體，能造衆生之色身而有覺知性及思量性，不須自心如來爲因者，則應以四大爲造色之因；然此四大爲因，與有情果報身心之因不相似；有情具有心之性用故，四大是無情，不具身心之性用故，名爲「因不相似」，故四大絕非有情身心之因也。

唯有自心如來第八識心，具有大種性自性之德用，故能隨其無明種及業種等緣，而受生入胎，而藉父母和合之緣及母體供給四大之緣，聚集四大極微元素而造就有情之色身，成就有情所應受之異熟果報。四大極微元素皆是圓相，而有各自之異相：地大永是地大，火大永是火大，水大永是水大，風大永是風大，各自常保其極微圓相而不相入相併，故說「四大各各異相」。「亦各有自相」：地水火風性相永異，不得互變而轉易之。如是各各異相、各有自相之四大，互不相入相併之四大圓相極微體，不應能自動聚集爲色身故，圓相極微亦不能聚集故；唯有依憑自心如來之造色功能—大種性自性—方能藉諸因緣而造作有情之色身。

如是能造色身之異於四大之法—自心如來及其大種性自性，非諸外道所能知之，非諸大乘法中未明心者所能知之，亦非二乘定性聲聞有學無學聖人所能知之，乃至大乘法中未證無生法忍果之初明心者亦未能知之，要待親隨眞善知識受學一切種智已，方得證知。如是自心如來離常無常二邊，不墮常無常二邊過失，亦悉有常與無常之因，得與衆生之色身及覺知心、思量心同具相似因，故能造色而現生覺知心與思量心，悉無過失。

彼外道所說能造者爲四大，所造者亦復爲四大之身，則能造與所造實無差別；既無差別，則能造之四大創造所造之色身已，應不能更造其他色身，則造一色身已，彼色身漸壞乃至滅已，能造之法應隨之同壞，能造之四大與所造之色身同屬四大故；如是，死已滅已，能造與所造之二種方便，未來應皆不能復作，則墮斷滅，則當了知：此外道所言之能造者乃是無常。如是外道所言之法界因，實非眞正之法界因，故說如是外道墮於無因論中。

「彼形處壞無常者，謂四大及造色不壞，至竟不壞；大慧！竟者，分析乃至微塵觀察壞，四大及造色形處異見長短不可得，非四大；四大不壞，形處壞現，墮在數論。色即無常者，謂色即是無常；彼則形處無常，非四大。若四大無常者，非俗數言說。世俗言說非性者，則墮世論；見一切性，但有言說，不見自相生。轉變無常者，謂色異性現，非四大；如金作莊嚴具，轉變現，非金性壞，但莊嚴具處所壞。如是餘性轉變等亦如是。如是等種種外道無常見妄想。火燒四大時，自相不燒。各各自相相壞者，四大造色應斷。」

疏：《「外道所說的『形處壞無常』者，乃是說能造之四大及所造形處色體之四大本身皆不壞，終究不會壞失；大慧！觀察至究竟的意思是：分析再分析，乃至分析至微塵時，觀察之結果，微塵已經不可見，假名說微塵已壞，然而實際上毀壞者並非四大元素自體；四大元素自體永遠不壞，乃是四大所聚集合成之物質色相形處壞滅之法相出現罷了；這樣的見解，墮在數論外道見中。

外道所說『色即無常』者，這是說：色法本身就是無常的法；彼外道所說的這種道理，其實是指物質的形狀處所無常，並不是說四大本身無常。如果四大是無常的話，那就不是世俗人所說的無常了。世俗人所說之無常，墮在世間言論中；世論者所看見的一切法的體性，其實都只是言說戲論罷了，根本沒有看見自心如來之法相，所說都不是親見而說。

外道所說的『轉變無常』，是說：物質有不同的作用出現了，而不是說物質的組成分子四大有所轉變。譬如黃金製作爲莊嚴用之飾具，它的作用轉變而出現了，但不是黃金的自體性壞滅了，只是原本金塊純粹只有保値的體性轉變了，成爲具有莊嚴作用的黃金了，而黃金的本有體性並未轉變。就像是這樣，其餘物質表相之體性轉變等等，也是同樣的道理。

就像是前面所說的這些外道一樣，種種的外道，因爲只看見無常而不曾看見常住的自心如來的法性，所以便作種種無常的妄想。然而四大終究與形處有異，當四大被大火所燒時，四大的自相並不燒壞。如果依照外道所說的無常的道理來說的話，那麼由於能造與所造是同一四大，而所造既然無常，則能造的四大亦應斷壞而消滅。」》

解：「**彼形處壞無常者，謂四大及造色不壞，至竟不壞；大慧！竟者，分析乃至微塵觀察壞，四大及造色形處異見長短不可得，非四大；四大不壞，形處壞現，墮在數論。**」此段經文，《大乘入楞伽經》譯作：「形狀壞無常者，此非能造及所造壞，但形狀壞，其義云何？謂分析色乃至微塵，但滅形狀長短等見，不滅能造、所造色體；此見墮在數論之中。」

外道所說『形處壞無常』者，乃言能造之四大及所造形處色體之四大本身皆不壞，主張四大元素終究不壞，以此作爲法界因。外道由不如理作意故，詳細觀察四大至極微而不可再眼見；如是分析再分析，乃至分析至微塵時，觀察之結果，發覺微塵已經不可眼見，是故假名爲微塵已壞，然亦了知實際上毀壞者並非四大元素自體，唯是四大所集成之物質色塵相轉變，由形相處所之轉變而言形處壞，而言物質之色身無常。彼等認爲：四大元素極微圓相之自體永遠不壞，一切無常，不應於四大極微元素上而說，應於四大所聚合之物質色身形處壞滅之法相而言。

如是外道見解，爲一般佛門學人所接受，亦常有大師如是而言無常，印順法師等人所說莫非如是，皆是外於自心如來而言種種無常，所說不離前述外道所墮之無常見解中；然而 佛說如是見解，墮在數論外道見中。何以故？謂佛世尊所說無常者，乃依自心如來而言蘊處界等法無常，非離自心如來而單言蘊處界：等無常也。如是 佛說，於四阿含諸經中，已多處隱覆密意而說也。今於此經更明白表示之。今者佛門之中亦廣有如是法師居士，外於自心如來而言種種無常；如是所言種種無常之法義，悉皆不離蘊處界等法；蘊處界等法悉是可以數目名之者，故如是所說諸法，悉皆不離數論之言說也。

「色即無常者，謂色即是無常；彼則形處無常，非四大。若四大無常者，非俗數言說。世俗言說非性者，則墮世論；見一切性，但有言說，不見自相生。」《大乘入楞伽經》譯作：「色即是無常者，謂此即是形狀無常，非大種性；若大種性亦無常者，則無世事；無世事者，當知則墮盧迦耶見；以見一切法自相生，惟有言說故。」

外道所說『色即無常』者，意謂：色法本身即屬無常之法。然彼外道所說如是道理，實言物質之形狀處所無常，非言四大元素自身之無常，應歸屬於「形處無常」之外道見中。若如彼等所言之四大無常者，則非世俗人所言之無常也。世俗人所言之無常，墮在世間言論中；世間言論者所見一切法之眞實體性，實唯言說戲論爾，悉皆未曾親見一切法眞實性之自心如來之法相，是故所說皆非親見而說。由非親見眞實相故，名爲世論—世間言論。

「轉變無常者，謂色異性現，非四大；如金作莊嚴具，轉變現，非金性

壞，但莊嚴具處所壞。如是餘性轉變等亦如是。如是等種種外道無常見妄想。火燒四大時，自相不燒。各各自相相壞者，四大造色應斷。」《大乘入楞伽經》譯作：「轉變無常者，謂色體變，非大種變；譬如以金作莊嚴具，嚴具有變而金無改，此亦如是。大慧！如是等種種外道虛妄分別，見無常性，彼作是說。火不能燒諸火自相，但各分散。若能燒者，能造、所造，則皆斷滅。」

外道所言之『轉變無常』，乃謂：物質色法別有不同之作用出現，非謂物質色法之組成分子四大有所轉變。譬如黃金製作為莊嚴用之飾具，其作用之轉變明顯出現，然非黃金之自體性壞滅，唯是原本金塊形狀純粹保值之體性轉變，成為兼有莊嚴作用之黃金，然黃金本有自性並未轉變。如是，其餘物質色法表相之體性轉變等等，亦同此理。

猶如上述外道一般廣作妄想，種種外道亦復如是，唯見萬法無常而不見常住之自心如來法性，遂作種種無常妄想。多數外道不知四大之常，唯見四大所造形處之無常；然而四大終究與形處有異，四大遭逢大火所燒時，四大之自相並不燒壞，唯是形處改變而繼續存在於虛空。若依外道所言無常之理，及能造與所造爲一之理，則能造與所造既然同是四大，而所造無常，則能造之四大亦應無常斷壞而消滅。是故外道所言「轉變無常」之等法義理論，與法界之眞實相無關，亦與修證二乘菩提之解脫道無關也。

如今佛門中亦有如是各類心外求法之外道，欲令在家弟子踴躍捐輸錢財，是故鎮日開示種種無常，每謂色身無常、財物無常，唯有功德財是常。或如慈濟功德會之證嚴法師，全然忽略解脫道修證之開示，全然忽略大乘佛菩提修證之開示，側重色身之無常、財物之無常，側重人天善法之修習，令其弟子大衆心生輕財之心，而鼎力護持之，以求世間有爲之善業，成就人天善法，悉墮意識心之境界中，從來不曾修斷我見。如是所言，實非眞正之佛法，與二乘菩提所修證之解脫道無關故，與大乘菩提所修證之明心見性、般若智慧、一切種智悉皆無關故，是名心外求法者——外於自己之眞實心而求佛法故。

「大慧！我法起非常非無常。所以者何？謂外性不決定故。唯說三有微心，不說種種相有生有滅；四大合會差別，四大及造色故。妄想：二種事攝所攝。知二種妄想，離外性無性二種見，覺自心現量。妄想者，思、想、作、行生，非不作行；離心，性無性妄想。世間、出世間、出世間上上一切法，非常非無常；不覺自心現量，墮二邊惡見相續。一切外道不覺自妄想，此凡夫無有根本，謂世間、出世間、出世間上上法，從說妄想生，非凡愚所覺。」爾時世尊欲重宣此義而說偈言：

遠離於始造，及與形處異，性與色無常，外道愚妄想。
諸性無有壞，大大自性住，外道無常想，沒在種種見。
彼諸外道等，無若生若滅，大大性自常，何謂無常想？
一切唯心量，二種心流轉，攝受及所攝，無有我我所。
梵天爲樹根，枝條普周遍，如是我所說，唯是彼心量。

疏：《「大慧！我所說的法是：一切萬法之現起皆是非常非無常。爲什麼這樣說呢？這就是說：心外一切法都沒有決定不變異體性的緣故。我所說的法，只說三界有的所有法都是由這個第八識微細心所生與所滅──三界有其實就是這個微細心，所以我不是在種種法相的有生有滅上來說。種種法都是由四大和合聚集時所產生的種種差別而顯現出來，都不離四大元素及四大所造之色相故。妄想，都是在兩種事相上作諸分別而生起的，這兩種事相就是三界六塵境界之能取與所取，如果能確實了知三界法中的能取與所取都是虛妄的話，就可遠離二種邪見：取眞心以外之法爲實有，以及認定一切法都無眞實不壞體性。由於斷此二種邪見的緣故，最後便可以證知：一切法皆是自心如來所生所顯之事實。虛妄想者，是由能思、能覺知、能作、能行等四法而產生的，不是不作身口意行而能產生。假使離開了眞實心—眞相識，就會產生諸法有眞實性，或諸法無眞實性之虛妄想。

凡夫所墮之世間法、二乘聖人所證之出世間法、大乘聖人所證之出世間上上法，如是等一切萬法，其實都是非常非無常的；但是因爲凡夫及二乘聖人不覺證『一切法皆是自心如來所出生、所顯示之事實』，所以墮在常與無常二邊，所以如是惡見相續而不能斷絕。一切的外道都不能覺察到自己的知見是虛妄分別、虛妄想，這些人都是凡夫，於法界實相正理上，都沒有根本、沒有依據可說。也就是說：他們所謂的世間法、出世間法、出世間上上法等理論，都是因為聽聞佛教賢聖所說言語，然後於自心中生起言說妄想思惟所出生的歪理，眞正的世間法正理、出世間法正理、出世間上上法的正理，絕不是外道凡夫與二乘愚人所能覺悟的。」世尊說完這些開示以後，想要重新宣示這些法義，所以就說了偈語：

遠離於始造之邪見，也遠離形處改變之邪見；
在法性與色法物質之無常上用心者，乃是心外求道者之愚癡虛妄想。
諸法之眞實性是不會壞的，四大元素之自體性也是常住的，
心外求道的人卻總是作常與無常之虛妄想，淹沒在種種錯誤之見解中。
那些外道等人說諸法有生有滅，其實諸法沒有所謂的生與滅可言；
四大元素的自體性都是常恆不壞的，哪裡會有無常之想可得呢？
三界一切法都是自心如來之現量境界，
在事相上顯現能取所取二種心，而在六塵法中流轉，
在能攝取領受諸法的心，與所攝取的六塵境界而言，
其實並沒有眞實不壞的「我」，也沒有我所取受的眞實法。

譬如外道倡言：梵天是萬法大樹的根，枝條普遍遮覆諸天；我所說的道理也是像這個譬喻一樣，我說三界一切法都是自心如來之現量境界。》

解：「大慧！我法起非常非無常。所以者何？謂外性不決定故。唯說三有微心，不說種種相有生有滅；四大合會差別，四大及造色故。妄想：二種事攝所攝。知二種妄想，離外性無性二種見，覺自心現量。妄想者，思、想、作、行生，非不作行；離心，性無性妄想。」《大乘入楞伽經》譯作：「大慧！我說諸法非常無常，何以故？不取外法故，三界唯心故，不說諸相故，大種性處種種差別不生不滅故，非能造所造故；能取所取二種體性，一切皆從分別起故；如實而知二取性故，了達唯是自心現故，離外有無二種見故，離有無見、則不分別能所造故。」

世尊所說三乘佛法之眞實義，實以「萬法之現起皆是非常非無常」爲原則而開示之。意謂：自心如來以外之一切法，其體性皆不具有常恆決定而不變異之體性。世尊所說諸法，本意皆在宣示如是正義：三界有之所有法，悉由第八識微細心所生所滅——三界有之自性其實皆是此第八識微細心；是故 世尊所開示之三乘菩提，皆非以三界法在事相上之生與滅等世俗無常上而言。

如是正理，今諸大法師、大居士等人，悉皆錯會，不能證知 世尊如是眞正意旨。衡於四阿含諸經中， 世尊處處隱覆密意而說者，莫非如是； 世尊本意，從來不曾離於自心如來而唯言蘊處界等法之虛妄，從來不曾離於自心如來——識——而言無餘涅槃之修證，從來不曾離於自心如來而言蘊處界滅後爲無餘涅槃。然今佛門大法師、大居士等人，卻多外於自心如來而說解脫之道，卻多外於自心如來而說大乘佛菩提道。譬如印順、昭慧、傳道法師及其隨從者，悉皆外於自心如來而言解脫、而言緣起性空、而言涅槃之義，是故墮於一切法空之邪見中，更判大乘般若諸經法義爲「**性空唯名**」之虛相法，謂一切法皆空，實無一法是常住不壞之法界實相，不肯承認第八識空性心爲法界萬法之實相。

如是墮於「萬法唯緣而起，不須有因」之無因論虛妄想中，如是墮於「無明種及業種不須由自心如來執持，可以自己存在於虛空，可以憑空而在」之虛妄想中，如是滅盡蘊處界等一切法已，自知已墮斷滅空之邪見中，故又建立

「滅相不滅」之虛妄法，將此滅已無法之妄想見，加以實有化，建立爲滅盡蘊處界等萬法後，不墮斷滅空之實體法，自比爲不墮斷見者，自比爲異於斷見外道者。正是外於自心現量而說佛法者，正是「心」外求法之外道也。依於如是邪見而廣造諸書，廣爲流通，誤導佛教界廣大學人，令諸學人悉入斷滅本質之邪見中，故說印順、昭慧、傳道法師是破壞佛教正法最嚴重之人也。

是故 世尊一向以自心如來爲本，而宣說二乘菩提之解脫道法門，未曾離於自心如來而說二乘菩提之解脫道也；四阿含諸經今猶現在，仍可稽之，非是印順等人所可否認者也。是故 世尊一向以自心如來而說二乘涅槃，而說大乘之般若中觀；一向以自心如來爲體，而說大乘般若之增上慧學—唯識一切種智。觀乎三乘經典所載諸說， 世尊未曾稍離自心如來而說三乘菩提。如是密意，四阿含諸經中處處隱說，且待未來別造《阿含正義—唯識學探源》時，別作舉證。大乘般若諸經亦處處隱說，且待未來會中有法師別造闡釋般若經法義之書籍時，另行舉證。 世尊於大乘第三轉法輪之唯識系諸經中，亦處處顯說此理，且待未來別造《解深密經疏》時另行舉證。如是，依於自心如來爲本，世尊宣說三乘菩提；三乘諸經今猶現在，仍可稽之，非是平實空口徒言也！茲且表過不述。

三界中一切法，皆由四大和合聚集時所產生之種種差別相之異同而顯現，故說三界一切法皆不離四大元素及四大所造之色相。譬如持五戒不犯，保住來世人身，則來世之色身異於他道眾生，來世之覺知心亦因四大所造色身爲人類身體，故其覺知心之性用與智慧，亦有極多異於他道眾生者；若謗正法及弘傳正法者，來世下墮地獄，或者輕謗正法及弘正法者，則來世墮入餓鬼道或畜生道，則因來世之色身變異故，令其覺知心之性用與智慧，更異於前世。凡此皆因四大所造身相之差別故，令一切法有其改異，是故 佛說：「四大和會所產生之種種色身法相上之差別，都是由於四大成分多寡之差異，及四大造色時所造就成形之形處差異，使得異熟果報身有所差異，因此而導致眾生在一切法上有所差異。」

外道及佛門內之心外求法者，此等諸人心中所有妄想，皆是依於兩種事相上所作種種錯誤之分別而生起者，此二事相上虛妄分別之所緣，即是三界六塵境界上之能取與所取。由於衆生不能了知能取之覺知心、思量心虛妄，不能了知所取六塵中之一切境界虛妄，是故不能確實了知三界法中之能取與所取二法皆屬虛妄，因之不能遠離二種邪見，故將能取六塵之覺知心與思量心認作實有不壞之法；執取眞心以外之能取心爲眞實有之法，執取眞心以外之所取六塵法爲實有；由此邪見之執取故，認定一切六塵萬法皆無眞實不壞之體性，是故墮於萬法無常之邪見中，而不知 佛所說萬法無常之目的，乃是在顯示世間萬法之根源—自心如來，是故不知 世尊宣說三乘法之目的乃是在於顯示萬法皆由自心如來所生所顯之眞實理。

若人能了知「能取之覺知心與所取之六塵境悉皆虛妄不實」，則知應作深入探究：「能取與所取二法，究竟從何而生？」則知能取與所取二法應非無因自生，則知此二法之存在與現行應有其因。由於斷除「能取與所取眞實」之邪見故，起心戮力探究萬法根源之故，終得證知：世間萬法、二乘出世間法、大乘出世間上上法等，皆是自心如來所生所顯之事實。是名證得自心現量者，了知萬法皆是自心如來所生所顯之事實眞相。

虛妄想者，是由能思、能覺知、能作、能行等四法而產生的，不是不作身口意行而能產生。假使離開了眞實心—眞相識，就會產生諸法有眞實性，或諸法無眞實性之虛妄想。

「世間、出世間、出世間上上一切法，非常非無常；不覺自心現量，墮二邊惡見相續。一切外道不覺自妄想，此凡夫無有根本，謂世間、出世間、出世間上上法，從說妄想生，非凡愚所覺。」

《大乘入楞伽經》譯作：「大慧！世間、出世間、及出世間上上諸法，唯是自心，非常非無常。不能了達，墮於外道二邊惡見。大慧！一切外道，不能解了此三種法，依自分別而起言說，著無常性。大慧！此三種法，所有語言分別境界，非諸凡愚之所能知。」

凡夫所墮之世間法、二乘聖人所證之出世間法、大乘聖人所證之出世間上上法，如是等一切萬法，其實都是非常非無常的；但是因爲凡夫及二乘聖人不曾覺證「一切法皆是自心如來所出生、所顯示之事實」，所以墮在常與無常二邊，所以如是惡見相續而不能斷絕。一切的外道都不能覺察到自己的知見是虛妄分別、虛妄想，這些人都是凡夫，於法界實相正理上，都沒有根本、沒有依據可說。也就是說：他們所謂的世間法、出世間法、出世間上上法等理論，都是因為聽聞佛教賢聖所說言語，然後於自心中生起言說妄想思惟所出生的歪理。真正的世間法正理、出世間法正理、出世間上上法的正理，絕不是外道凡夫與二乘愚人所能覺悟的，唯有親證第八識自心如來之菩薩，方能漸漸發起如是具足三乘菩提之智慧。

「**爾時世尊欲重宣此義而說偈言：遠離於始造，及與形處異，性與色無常，外道愚妄想。**」《大乘入楞伽經》譯作：「始造即便捨，形狀有轉變；色物等無常，外道妄分別」：

始造者，皆是外道妄想。譬如一神教言：吾人之色身與覺知心、作主心等，皆是造物主、至高無上唯一之神（上帝、阿拉）所創造。此說有大過焉，謂吾人身心既是神所造，則吾人之生與死、善與惡、因與果等，悉成無義，本是神體分出故，與神非一亦非異故；既是非異者，則此諸善惡等法之行為因果，以及神對世人之修善懲惡等行，俱無其義；求生天堂亦無其義，吾人身心皆是神體之局部故。修善懲惡云何無義？謂如是修善即是神之分支修善故，若神之分支尚須修善，則彼神即非完美圓滿之法故。懲惡云何無義？謂彼神之懲惡，即成神之自我懲罰故，不應吾人接受懲罰故。世間若有如是神，則是神乃是愚癡無智者也，亦非萬能者也。是故一神教所言神之始造此世吾人身心，而不承認各人皆有過去世、不承認各人皆從往世無量劫輾轉生至此世界者，為無義之說，為有大過失之說。

外道所言四大始生吾人此世身心之說，亦有大過：必令因果成為無義，必令修善懲惡成為無義。云何四大始造吾人身心之說，必令修善懲惡等因果成為無義？謂吾人身心既由四大所造，此世始成如是身心，則應無後世輪轉之事，死後四大分離已，必將回歸四大元素狀態，必將無有覺知心、作主心繼續存在故；何以故？謂四大自身既能成就吾人之思量心等，則四大之分解散壞，亦必導致思量心等滅失不存，則無後世可言；既無後世可言，則三世熏習因果與此世身心之間即無關連。

若前世熏習因果與此世身心無所關連，則不應嬰兒甫生已，即知索乳而食，應當熏習食乳之法已，方知食也，覺知心等悉無如是飲食之種子流注故，要待此世之熏習已，方得知之故；亦應不知饑之與飽，要待熏習何者爲饑？何者爲飽？然後始知饑之與飽也。

復次，身心既皆四大所成，則無後世；既無後世，則無前世善惡因，則無後世善惡果，則三世因緣果報，悉與此人無關。審如是者，則應一切人出生後，處於同一環境中學習諸法時，應皆同一善惡性、同一智愚性，等無差別，猶如同一機器所造產品之統一無別也。亦應各人皆能接受教導者之所有教導，故吾人之身心功能差別，應同電腦之輸入程式一般，功能因之全部相同，而非各各有異。然而現見非是：欲要某人之離惡而住善，多方熏習善法於其人，而其人終究不能轉惡爲善，終究續作奸犯科。亦應獅子虎狼等，經由熏習，可以轉其獸性成爲人性，可以造作人所應爲之事，可以素食爲生，然而現見並非如是；亦應人間唯有一種生物，不應有種種生物之淩駕於他種生物之上，四大平等平等故，四大自創生物故，非由因果而成就各種生物之果報故。

復次，四大本是無情物，無情物自行組成之物，仍應是無情物；如是無情物，不應有喜怒哀樂六情，亦不應有覺知心與思量心，更不應有各人之心性差別迴異，更不應有各人之貧富美醜……等差別，四大自身同是無情故，四大自體平等無差別故。由是故知四大始造之說，實無其義，名爲妄想也；是故 佛言應當遠離始造萬物、始造衆生之虛妄想。

復須遠離形處改變之邪見。形處改變等理，唯能敘述現象界之無常，不能依之而探究法界體性之實相；若人依之而言佛法者，必墮現象界萬法中，不能斷除我見，亦不能斷除我執，更不能證得法界體性之實相，則佛道修證之遙遙無期，亦可知矣！形處改變之無常，如是觀念唯能令人捨財修善，墮於人天善法之中；墮人天善法者，則永遠輪迴欲界六天與人間，永無出離生死之期。菩薩必須修善斷惡，凡有修善斷惡之行，必將如是等善行之因，迴向證得解脫果與佛菩提果，迴向救護衆生不入邪道，迴向衆生同證解脫果與佛菩提果。是故菩薩有時雖說無常之法，目的唯是教導衆生不貪世間身命財，用以行善而積集求證佛菩提之福德資糧，作爲來世修行菩薩道之世間福德資糧。如是爲衆生說形處無常者，目的在令衆生修善去惡；衆生修善去惡已，則教導解脫正眞之道，教導修證佛菩提之正眞法道。

是故一切佛門善知識教導弟子者，凡說形處無常等法時，絕非猶如今時慈濟功德會之唯說身命萬物錢財無常，而教弟子衆等唯行世間善；必定教導弟子衆等：「於救護衆生免受世間錢財乏少時，於護持三寶正法時，應當念念迴向解脫果之修證，應當念念迴向佛菩提果之修證；自身修得解脫果與佛菩提果時，更應念念迴向幫助衆生亦得證此二佛果。」於如是前提下，宣說形處無常，而令衆生不再慳貪，得能迴入佛法有所修證，方是眞正佛法也，不應唯說形處無常之法相變異等理。

外道衆人不曉此理，專在形處無常上用心，宣說人身無常變異等法，於法界體性之實相，終究不能有所證知也。今時慈濟功德會會員，欲免墮於如是外道見中者，當離「唯說形處無常，不可執著」等偏見，當如是說：「形處無常故，色身必壞，錢財必不能攜至後世，故不應執著，故應布施衆生、護持僧寶、護持正法，以此等功德法財迴向修證解脫果與佛菩提果。」證嚴法師若如是說者，方是正說；不如是說者，則墮外道「形處變異無常」之偏見中，則所說諸法無常與其所行，悉與佛法無涉，佛言：如是偏見應離。

由是緣故，世尊於此經中開示：「若有佛弟子專在身心法性與身外之色法物質上，而作『四大常恆不變』、而作『種種色法無常變異』之言說，令人行善去惡，以此作爲佛法正修行，而不肯匯歸於三乘菩提之修證，不肯教導弟子四眾修證三乘菩提者，皆同於外道所作所說之種種心外求道者之愚癡虛妄想。」如是妄想，世尊開示吾人悉應遠離；經文現在，願慈濟功德會諸多善男子、善女人細加思惟，知所進趣。

「**諸性無有壞，大大自性住，外道無常想，沒在種種見。**」《大乘入楞伽經》譯作「諸法無壞滅，諸大自性住；外道種種見，如是說無常」：諸法本際之眞實性，從來不壞。地水火風等四大元素之自體性，亦是常住不滅，然諸心外求道之人，總在物質諸法及色身之常與無常之中，作種種虛妄想，不能了知法界萬法之眞實體性，淹沒於種種錯誤之見解中。

一切法之法性，本皆從自心如來現行而出；自心如來所含諸法種子永遠無壞，是故諸法起已隨壞、壞已復又現起，永不斷絕，由自心如來而觀諸法，說諸法自性本來無壞；如此知、如此見，方是法界實相之正理。然諸外道不知如是正理，專在自心如來外之地大、水大、火大、風大等自性之壞與不壞上著眼，皆是外道之無常想，淹沒在種種外道見之中。

「**彼諸外道等，無若生若滅，大大性自常，何謂無常想？**」《大乘入楞伽經》譯作：「彼諸外道衆，皆說不生滅；諸大性自常，誰是無常法？」

彼諸外道唯見諸法有生有滅，而悉不見諸法之所從生，不見諸法之本際，故不知諸法之本際自心如來從無始以來自己已在，不曾有生；不生不滅故，能生萬法。萬法既匯歸於自心如來，則萬法本即是自心如來所現之法，依自心如來而觀萬法，則萬法實無生滅之可言也。彼諸外道不見自心如來，不知此理，唯觀萬法自身，故以爲萬法有生有滅，故作種種生滅無常之想，皆非證知萬法實相者。由證悟之菩薩，悟後進修一切種智之後所見者，則無所謂之生與滅可言；萬法皆是自心如來所攝故，皆是自心如來之局部種子所生所顯故。

四大元素之自體性，永遠皆是常恆不壞性，云何有無常之想可得耶？是故唯有形處壞無常，四大自性則是常；然此常，與法界實相之正法無關，四大非是十方法界萬法之根源故，故諸外道於四大之常與無常上，廣作種種言語思辯者，實爲無義。今時全球佛門大師亦復如是，專在四大所成之色身與物質等法上，廣說諸法無常；悉皆不知諸法之無常者，悉依無始本有、常住不壞之自心如來而有，彼諸大師悉皆不能了知：「若離自心如來，則無諸法無常可言。」是故彼諸大法師、大居士等人，悉皆好言色身無常、物質無常、緣起性空等世俗言說等法，而不能於解脫道所應斷之我見我執上用心，更不能探究萬法根源之自心如來，故皆不能發起般若智慧；由是緣故，不可謂彼等所說諸法爲正眞之佛法也。

「**一切唯心量，二種心流轉，攝受及所攝，無有我我所。**」《大乘入楞伽經》譯作：「能取及所取，一切唯是心；二種從心現，無有我我所」：眾生處於三界中，所接觸之一切法，皆是自心如來之現量境界，能覺能知之意識心與處處作主之末那識心，其實從來不曾接觸外五塵，然眾生甫聞此說已，每不之信，往往因此謗余此說爲妄說。

眾生從來不曾思量：覺知心與作主之末那識皆是心，心既無形無色，云何能觸知五塵等色法？前七識皆不具有大種性自性之功能，故不能攝取四大物質而成就色身；唯有具備大種性自性之自心如來，方能攝取四大物質而成就色身；由能攝持四大等物質而成就色身五根，故能藉五色根而觸外五塵；如是功德，非七轉識等心所能成辦也。自心如來能攝取四大及色身，故能直接觸及外五塵；由外五塵境之觸，故能對現與外五塵完全無二之內相分五塵；如是內相分五塵非如外五塵之具足色法，乃是由自心如來依外五塵所變現者，此相分似有色質，然非外五塵之色質，由自心如來所變現，故七識心能觸知之；觸知之後便有法塵於其上出現，而由六識心及末那識於其中作諸分別取捨。

是故，能取六塵之七識心，以及所取之五塵與法塵境，皆是自心如來所變現者。是故，吾人自出生以來，實未曾觸及外五塵，外五塵中亦無法塵生起；唯有在內相分中之五塵上，方能顯現法塵，由意根觸及法塵後，方生意識覺知心，方生離念或有念之靈知心。此世如是，過往之無量世亦復如是。由如是正理，說衆生自無始以來，不曾觸知外塵；所觸之五塵六塵，悉是內相分境界，悉是自心如來所變現者。故說外相分之五塵乃是自心如來所觸受之現量境界，非是衆生能覺能知能作主之七轉識之現量境界；衆生一向皆在自心如來所顯之內相分六塵境界中生活、及作分別取捨；如是生起喜怒哀樂等情緒，從來不曾在外相分中生活與取捨。是故 佛說：「一切萬法皆是自心如來之現量。」

如是，一切衆生在世間事相上顯現了能取的覺知心與作主取捨的末那心，以如是能取捨之七識心而取自心如來所顯現之內相分六塵萬法；經由如是能取與所取等二種法，而在內相分之六塵法中流轉；自無始以來恆常如是，而無改易。有智之人聞此理已，詳審觀察思惟，雖猶未能證知，已能了知理必如是，唯除無智及貪著深重之人。如是觀察思惟已，則知吾人能攝取領受諸法之覺知心與末那識，實從自心如來所生；則知吾人能取之覺知心等，所攝取之一切六塵境界，亦皆是從自心如來所出生，則知吾人一向以爲眞實不壞之我，及所取之六塵境界，本非眞實不生起之法，如是之我，既是生滅變異之法，何曾有我可得？皆是自心如來所示現之法故，皆非本來自己已存在之法故。如是現觀而證得大乘無我法，成就菩薩般若智慧，證得實相般若。

「梵天爲樹根，枝條普周遍，如是我所說，唯是彼心量。」《大乘入楞伽經》譯作：「梵天等諸法，我說唯是心；若離於心者，一切不可得」：

有諸外道倡言：「我等諸人所供奉之梵天王，乃是萬法大樹的根；由此梵天大樹根源而出生無量枝條，普遍遮覆諸天；諸天皆由此梵天大樹而生故。」猶如彼諸外道作如是說，佛作是言：「彼等外道所言梵天等一切法，其實皆是自心如來之所生所顯；若離於自心如來第八識，則一切法悉皆不可得。」此即是開示吾等：一切法皆是自心現量。一切法皆是自心如來所生所顯，唯此一事實，無二亦無三。

爾時大慧菩薩復白佛言：「世尊惟願爲說一切菩薩、聲聞、緣覺滅正受次第相續。若善於滅正受次第相續相者，我及餘菩薩，終不妄捨滅正受樂門，不墮一切聲聞、緣覺、外道愚癡。」佛告大慧：「諦聽！諦聽！善思念之，當爲汝說。」大慧白佛言：「世尊！惟願爲說。」佛告大慧：「六地菩薩摩訶薩及聲聞緣覺，入滅正受。第七地菩薩摩訶薩念念正受，離一切性自性相正受，非聲聞緣覺。諸聲聞緣覺，墮有行覺，攝所攝相滅正受。是故七地非念正受，得一切法無差別性，非分得種種相性；覺一切法善不善性相正受，是故七地無善念正受。大慧！八地菩薩及聲聞緣覺，心、意、意識妄想相滅；初地乃至七地菩薩摩訶薩，觀三界心、意、意識量，離我、我所。自妄想修，墮外性種種相愚夫，二種自心、攝所攝，向無知，不覺無始過惡，虛偽習氣所熏。大慧！八地菩薩摩訶薩、聲聞、緣覺涅槃：菩薩者，三昧覺所持，是故三昧門樂，不般涅槃；若不持者，如來地不滿足，棄捨一切爲衆生事，佛種則斷，諸佛世尊爲示如來不可思議無量功德。聲聞、緣覺三昧門，得樂所牽故，作涅槃想。大慧！我分部七地，善修心、意、意識相，善修我、我所，攝受人法無我生滅自共相，善四無礙，決定力三昧，地次第相續，入道品法；不令菩薩摩訶薩不覺自共相，不善七地、墮外道邪徑，故立地次第。大慧！彼實無有若生若滅，除自心現量。所謂地次第相續及三界種種行，愚夫所不覺；愚夫所不覺者，謂我及諸佛所說地次第相續，及說三界種種行。………。」

疏：詳續第九輯。

佛教正覺同修會〈修學佛道次第表〉

第一階段

* 以憶佛及拜佛方式修習動中定力。
* 學第一義佛法及禪法知見。
* 無相拜佛功夫成就。
* 具備一念相續功夫—動靜中皆能看話頭。
* 努力培植福德資糧，勤修三福淨業。

第二階段

* 參話頭，參公案。
* 開悟明心，一片悟境。
* 鍛鍊功夫求見佛性。
* 眼見佛性〈餘五根亦如是〉親見世界如幻，成就如幻觀。
* 學習禪門差別智。
* 深入第一義經典。
* 修除性障及隨分修學禪定。
* 修證十行位陽焰觀。

第三階段

* 學一切種智真實正理—楞伽經、解深密經、成唯識論…。
* 參究末後句。
* 解悟末後句。
* 透牢關—親自體驗所悟末後句境界，親見實相，無得無失。
* 救護一切眾生迴向正道。護持了義正法，修證十迴向位如夢觀。
* 發十無盡願，修習百法明門，親證猶如鏡像現觀。
* 修除五蓋，發起禪定。持一切善法戒。親證猶如光影現觀。
* 進修四禪八定、四無量心、五神通。進修大乘種智，求證猶如谷響現觀。

佛菩提二主要道次第概要表——二道並修，以外無別佛法

佛菩提道——大菩提道

十信位修集信心——一劫乃至一萬劫

遠波羅蜜多

資糧位

初住位修集布施功德（以財施爲主）。
二住位修集持戒功德。
三住位修集忍辱功德。
四住位修集精進功德。
五住位修集禪定功德。
六住位修集般若功德（熏習般若中觀及斷我見，加行位也）。

外門廣修六度萬行

七住位明心般若正觀現前，親證本來自性清淨涅槃。
八住位起於一切法現觀般若中道。漸除性障。
十住位眼見佛性，世界如幻觀成就。

一至十行位，於廣行六度萬行中，依般若中道慧，現觀陰處界猶如陽焰，至第十行滿心位，陽焰觀成就。

一至十迴向位熏習一切種智；修除性障，唯留最後一分思惑不斷。第十迴向滿心位成就菩薩道如夢觀。

內門廣修六度萬行

見道位

初地：第十迴向位滿心時，成就道種智一分（八識心王一一親證後，領受五法、三自性、七種第一義、七種性自性、二種無我法）復由勇發十無盡願，成通達位菩薩。復又永伏性障而不具斷，能證慧解脫而不取證，由大願故留惑潤生。此地主修法施波羅蜜多及百法明門。證「猶如鏡像」現觀，故滿初地心。

二地：初地功德滿足以後，再成就道種智一分而入二地；主修戒波羅蜜多及一切種智。滿心位成就「猶如光影」現觀，戒行自然清淨。

解脫道：二乘菩提

→ 斷三縛結，成初果解脫

→ 薄貪瞋癡，成二果解脫

→ 斷五下分結，成三果解脫

入地前的四加行令煩惱障現行悉斷，成四果解脫，留惑潤生。分段生死已斷，煩惱障習氣種子開始斷除，兼斷無始無明上煩惱。

近波羅蜜多

修道位

三地：二地滿心再證道種智一分，故入三地。此地主修忍波羅蜜多及四禪八定、四無量心、五神通。能成就俱解脫果而不取證，留惑潤生。滿心位成就「猶如谷響」現觀及無漏妙定意生身。

四地：由三地再證道種智一分故入四地。主修精進波羅蜜多，於此土及他方世界廣度有緣，無有疲倦。進修一切種智，滿心位成就「如水中月」現觀。

五地：由四地再證道種智一分故入五地。主修禪定波羅蜜多及一切種智，斷除下乘涅槃貪。滿心位成就「變化所成」現觀。

六地：由五地再證道種智一分故入六地。此地主修般若波羅蜜多——依道種智現觀十二因緣一一有支及意生身化身，皆自心眞如變化所現，「非有似有」，成就細相觀，不由加行而自然證得滅盡定，成俱解脫大乘無學。

七地：由六地「非有似有」現觀，再證道種智一分故入七地。此地主修一切種智及方便波羅蜜多，由重觀十二有支一一支中之流轉門及還滅門一切細相，成就方便善巧，念念隨入滅盡定。滿心位證得「如犍闥婆城」現觀。

→ 七地滿心斷除故意保留之最後一分思惑時，煩惱障所攝色、受、想三陰有漏習氣種子全部斷盡。

大波羅蜜多

八地：由七地極細相觀成就故再證道種智一分而入八地。此地主修一切種智及願波羅蜜多。至滿心位純無相觀任運恆起，故於相土自在，滿心位復證「如實覺知諸法相意生身」故。

九地：由八地再證道種智一分故入九地。主修力波羅蜜多及一切種智，成就四無礙，滿心位證得「種類俱生無行作意生身」。

十地：由九地再證道種智一分故入此地。此地主修一切種智——智波羅蜜多。滿心位起大法智雲，及現起大法智雲所含藏種種功德，成受職菩薩。

等覺：由十地道種智成就故入此地。此地應修一切種智，圓滿等覺地無生法忍；於百劫中修集極廣大福德，以之圓滿三十二大人相及無量隨形好。

煩惱障所攝行、識二陰無漏習氣種子任運漸斷，所知障所攝上煩惱任運漸斷。

圓滿波羅蜜多

究竟位

妙覺：示現受生人間已斷盡煩惱障一切習氣種子，並斷盡所知障一切隨眠，永斷變易生死無明，成就大般涅槃，四智圓明。人間捨壽後，報身常住色究竟天利樂十方地上菩薩；以諸化身利樂有情，永無盡期，成就究竟佛道。

→ 斷盡變易生死
成就大般涅槃

圓滿成就究竟佛果

佛子**蕭平實** 謹製
（二〇〇九、〇二 修訂）
（二〇一二、〇二 增補）

佛教正覺同修會 共修現況 及 招生公告　2016/1/16

一、共修現況：（請在共修時間來電，以免無人接聽。）

台北正覺講堂 103 台北市承德路三段 277 號九樓　捷運淡水線圓山站旁
Tel..**總機** 02-25957295（晚上）（**分機：九樓**辦公室 10、11；知客櫃檯 12、13。 **十樓**知客櫃檯 15、16；書局櫃檯 14。 **五樓**辦公室 18；知客櫃檯 19。**二樓**辦公室 20；知客櫃檯 21。）
Fax..25954493

第一講堂　台北市承德路三段 277 號九樓

禪淨班：週一晚上班、週三晚上班、週四晚上班、週五晚上班、週六下午班、週六上午班（皆須報名建立學籍後始可參加共修，欲報名者詳見本公告末頁）

增上班：瑜伽師地論詳解：每月第一、三、五週之週末 17.50～20.50 平實導師講解（僅限已明心之會員參加）

禪門差別智：每月第一週日全天　平實導師主講（事冗暫停）。

佛藏經詳解　平實導師主講。已於 2013/12/17 開講，歡迎已發成佛大願的菩薩種性學人，攜眷共同參與此殊勝法會聽講。詳解 釋迦世尊於《佛藏經》中所開示的眞實義理，更爲今時後世佛子四眾，闡述佛陀演說此經的本懷。眞實尋求佛菩提道的有緣佛子，親承聽聞如是勝妙開示，當能如實理解經中義理，亦能了知於大乘法中：如何是諸法實相？善知識、惡知識要如何簡擇？如何才是清淨持戒？如何才能清淨說法？於此末法之世，眾生五濁益重，不知佛、不解法、不識僧，唯見表相，不信眞實，貪著五欲，諸方大師不淨說法，各各將導大量徒眾趣入三塗，如是師徒俱堪憐憫。是故，平實導師以大慈悲心，用淺白易懂之語句，佐以實例、譬喻而爲演說，普令聞者易解佛意，皆得契入佛法正道，如實了知佛法大藏。

此經中，對於實相念佛多所著墨，亦指出念佛要點：以實相爲依，念佛者應依止淨戒、依止清淨僧寶，捨離違犯重戒之師僧，應受學清淨之法，遠離邪見。本經是現代佛門大法師所厭惡之經典：一者由於大法師們已全都落入意識境界而無法親證實相，故於此經中所說實相全無所知，都不樂有人聞此經名，以免讀後提出問疑時無法回答；二者現代大乘佛法地區，已經普被藏密喇嘛教滲透，許多有名之大法師們大多已曾或繼續在修練雙身法，都已失去聲聞戒體及菩薩戒體，成爲地獄種姓人，已非眞正出家之人，本質只是身著僧衣而住在寺院中的世俗人。這些人對於此經都是讀不懂的，也是極爲厭惡的；他們尚不樂見此經之印行，何況流通與講解？今爲救護廣大學佛人，兼欲護持佛教血脈永續常傳，特選此經宣講之。每逢週二 18.50~20.50 開示，不限制聽講資格。會外人士需憑身分證件換證入內聽講（此是大樓管理處之安全規定，敬請見諒）。桃園、台中、台南、高雄等地講堂，亦於每週二晚上播放平實導師所講本經之 DVD，不必出示身分證件即可入內聽講，歡迎各地善信同霑法益。

第二講堂　台北市承德路三段 267 號十樓。

禪淨班：週一晚上班、週六下午班。

進階班：週三晚上班、週四晚上班、週五晚上班（禪淨班結業後轉入共修）。

佛藏經詳解：平實導師講解。每週二 18.50~20.50（影像音聲即時傳輸）。本會學員憑上課證進入聽講，會外學人請以身分證件換證進入聽講（此爲大樓管理處安全管理規定之要求，敬請諒解）。

第三講堂　台北市承德路三段 277 號五樓。

進階班：週一晚上班、週三晚上班、週四晚上班、週五晚上班。

佛藏經詳解：平實導師講解。每週二 18.50~20.50（影像音聲即時傳輸）。本會學員憑上課證進入聽講，會外學人請以身分證件換證進入聽講（此爲大樓管理處安全管理規定之要求，敬請諒解）。

第四講堂　台北市承德路三段 267 號二樓。

進階班：週一晚上班、週三晚上班、週四晚上班、週五晚上班（禪淨班結業後轉入共修）。

佛藏經詳解：平實導師講解。每週二 18.50~20.50（影像音聲即時傳輸）。本會學員憑上課證進入聽講，會外學人請以身分證件換證進入聽講（此爲大樓管理處安全管理規定之要求，敬請諒解）。

第五、第六講堂　爲**開放式講堂**，不需以身分證件換證即可進入聽講，台北市承德路三段 267 號地下一樓、地下二樓。已規劃整修完成，每逢週二晚上講經時段開放給會外人士自由聽經，請由大樓側面梯階逕行進入聽講。**聽講者請尊重講者的著作權及肖像權，請勿錄音錄影，以免違法；若有錄音錄影被查獲者，將依法處理**。

正覺祖師堂　大溪鎮美華里信義路 650 巷坑底 5 之 6 號（台 3 號省道 34 公里處 妙法寺對面斜坡道進入）電話 03-3886110　傳眞 03-3881692 本堂供奉 克勤圓悟大師，專供會員每年四月、十月各二次精進禪三共修，兼作本會出家菩薩掛單常住之用。除禪三時間以外，每逢單月第一週之週日 9:00~17:00 開放會內、外人士參訪，當天並提供午齋結緣。教內共修團體或道場，得另申請其餘時間作團體參訪，務請事先與常住確定日期，以便安排常住菩薩接引導覽，亦免妨礙常住菩薩之日常作息及修行。

桃園正覺講堂（第一、第二講堂）：桃園市介壽路 286、288 號 10 樓（陽明運動公園對面）電話：03-3749363(請於共修時聯繫，或與台北聯繫)

禪淨班：週一晚上班、週三晚上班、週四晚上班、週五晚上班。

進階班：週六上午班、週五晚上班。

佛藏經詳解：平實導師講解。每週二晚上，以台北正覺講堂所錄 DVD 放映；歡迎會外學人共同聽講，不需出示身分證件。

新竹正覺講堂 新竹市東光路 55 號二樓之一　電話 03-5724297（晚上）

第一講堂：

禪淨班：週一晚上班、週五晚上班、週六上午班。

進階班：週三晚上班、週四晚上班（由禪淨班結業後轉入共修）。

佛藏經詳解：平實導師講解。每週二晚上，以台北正覺講堂所錄 DVD 放映。歡迎會外學人共同聽講，不需出示身分證件。

第二講堂：

禪淨班：週三晚上班、週四晚上班。

佛藏經詳解：每週二晚上與第一講堂同時播放佛藏經詳解 DVD。

台中正覺講堂 04-23816090（晚上）

第一講堂 台中市南屯區五權西路二段 666 號 13 樓之四（國泰世華銀行樓上。鄰近縣市經第一高速公路前來者，由五權西路交流道可以快速到達，大樓旁有停車場，對面有素食館）。

禪淨班：週三晚上班、週四晚上班。

進階班：週一晚上班、週六上午班（由禪淨班結業後轉入共修）。

增上班：單週週末以台北增上班課程錄成 DVD 放映之，限已明心之會員參加。

佛藏經詳解：平實導師講解。每週二晚上，以台北正覺講堂所錄 DVD 放映。歡迎會外學人共同聽講，不需出示身分證件。

第二講堂 台中市南屯區五權西路二段 666 號 4 樓

禪淨班：週一晚上班、週三晚上班、週六上午班。

進階班：週五晚上班（由禪淨班結業後轉入共修）。

佛藏經詳解：每週二晚上與第一講堂同時播放佛藏經詳解 DVD。

第三講堂、第四講堂：台中市南屯區五權西路二段 666 號 4 樓。

嘉義正覺講堂 嘉義市友愛路 288 號八樓之一　電話：05-2318228

第一講堂：

禪淨班：週一晚上班、週四晚上班、週五晚上班。

進階班：週三晚上班（由禪淨班結業後轉入共修）。

佛藏經詳解：平實導師講解。每週二晚上，以台北正覺講堂所錄 DVD 放映。歡迎會外學人共同聽講，不需出示身分證件。

第二講堂 嘉義市友愛路 288 號八樓之二。

台南正覺講堂

第一講堂 台南市西門路四段 15 號 4 樓。06-2820541（晚上）

禪淨班：週一晚上班、週三晚上班、週四晚上班、週五晚上班、週六下午班。

增上班：單週週末下午，以台北增上班課程錄成 DVD 放映之，限已明心之會員參加。

佛藏經詳解：平實導師講解。每週二晚上，以台北正覺講堂所錄 DVD 放映。歡迎會外學人共同聽講，不需出示身分證件。

第二講堂　台南市西門路四段 15 號 3 樓。

佛藏經詳解：每週二晚上與第一講堂同時播放佛藏經詳解 DVD。

第三講堂　台南市西門路四段 15 號 3 樓。

進階班：週三晚上班、週四晚上班、週六上午班（由禪淨班結業後轉入共修）。

佛藏經詳解：每週二晚上與第一講堂同時播放佛藏經詳解 DVD。

高雄正覺講堂　高雄市新興區中正三路 45 號五樓 07-2234248（晚上）

第一講堂（五樓）：

禪淨班：週一晚上班、週三晚上班、週四晚上班、週五晚上班、週六上午班。

增上班：單週週末下午，以台北增上班課程錄成 DVD 放映之，限已明心之會員參加。

佛藏經詳解：平實導師講解。每週二晚上，以台北正覺講堂所錄 DVD 放映。歡迎會外學人共同聽講，不需出示身分證件。

第二講堂（四樓）：

進階班：週三晚上班、週四晚上班、週六上午班（由禪淨班結業後轉入共修）。

佛藏經詳解：每週二晚上與第一講堂同時播放佛藏經詳解 DVD。

第三講堂（三樓）：

進階班：週四晚上班（由禪淨班結業後轉入共修）。

香港正覺講堂　☆**已遷移新址**☆

九龍觀塘，成業街 10 號，電訊一代廣場 27 樓 E 室。

（觀塘地鐵站 B1 出口，步行約 4 分鐘）。電話：(852) 23262231

英文地址：Unit E, 27th Floor, TG Place, 10 Shing Yip Street, Kwun Tong, Kowloon

禪淨班：雙週六下午班 14:30-17:30，已經額滿。
雙週日下午班 14:30-17:30，2016 年 4 月底前尚可報名。

進階班：雙週五晚上班（由禪淨班結業後轉入共修）。

增上班：單週週末上午，以台北增上班課程錄成 DVD 放映之，限已明心之會員參加。

妙法蓮華經詳解：平實導師講解。雙週六 19:00-21:00，以台北正覺講堂所錄 DVD 放映；歡迎會外學人共同聽講，不需出示身分證件。

美國洛杉磯正覺講堂　☆已遷移新址☆

825 S. Lemon Ave Diamond Bar, CA 91798 U.S.A.
Tel. (909) 595-5222（請於週六 9:00~18:00 之間聯繫）
Cell. (626) 454-0607

禪淨班：每逢週末 15：30~17：30 上課。

進階班：每逢週末上午 10：00~12：00 上課。

佛藏經詳解：平實導師講解。每週六下午 13：00~15：00，以台北正覺講堂所錄 DVD 放映。歡迎各界人士共享第一義諦無上法益，不需報名。

二、招生公告　**本會台北講堂及全省各講堂，每逢四月、十月下旬開新班，每週共修一次**（每次二小時。開課日起三個月內仍可插班）；**但美國洛杉磯共修處之禪淨班得隨時插班共修。各班共修期間皆爲二年半，欲參加者請向本會函索報名表**（各共修處皆於共修時間方有人執事，非共修時間請勿電詢或前來洽詢、請書），**或直接從本會官方網站**(http://www.enlighten.org.tw/newsflash/class)**或成佛之道網站下載報名表**。共修期滿時，若經報名禪三審核通過者，可參加四天三夜之禪三精進共修，有機會明心、取證如來藏，發起般若實相智慧，成爲實義菩薩，脫離凡夫菩薩位。

三、新春禮佛祈福　農曆**年假**期間停止共修：自農曆新年前七天起停止共修與弘法，正月 8 日起回復共修、弘法事務。新春期間正月初一～初七 9.00～17.00 開放台北講堂、正月初一~初三開放新竹講堂、台中講堂、台南講堂、高雄講堂，以及大溪禪三道場（正覺祖師堂），方便會員供佛、祈福及會外人士請書。美國洛杉磯共修處之休假時間，請逕詢該共修處。

密宗四大派修雙身法，是外道性力派的邪法；又以生滅的識陰作為常住法，是常見外道，是假的藏傳佛教。

西藏覺囊巴以他空見弘揚第八識如來藏勝法，才是真藏傳佛教

佛教正覺同修會　弘法行事表　2017/03/31

1、**禪淨班**　以無相念佛及拜佛方式修習動中定力，實證一心不亂功夫。傳授解脫道正理及第一義諦佛法，以及參禪知見。共修期間：二年六個月。每逢四月、十月開新班，詳見招生公告表。

2、**《佛藏經》**詳解　平實導師主講。已於 2013/12/17 開講，歡迎已發成佛大願的菩薩種性學人，攜眷共同參與此殊勝法會聽講。詳解 釋迦世尊於《佛藏經》中所開示的眞實義理，更爲今時後世佛子四眾，闡述 佛陀演說此經的本懷。眞實尋求佛菩提道的有緣佛子，親承聽聞如是勝妙開示，當能如實理解經中義理，亦能了知於大乘法中：如何是諸法實相？善知識、惡知識要如何簡擇？如何才是清淨持戒？如何才能清淨說法？於此末法之世，眾生五濁益重，不知佛、不解法、不識僧，唯見表相，不信眞實，貪著五欲，諸方大師不淨說法，各各將導大量徒眾趣入三塗，如是師徒俱堪憐憫。是故，平實導師以大慈悲心，用淺白易懂之語句，佐以實例、譬喻而爲演說，普令聞者易解佛意，皆得契入佛法正道，如實了知佛法大藏。每逢週二18.50~20.50 開示，不限制聽講資格。會外人士需憑身分證件換證入內聽講（此是大樓管理處之安全規定，敬請見諒）。桃園、新竹、台中、台南、高雄等地講堂，亦於每週二晚上播放平實導師講經之 DVD，不必出示身分證件即可入內聽講，歡迎各地善信同霑法益。

有某道場專弘淨土法門數十年，於教導信徒研讀《佛藏經》時，往往告誡信徒曰：「後半部不許閱讀。」由此緣故坐令信徒失去提升念佛層次之機緣，師徒只能低品位往生淨土，令人深覺愚癡無智。由有多人建議故，平實導師開始宣講《佛藏經》，藉以轉易如是邪見，並提升念佛人之知見與往生品位。此經中，對於實相念佛多所著墨，亦指出念佛要點：以實相爲依，念佛者應依止淨戒、依止清淨僧寶，捨離違犯重戒之師僧，應受學清淨之法，遠離邪見。本經是現代佛門大法師所厭惡之經典：一者由於大法師們已全都落入意識境界而無法親證實相，故於此經中所說實相全無所知，都不樂有人聞此經名，以免讀後提出問疑時無法回答；二者現代大乘佛法地區，已經普被藏密喇嘛教滲透，許多有名之大法師們大多已曾或繼續在修練雙身法，都已失去聲聞戒體及菩薩戒體，成爲地獄種姓人，已非眞正出家之人，本質上只是身著僧衣而住在寺院中的世俗人。這些人對於此經都是讀不懂的，也是極爲厭惡的；他們尚不樂見此經之印行，何況流通與講解？今爲救護廣大學佛人，兼欲護持佛教血脈永續常傳，特選此經宣講之，主講者平實導師。

3、**瑜伽師地論**詳解　詳解論中所言凡夫地至佛地等 17 師之修證境界與理論，從凡夫地、聲聞地……宣演到諸地所證一切種智之眞實正理。由平實導師開講，每逢一、三、五週之週末晚上開示，僅限已明心之會員參加。

4、**精進禪三**　主三和尚：平實導師。於四天三夜中，以克勤圓悟大師及大慧宗杲之禪風，施設機鋒與小參、公案密意之開示，幫助會員剋期取證，親證不生不滅之眞實心——人人本有之如來藏。每年四月、十月各舉辦二個梯次；平實導師主持。僅限本會會員參加禪淨班共修期滿，報名審核通過者，方可參加。並選擇會中定力、慧力、福德三條件皆已具足之已明心會員，給以指引，令得眼見自己無形無相之佛性遍佈山河大地，眞實而無障礙，得以肉眼現觀世界身心悉皆如幻，具足成就如幻觀，圓滿十住菩薩之證境。

5、**大法鼓經**詳解　詳解末法時代大乘佛法修行之道。佛教正法消毒妙藥塗於大鼓而以擊之，凡有眾生聞之者，一切邪見鉅毒悉皆消殞；此經即是大法鼓之正義，凡聞之者，所有邪見之毒悉皆滅除，見道不難；亦能發起菩薩無量功德，是故諸大菩薩遠從諸方佛土來此娑婆聞修此經。

本經破「有」而顯涅槃，以此名爲眞法；若墮在「有」中，皆名「非法」；若人如是宣揚佛法，名爲擊大法鼓；如是依「法」而捨「非法」，據以建立山門而爲眾說法，方可名爲法鼓山。此經中說，以「此經」爲菩薩道之本，以證得「此經」之正知見及法門作爲度人之「法」，方名眞實佛法，否則盡名「非法」。本經中對法與非法、有與涅槃，有深入之闡釋，歡迎教界一切善信（不論初機或久學菩薩），一同親沐 如來聖教，共沾法喜。由平實導師詳解。不限制聽講資格。

6、**不退轉法輪經**詳解　本經所說妙法極爲甚深難解，時至末法，已然無有知者；而其甚深絕妙之法，流傳至今依舊多人可證，顯示佛學眞是義學而非玄談，其中甚深極妙令人拍案稱絕之第一義諦妙義，平實導師將會加以解說。待《大法鼓經》宣講完畢時繼續宣講此經。

7、**阿含經**詳解　選擇重要之阿含部經典，依無餘涅槃之實際而加以詳解，令大眾得以現觀諸法緣起性空，亦復不墮斷滅見中，顯示經中所隱說之涅槃實際—如來藏—確實已於四阿含中隱說；令大眾得以聞後觀行，確實斷除我見乃至我執，證得**見到**眞現觀，乃至**身證**……等眞現觀；已得大乘或二乘見道者，亦可由此聞熏及聞後之觀行，除斷我所之貪著，成就慧解脫果。由平實導師詳解。不限制聽講資格。

8、**解深密經**詳解　重講本經之目的，在於令諸已悟之人明解大乘法道之成佛次第，以及悟後進修一切種智之內涵，確實證知三種自性性，並得據此證解七眞如、十眞如等正理。每逢週二 18.50~20.50 開示，由平實導師詳解。將於《大法鼓經》講畢後開講。不限制聽講資格。

9、**成唯識論**詳解　詳解一切種智眞實正理，詳細剖析一切種智之微細深妙廣大正理；並加以舉例說明，使已悟之會員深入體驗所證如來藏之微密行相；及證驗見分相分與所生一切法，皆由如來藏—阿賴耶識—直接或展轉而生，因此證知一切法無我，證知無餘涅槃之本際。將於增上班《瑜伽師地論》講畢後，由平實導師重講。僅限已明心之會員參加。

10、**精選如來藏系經典**詳解　精選如來藏系經典一部，詳細解說，以此完全印證會員所悟如來藏之眞實，得入不退轉住。另行擇期詳細解說之，由平實導師講解。僅限已明心之會員參加。

11、**禪門差別智**　藉禪宗公案之微細淆訛難知難解之處，加以宣說及剖析，以增進明心、見性之功德，啓發差別智，建立擇法眼。每月第一週日全天，由平實導師開示，僅限破參明心後，復又眼見佛性者參加（事冗暫停）。

12、**枯木禪**　先講智者大師的《小止觀》，後說《釋禪波羅蜜》，詳解四禪八定之修證理論與實修方法，細述一般學人修定之邪見與岔路，及對禪定證境之誤會，消除枉用功夫、浪費生命之現象。已悟般若者，可以藉此而實修初禪，進入大乘通教及聲聞教的三果心解脫境界，配合應有的大福德及後得無分別智、十無盡願，即可進入初地心中。親教師：平實導師。未來緣熟時將於大溪正覺寺開講。不限制聽講資格。

註：本會例行年假，自 2004 年起，改爲每年農曆新年前七天開始停息弘法事務及共修課程，農曆正月 8 日回復所有共修及弘法事務。新春期間（每日 9.00~17.00）開放台北講堂，方便會員禮佛祈福及會外人士請書。大溪區的正覺祖師堂，開放參訪時間，詳見〈正覺電子報〉或成佛之道網站。本表得因時節因緣需要而隨時修改之，不另作通知。

佛教正覺同修會　贈閱書籍 目錄　2015/09/29

1.**無相念佛**　平實導師著　回郵 10 元
2.**念佛三昧修學次第**　平實導師述著　回郵 25 元
3.**正法眼藏—護法集**　平實導師述著　回郵 35 元
4.**真假開悟簡易辨正法&佛子之省思**　平實導師著　回郵 3.5 元
5.**生命實相之辨正**　平實導師著　回郵 10 元
6.**如何契入念佛法門**（**附**：印順法師否定極樂世界）平實導師著　回郵 3.5 元
7.**平實書箋**—答元覽居士書　平實導師著　回郵 35 元
8.**三乘唯識**—如來藏系經律彙編　平實導師編　回郵 80 元
（精裝本　長 27 cm　寬 21 cm　高 7.5 cm　重 2.8 公斤）
9.**三時繫念全集**—修正本　回郵掛號 40 元（長 26.5 cm×寬 19 cm）
10.**明心與初地**　平實導師述　回郵 3.5 元
11.**邪見與佛法**　平實導師述著　回郵 20 元
12.**菩薩正道**—回應義雲高、釋性圓…等外道之邪見　正燦居士著 回郵 20 元
13.**甘露法雨**　平實導師述　回郵 20 元
14.**我與無我**　平實導師述　回郵 20 元
15.**學佛之心態**—修正錯誤之學佛心態始能與正法相應 孫正德老師著 回郵35元
附錄：平實導師著**《略說八、九識並存…等之過失》**
16.**大乘無我觀**—《悟前與悟後》別說　平實導師述著　回郵 20 元
17.**佛教之危機**—中國台灣地區現代佛教之真相（附錄：公案拈提六則）
平實導師著　回郵 25 元
18.**燈　影**—燈下黑（覆「求教後學」來函等）　平實導師著　回郵 35 元
19.**護法與毀法**—覆上平居士與徐恒志居士網站毀法二文
張正圜老師著　回郵 35 元
20.**淨土聖道**—兼評**選擇本願念佛**　正德老師著　**由正覺同修會購贈** 回郵 25 元
21.**辨唯識性相**—對「紫蓮心海《辯唯識性相》書中否定阿賴耶識」之回應
正覺同修會 台南共修處法義組 著　回郵 25 元
22.**假如來藏**—對法蓮法師《如來藏與阿賴耶識》書中否定阿賴耶識之回應
正覺同修會 台南共修處法義組 著　回郵 35 元
23.**入不二門**—公案拈提集錦 第一輯（於平實導師公案拈提諸書中選錄約二十則，
合輯爲一冊流通之）平實導師著　回郵 20 元
24.**真假邪說**—西藏密宗索達吉喇嘛《破除邪說論》真是邪說
釋正安法師著　回郵 35 元
25.**真假開悟**—真如、如來藏、阿賴耶識間之關係　平實導師述著　回郵 35 元
26.**真假禪和**—辨正釋傳聖之謗法謬說　孫正德老師著　回郵 30 元

27.**眼見佛性**—駁慧廣法師眼見佛性的含義文中謬說
游正光老師著　回郵 25 元

28.**普門自在**—公案拈提集錦 第二輯（於平實導師公案拈提諸書中選錄約二十則，合輯爲一冊流通之）平實導師著　回郵 25 元

29.**印順法師的悲哀**—以現代禪的質疑為線索　恒毓博士著　回郵 25 元

30.**識蘊真義**—現觀識蘊內涵、取證初果、親斷三縛結之具體行門。
—依《成唯識論》及《惟識述記》正義，略顯安慧《大乘廣五蘊論》之邪謬
平實導師著　回郵 35 元

31.**正覺電子報** 各期紙版本　免附回郵　每次最多函索三期或三本。
（已無存書之較早各期，不另增印贈閱）

32.**現代人應有的宗教觀**　蔡正禮老師 著　回郵 3.5 元

33.**遠惑趣道**—正覺電子報般若信箱問答錄　第一輯　回郵 20 元

34.**遠惑趣道**—正覺電子報般若信箱問答錄　第二輯　回郵 20 元

35.**確保您的權益**—器官捐贈應注意自我保護　游正光老師 著　回郵 10 元

36.**正覺教團電視弘法三乘菩提 DVD 光碟（一）**
由正覺教團多位親教師共同講述錄製 DVD 8 片，MP3 一片，共 9 片。有二大講題：一爲「三乘菩提之意涵」，二爲「學佛的正知見」。內容精闢，深入淺出，精彩絕倫，幫助大眾快速建立三乘法道的正知見，免被外道邪見所誤導。有志修學三乘佛法之學人不可不看。（製作工本費 100 元，回郵 25 元）

37.**正覺教團電視弘法 DVD 專輯（二）**
總有二大講題：一爲「三乘菩提之念佛法門」，一爲「學佛正知見（第二篇）」，由正覺教團多位親教師輪番講述，內容詳細闡述如何修學念佛法門、實證念佛三昧，以及學佛應具有的正確知見，可以幫助發願往生西方極樂淨土之學人，得以把握往生，更可令學人快速建立三乘法道的正知見，免於被外道邪見所誤導。有志修學三乘佛法之學人不可不看。（一套 17 片，工本費 160 元。回郵 35 元）

38.**佛藏經** 燙金精裝本 每冊回郵 20 元。正修佛法之道場欲大量索取者，請正式發函並蓋用大印寄來索取（2008.04.30 起開始敬贈）

39.**喇嘛性世界**—揭開假藏傳佛教譚崔瑜伽的面紗　張善思 等人合著
由正覺同修會購贈　回郵 20 元

40.**假藏傳佛教的神話**—性、謊言、喇嘛教　張正玄教授編著　回郵 20 元
由正覺同修會購贈　回郵 20 元

41.**隨 緣**—理隨緣與事隨緣　平實導師述　回郵 20 元。

42.**學佛的覺醒**　正枝居士 著　回郵 25 元

43.**導師之真實義**　蔡正禮老師 著　回郵 10 元

44.**淺談達賴喇嘛之雙身法**—兼論解讀「密續」之達文西密碼
吳明芷居士 著　回郵 10 元

45.**魔界轉世**　張正玄居士 著　回郵 10 元

46.**一貫道與開悟**　蔡正禮老師 著　回郵 10 元

47.**博愛**—愛盡天下女人　正覺教育基金會 編印　回郵10元
48.**意識虛妄經教彙編**—實證解脫道的關鍵經文　正覺同修會編印　回郵25元
49.**邪箭囈語**—破斥藏密外道多識仁波切《破魔金剛箭雨論》之邪說
陸正元老師著　上、下冊回郵各30元
50.**真假沙門**—依 佛聖教闡釋佛教僧寶之定義
蔡正禮老師著　俟正覺電子報連載後結集出版
51.**真假禪宗**—藉評論釋性廣《印順導師對變質禪法之批判
及對禪宗之肯定》以顯示真假禪宗
附論一：凡夫知見 無助於佛法之信解行證
附論二：世間與出世間一切法皆從如來藏實際而生而顯
余正偉老師著　俟正覺電子報連載後結集出版　回郵未定
52.**假鋒虛焰金剛乘**—揭示顯密正理，兼破索達吉師徒《般若鋒兮金剛焰》。
釋正安 法師著　俟正覺電子報連載後結集出版

★ 上列贈書之郵資，係台灣本島地區郵資，大陸、港、澳地區及外國地區，請另計酌增（大陸、港、澳、國外地區之郵票不許通用）。尚未出版之書，請勿先寄來郵資，以免增加作業煩擾。

★ 本目錄若有變動，唯於後印之書籍及「成佛之道」網站上修正公佈之，不另行個別通知。

函索書籍請寄：佛教正覺同修會　103台北市承德路3段277號9樓
台灣地區函索書籍者請附寄郵票，無時間購買郵票者可以等值現金抵用，但不接受郵政劃撥、支票、匯票。大陸地區得以人民幣計算，國外地區請以美元計算（請勿寄來當地郵票，在台灣地區不能使用）。欲以掛號寄遞者，請另附掛號郵資。

親自索閱：正覺同修會各共修處。　★請於共修時間前往取書，餘時無人在道場，請勿前往索取；共修時間與地點，詳見書末正覺同修會共修現況表（以近期之共修現況表為準）。

註：正智出版社發售之局版書，請向各大書局購閱。若書局之書架上已經售出而無陳列者，請向書局櫃台指定洽購；若書局不便代購者，請於正覺同修會共修時間前往各共修處請購，正智出版社已派人於共修時間送書前往各共修處流通。 郵政劃撥購書及 大陸地區 購書，請詳別頁正智出版社發售書籍目錄最後頁之說明。

成佛之道 網站：http://www.a202.idv.tw　正覺同修會已出版之結緣書籍，多已登載於 成佛之道 網站，若住外國、或住處遙遠，不便取得正覺同修會贈閱書籍者，可以從本網站閱讀及下載。　書局版之《宗通與說通》亦已上網，台灣讀者可向書局洽購，售價300元。《狂密與眞密》第一輯~第四輯，亦於 2003.5.1.全部於本網站登載完畢；台灣地區讀者請向書局洽購，每輯約400頁，售價300元（網站下載紙張費用較貴，容易散失，難以保存，亦較不精美）。

＊＊假藏傳佛教修雙身法，非佛教＊＊

正智出版社 籌募弘法基金發售書籍目錄　2017/04/22

1.**宗門正眼**—公案拈提 第一輯 重拈　平實導師著　500 元
因重寫內容大幅度增加故，字體必須改小，並增為 576 頁 主文 546 頁。比初版更精彩、更有內容。初版《禪門摩尼寶聚》之讀者，可寄回本公司免費調換新版書。免附回郵，亦無截止期限。(2007 年起，每冊附贈本公司精製公案拈提〈超意境〉CD 一片。市售價格 280 元，多購多贈。)
2.**禪淨圓融**　平實導師著　200 元(第一版舊書可換新版書。)
3.**真實如來藏**　平實導師著　400 元
4.**禪—悟前與悟後**　平實導師著　上、下冊，每冊 250 元
5.**宗門法眼**—公案拈提 第二輯　平實導師著　500 元
(2007 年起，每冊附贈本公司精製公案拈提〈超意境〉CD 一片)
6.**楞伽經詳解**　平實導師著　全套共 10 輯　每輯 250 元
7.**宗門道眼**—公案拈提 第三輯　平實導師著　500 元
(2007 年起，每冊附贈本公司精製公案拈提〈超意境〉CD 一片)
8.**宗門血脈**—公案拈提 第四輯　平實導師著　500 元
(2007 年起，每冊附贈本公司精製公案拈提〈超意境〉CD 一片)
9.**宗通與說通**—成佛之道 平實導師著 主文 381 頁 全書 400 頁售價 300 元
10.**宗門正道**—公案拈提 第五輯　平實導師著　500 元
(2007 年起，每冊附贈本公司精製公案拈提〈超意境〉CD 一片)
11.**狂密與真密 一～四輯**　平實導師著　西藏密宗是人間最邪淫的宗教，本質不是佛教，只是披著佛教外衣的印度教性力派流毒的喇嘛教。此書中將西藏密宗密傳之男女雙身合修樂空雙運所有祕密與修法，毫無保留完全公開，並將全部喇嘛們所不知道的部分也一併公開。內容比大辣出版社喧騰一時的《西藏慾經》更詳細。並且函蓋藏密的所有祕密及其錯誤的中觀見、如來藏見……等，藏密的所有法義都在書中詳述、分析、辨正。每輯主文三百餘頁　每輯全書約 400 頁　售價每輯 300 元
12.**宗門正義**—公案拈提 第六輯　平實導師著　500 元
(2007 年起，每冊附贈本公司精製公案拈提〈超意境〉CD 一片)
13.**心經密意**—心經與解脫道、佛菩提道、祖師公案之關係與密意　平實導師述　300 元
14.**宗門密意**—公案拈提 第七輯　平實導師著　500 元
(2007 年起，每冊附贈本公司精製公案拈提〈超意境〉CD 一片)
15.**淨土聖道**—兼評「選擇本願念佛」　正德老師著　200 元
16.**起信論講記**　平實導師述著　共六輯　每輯三百餘頁　售價各 250 元
17.**優婆塞戒經講記**　平實導師述著 共八輯 每輯三百餘頁 售價各 250 元
18.**真假活佛**—略論附佛外道盧勝彥之邪說(對前岳靈犀網站主張「盧勝彥是證悟者」之修正)　正犀居士(岳靈犀)著　流通價 140 元
19.**阿含正義**—唯識學探源　平實導師著　共七輯　每輯 300 元

20.**超意境** CD 以平實導師公案拈提書中超越意境之頌詞，加上曲風優美的旋律，錄成令人嚮往的超意境歌曲，其中包括正覺發願文及平實導師親自譜成的黃梅調歌曲一首。詞曲雋永，殊堪翫味，可供學禪者吟詠，有助於見道。內附設計精美的彩色小冊，解說每一首詞的背景本事。每片 280 元。【每購買公案拈提書籍一冊，即贈送一片。】

21.**菩薩底憂鬱** CD 將菩薩情懷及禪宗公案寫成新詞，並製作成超越意境的優美歌曲。 1.主題曲〈菩薩底憂鬱〉，描述地後菩薩能離三界生死而迴向繼續生在人間，但因尚未斷盡習氣種子而有極深沈之憂鬱，非三賢位菩薩及二乘聖者所知，此憂鬱在七地滿心位方才斷盡；本曲之詞中所說義理極深，昔來所未曾見；此曲係以優美的情歌風格寫詞及作曲，聞者得以激發嚮往諸地菩薩境界之大心，詞、曲都非常優美，難得一見；其中勝妙義理之解說，已印在附贈之彩色小冊中。 2.以各輯公案拈提中直示禪門入處之頌文，作成各種不同曲風之超意境歌曲，值得玩味、參究；聆聽公案拈提之優美歌曲時，請同時閱讀內附之印刷精美說明小冊，可以領會超越三界的證悟境界；未悟者可以因此引發求悟之意向及疑情，眞發菩提心而邁向求悟之途，乃至因此眞實悟入般若，成眞菩薩。 3.正覺總持咒新曲，總持佛法大意；總持咒之義理，已加以解說並印在隨附之小冊中。本 CD 共有十首歌曲，長達 63 分鐘。每盒各附贈二張購書優惠券。每片 280 元。

22.**禪意無限** CD 平實導師以公案拈提書中偈頌寫成不同風格曲子，與他人所寫不同風格曲子共同錄製出版，幫助參禪人進入禪門超越意識之境界。盒中附贈彩色印製的精美解說小冊，以供聆聽時閱讀，令參禪人得以發起參禪之疑情，即有機會證悟本來面目而發起實相智慧，實證大乘菩提般若，能如實證知般若經中的眞實意。本 CD 共有十首歌曲，長達 69 分鐘，每盒各附贈二張購書優惠券。每片 280 元。

23.**我的菩提路**第一輯　釋悟圓、釋善藏等人合著　售價 300 元

24.**我的菩提路**第二輯　郭正益、張志成等人合著　售價 300 元

25.**我的菩提路**第三輯　王美伶等人合著　售價 300 元

26.**鈍鳥與靈龜**—考證後代凡夫對大慧宗杲禪師的無根誹謗。

平實導師著　共 458 頁　售價 350 元

27.**維摩詰經講記**　平實導師述　共六輯　每輯三百餘頁　售價各 250 元

28.**真假外道**—破劉東亮、杜大威、釋證嚴常見外道見　正光老師著　200 元

29.**勝鬘經講記**—兼論印順《勝鬘經講記》對於《勝鬘經》之誤解。

平實導師述　共六輯　每輯三百餘頁　售價 250 元

30.**楞嚴經講記**　平實導師述　共 **15** 輯，每輯三百餘頁　售價 300 元

31.**明心與眼見佛性**—駁慧廣〈蕭氏「眼見佛性」與「明心」之非〉文中謬說

正光老師著　共 448 頁　售價 300 元

32.**見性與看話頭**　黃正倖老師 著，本書是禪宗參禪的方法論。

內文 375 頁，全書 416 頁，售價 300 元。

33.**達賴真面目**—玩盡天下女人 白正偉老師 等著 中英對照彩色精裝大本 800 元
34.**喇嘛性世界**—揭開假藏傳佛教譚崔瑜伽的面紗　張善思 等人著　200 元
35.**假藏傳佛教的神話**—性、謊言、喇嘛教　正玄教授編著　200 元
36.**金剛經宗通**　平實導師述　共九輯　每輯售價 250 元。
37.**空行母**—性別、身分定位，以及藏傳佛教。
珍妮·坎貝爾著 呂艾倫 中譯 售價 250 元
38.**末代達賴**—性交教主的悲歌　張善思、呂艾倫、辛燕編著 售價 250 元
39.**霧峰無霧**—給哥哥的信　辨正釋印順對佛法的無量誤解
游宗明 老師著　售價 250 元
40.**第七意識與第八意識？**—穿越時空「超意識」
平實導師述　每冊 300 元
41.**黯淡的達賴**—失去光彩的諾貝爾和平獎
正覺教育基金會編著　每冊 250 元
42.**童女迦葉考**—論呂凱文〈佛教輪迴思想的論述分析〉之謬。
平實導師 著 定價 180 元
43.**人間佛教**—實證者必定不悖三乘菩提
平實導師 述，定價 400 元
44.**實相經宗通**　平實導師述　共八輯　每輯 250 元
45.**真心告訴您(一)**—達賴喇嘛在幹什麼？
正覺教育基金會編著　售價 250 元
46.**中觀金鑑**—詳述應成派中觀的起源與其破法本質
孫正德老師著　分為上、中、下三冊，每冊 250 元
47.**佛法入門**—迅速進入三乘佛法大門，消除久學佛法漫無方向之窘境。
○○居士著　將於正覺電子報連載後出版。售價 250 元
48.**藏傳佛教要義**—《狂密與真密》之簡體字版　平實導師 著 上、下冊
僅在大陸流通　每冊 300 元
49.**法華經講義**　平實導師述　共二十五輯　每輯 300 元
已於 2015/05/31 起開始出版，每二個月出版一輯
50.**西藏「活佛轉世」制度**—附佛、造神、世俗法
許正豐、張正玄老師合著　定價 150 元
51.**廣論三部曲**　郭正益老師著　定價 150 元
52.**真心告訴您(二)**—達賴喇嘛是佛教僧侶嗎？
—補祝達賴喇嘛八十大壽
正覺教育基金會編著　售價 300 元
53.**廣論之平議**—宗喀巴《菩提道次第廣論》之平議　正雄居士著
約二或三輯　俟正覺電子報連載後結集出版　書價未定
54.**末法導護**—對印順法師中心思想之綜合判攝　正慶老師著　書價未定
55.**菩薩學處**—菩薩四攝六度之要義　陸正元老師著　出版日期未定。
56.**八識規矩頌**詳解　○○居士 註解　出版日期另訂　書價未定。

57.**印度佛教史**—法義與考證。依法義史實評論印順《印度佛教思想史、佛教史地考論》之謬說　正偉老師著　出版日期未定　書價未定
58.**中國佛教史**—依中國佛教正法史實而論。 ○○老師 著　書價未定。
59.**中論正義**—釋龍樹菩薩《中論》頌正理。
孫正德老師著　出版日期未定　書價未定
60.**中觀正義**—註解平實導師《中論正義頌》。
○○法師（居士）著　出版日期未定　書價未定
61.**佛藏經講記**　平實導師述　出版日期未定　書價未定
62.**阿含經講記**—將選錄四阿含中數部重要經典全經講解之，講後整理出版。
平實導師述　約二輯　每輯 300 元　出版日期未定
63.**寶積經講記**　平實導師述　每輯三百餘頁 優惠價 300 元　出版日期未定
64.**解深密經講記**　平實導師述 約四輯　將於重講後整理出版
65.**成唯識論略解**　平實導師著　五～六輯　每輯300 元　出版日期未定
66.**修習止觀坐禪法要講記**　平實導師述　每輯三百餘頁
將於正覺寺建成後重講、以講記逐輯出版　出版日期未定
67.**無門關**—《無門關》公案拈提　平實導師著　出版日期未定
68.**中觀再論**—兼述印順《中觀今論》謬誤之平議。 正光老師著 出版日期未定
69.**輪迴與超度**—佛教超度法會之真義。
○○法師（居士）著　出版日期未定　書價未定
70.**《釋摩訶衍論》平議**—對偽稱龍樹所造《釋摩訶衍論》之平議
○○法師（居士）著　出版日期未定　書價未定
71.**正覺發願文**註解—以真實大願為因 得證菩提
正德老師著　出版日期未定　書價未定
72.**正覺總持咒**—佛法之總持　正圜老師著　出版日期未定　書價未定
73.**涅槃**—論四種涅槃　平實導師著　出版日期未定　書價未定
74.**三自性**—依四食、五蘊、十二因緣、十八界法，說三性三無性。
作者未定　出版日期未定
75.**道品**—從三自性說大小乘三十七道品　作者未定　出版日期未定
76.**大乘緣起觀**—依四聖諦七真如現觀十二緣起 作者未定　出版日期未定
77.**三德**—論解脫德、法身德、般若德。　作者未定　出版日期未定
78.**真假如來藏**—對印順《如來藏之研究》謬說之平議　作者未定 出版日期未定
79.**大乘道次第**　作者未定　出版日期未定　書價未定
80.**四緣**—依如來藏故有四緣。　作者未定　出版日期未定
81.**空之探究**—印順《空之探究》謬誤之平議　作者未定 出版日期未定
82.**十法義**—論阿含經中十法之正義　作者未定　出版日期未定
83.**外道見**—論述外道六十二見　作者未定　出版日期未定

正智出版社有限公司　書籍介紹

禪淨圓融：言淨土諸祖所未曾言，示諸宗祖師所未曾示；禪淨圓融，另闢成佛捷徑，兼顧自力他力，闡釋淨土門之速行易行道，亦同時揭櫫聖教門之速行易行道；令廣大淨土行者得免緩行難證之苦，亦令聖道門行者得以藉著淨土速行道而加快成佛之時劫。乃前無古人之超勝見地，非一般弘揚禪淨法門典籍也，先讀爲快。平實導師著　200元。

宗門正眼—公案拈提第一輯：繼承克勤圜悟大師碧巖錄宗旨之禪門鉅作。先則舉示當代大法師之邪說，消弭當代禪門大師鄉愿之心態，摧破當今禪門「世俗禪」之妄談；次則旁通教法，表顯宗門正理；繼以道之次第，消弭古今狂禪；後藉言語及文字機鋒，直示宗門入處。悲智雙運，禪味十足，數百年來難得一睹之禪門鉅著也。平實導師著　500元（原初版書《禪門摩尼寶聚》，改版後補充爲五百餘頁新書，總計多達二十四萬字，內容更精彩，並改名爲《宗門正眼》，讀者原購初版《禪門摩尼寶聚》皆可寄回本公司免費換新，免附回郵，亦無截止期限）（2007年起，凡購買公案拈提第一輯至第七輯，每購一輯皆贈送本公司精製公案拈提〈超意境〉CD一片，市售價格280元，多購多贈）。

禪—悟前與悟後：本書能建立學人悟道之信心與正確知見，圓滿具足而有次第地詳述禪悟之功夫與禪悟之內容，指陳參禪中細微淆訛之處，能使學人明自眞心、見自本性。若未能悟入，亦能以正確知見辨別古今中外一切大師究係眞悟？或屬錯悟？便有能力揀擇，捨名師而選明師，後時必有悟道之緣。一旦悟道，遲者七次人天往返，便出三界，速者一生取辦。學人欲求開悟者，不可不讀。　平實導師著。上、下冊共500元，單冊250元。

眞實如來藏：如來藏眞實存在，乃宇宙萬有之本體，並非印順法師、達賴喇嘛等人所說之「唯有名相、無此心體」。如來藏是涅槃之本際，是一切有智之人竭盡心智、不斷探索而不能得之生命實相；是古今中外許多大師自以爲悟而當面錯過之生命實相。如來藏即是阿賴耶識，乃是一切有情本自具足、不生不滅之眞實心。當代中外大師於此書出版之前所未能言者，作者於本書中盡情流露、詳細闡釋。眞悟者讀之，必能增益悟境、智慧增上；錯悟者讀之，必能檢討自己之錯誤，免犯大妄語業；未悟者讀之，能知參禪之理路，亦能以之檢查一切名師是否眞悟。此書是一切哲學家、宗教家、學佛者及欲昇華心智之人必讀之鉅著。　平實導師著　售價400元。

宗門法眼—公案拈提第二輯：列舉實例，闡釋土城廣欽老和尚之悟處；並直示這位不識字的老和尚妙智橫生之根由，繼而剖析禪宗歷代大德之開悟公案，解析當代密宗高僧卡盧仁波切之錯悟證據，並例舉當代顯宗高僧、大居士之錯悟證據（凡健在者，爲免影響其名聞利養，皆隱其名）。藉辨正當代名師之邪見，向廣大佛子指陳禪悟之正道，彰顯宗門法眼。悲勇兼出，強捋虎鬚；慈智雙運，巧探驪龍；摩尼寶珠在手，直示宗門入處，禪味十足；若非大悟徹底，不能爲之。禪門精奇人物，允宜人手一冊，供作參究及悟後印證之圭臬。本書於2008年4月改版，增寫爲大約500頁篇幅，以利學人研讀參究時更易悟入宗門正法，以前所購初版首刷及初版二刷舊書，皆可免費換取新書。平實導師著　500元（2007年起，凡購買公案拈提第一輯至第七輯，每購一輯皆贈送本公司精製公案拈提〈超意境〉CD一片，市售價格280元，多購多贈）。

宗門道眼—公案拈提第三輯：繼宗門法眼之後，再以金剛之作略、慈悲之胸懷、犀利之筆觸，舉示寒山、拾得、布袋三大士之悟處，消弭當代錯悟者對於寒山大士……等之誤會及誹謗。　亦舉出民初以來與虛雲和尚齊名之蜀郡鹽亭袁煥仙夫子——南懷瑾老師之師，其「悟處」何在？並蒐羅許多眞悟祖師之證悟公案，顯示禪宗歷代祖師之睿智，指陳部分祖師、奧修及當代顯密大師之謬悟，作爲殷鑑，幫助禪子建立及修正參禪之方向及知見。假使讀者閱此書已，一時尚未能悟，亦可一面加功用行，一面以此宗門道眼辨別眞假善知識，避開錯誤之印證及歧路，可免大妄語業之長劫慘痛果報。欲修禪宗之禪者，務請細讀。平實導師著　售價500元（2007年起，凡購買公案拈提第一輯至第七輯，每購一輯皆贈送本公司精製公案拈提〈超意境〉CD一片，市售價格280元，多購多贈）。

楞伽經詳解：本經是禪宗見道者印證所悟眞僞之根本經典，亦是禪宗見道者悟後起修之依據經典；故達摩祖師於印證二祖慧可大師之後，將此經典連同佛鉢祖衣一併交付二祖，令其依此經典佛示金言、進入修道位，修學一切種智。由此可知此經對於眞悟之人修學佛道，是非常重要之一部經典。此經能破外道邪說，亦破佛門中錯悟名師之謬說，亦破禪宗部分祖師之狂禪：不讀經典、一向主張「一悟即成究竟佛」之謬執。並開示愚夫所行禪、觀察義禪、攀緣如禪、如來禪等差別，令行者對於三乘禪法差異有所分辨；亦糾正禪宗祖師古來對於如來禪之誤解，嗣後可免以訛傳訛之弊。此經亦是法相唯識宗之根本經典，禪者悟後欲修一切種智而入初地者，必須詳讀。　平實導師著，全套共十輯，已全部出版完畢，每輯主文約320頁，每冊約352頁，定價250元。

宗門血脈—公案拈提第四輯：末法怪象—許多修行人自以爲悟，每將無念靈知認作眞實；崇尚二乘法諸師及其徒衆，則將外於如來藏之緣起性空—無因論之無常空、斷滅空、一切法空—錯認爲　佛所說之般若空性。這兩種現象已於當今海峽兩岸及美加地區顯密大師之中普遍存在；人人自以爲悟，心高氣壯，便敢寫書解釋祖師證悟之公案，大多出於意識思惟所得，言不及義，錯誤百出，因此誤導廣大佛子同陷大妄語之地獄業中而不能自知。彼等書中所說之悟處，其實處處違背第一義經典之聖言量。彼等諸人不論是否身披袈裟，都非佛法宗門血脈，或雖有禪宗法脈之傳承，亦只徒具形式；猶如螟蛉，非眞血脈，未悟得根本眞實故。禪子欲知　佛、祖之眞血脈者，請讀此書，便知分曉。平實導師著，主文452頁，全書464頁，定價500元（2007年起，凡購買公案拈提第一輯至第七輯，每購一輯皆贈送本公司精製公案拈提〈超意境〉CD一片，市售價格280元，多購多贈）。

宗通與說通：古今中外，錯誤之人如麻似粟，每以常見外道所說之靈知心，認作眞心；或妄想虛空之勝性能量爲眞如，或錯認物質四大元素藉冥性（靈知心本體）能成就吾人色身及知覺，或認初禪至四禪中之了知心爲不生不滅之涅槃心。此等皆非通宗者之見地。復有錯悟之人一向主張「宗門與教門不相干」，此即尚未通達宗門之人也。其實宗門與教門互通不二，宗門所證者乃是眞如與佛性，教門所說者乃說宗門證悟之眞如佛性，故教門與宗門不二。本書作者以宗教二門互通之見地，細說「宗通與說通」，從初見道至悟後起修之道、細說分明；並將諸宗諸派在整體佛教中之地位與次第，加以明確之教判，學人讀之即可了知佛法之梗概也。欲擇明師學法之前，允宜先讀。平實導師著，主文共381頁，全書392頁，只售成本價300元。

宗門正道—公案拈提第五輯：修學大乘佛法有二果須證—解脫果及大菩提果。二乘人不證大菩提果，唯證解脫果；此果之智慧，名爲聲聞菩提、緣覺菩提。大乘佛子所證二果之菩提果爲佛菩提，故名大菩提果，其慧名爲一切種智—函蓋二乘解脫果。然此大乘二果修證，須經由禪宗之宗門證悟方能相應。而宗門證悟極難，自古已然；其所以難者，咎在古今佛教界普遍存在三種邪見：1.以修定認作佛法， 2.以無因論之緣起性空—否定涅槃本際如來藏以後之一切法空作爲佛法，3.以常見外道邪見（離語言妄念之靈知性）作爲佛法。 如是邪見，或因自身正見未立所致，或因邪師之邪教導所致，或因無始劫來虛妄熏習所致。若不破除此三種邪見，永劫不悟宗門眞義、不入大乘正道，唯能外門廣修菩薩行。 平實導師於此書中，有極爲詳細之說明，有志佛子欲摧邪見、入於內門修菩薩行者，當閱此書。主文共496頁，全書512頁。售價500元（2007年起，凡購買公案拈提第一輯至第七輯，每購一輯皆贈送本公司精製公案拈提〈超意境〉CD一片，市售價格280元，多購多贈）。

狂密與眞密：密教之修學，皆由有相之觀行法門而入，其最終目標仍不離顯教經典所說第一義諦之修證；若離顯教第一義經典、或違背顯教第一義經典，即非佛教。西藏密教之觀行法，如灌頂、觀想、遷識法、寶瓶氣、大聖歡喜雙身修法、喜金剛、無上瑜伽、大樂光明、樂空雙運等，皆是印度教兩性生生不息思想之轉化，自始至終皆以如何能運用交合淫樂之法達到全身受樂爲其中心思想，純屬欲界五欲的貪愛，不能令人超出欲界輪迴，更不能令人斷除我見；何況大乘之明心與見性，更無論矣！故密宗之法絕非佛法也。而其明光大手印、大圓滿法教，又皆同以常見外道所說離語言妄念之無念靈知心錯認爲佛地之眞如，不能直指不生不滅之眞如。西藏密宗所有法王與徒衆，都尙未開頂門眼，不能辨別眞僞，以依人不依法、依密續不依經典故，不肯將其上師喇嘛所說對照第一義經典，純依密續之藏密祖師所說爲準，因此而誇大其證德與證量，動輒謂彼祖師上師爲究竟佛、爲地上菩薩；如今台海兩岸亦有自謂其師證量高於 釋迦文佛者，然觀其師所述，猶未見道，仍在觀行即佛階段，尙未到禪宗相似即佛、分證即佛階位，竟敢標榜爲究竟佛及地上法王，誑惑初機學人。凡此怪象皆是狂密，不同於眞密之修行者。近年狂密盛行，密宗行者被誤導者極衆，動輒自謂已證佛地眞如，自視爲究竟佛，陷於大妄語業中而不知自省，反謗顯宗眞修實證者之證量粗淺；或如義雲高與釋性圓…等人，於報紙上公然誹謗眞實證道者爲「騙子、無道人、人妖、癩蛤蟆…」等，造下誹謗大乘勝義僧之大惡業；或以外道法中有爲有作之甘露、魔術……等法，誑騙初機學人，狂言彼外道法爲眞佛法。如是怪象，在西藏密宗及附藏密之外道中，不一而足，舉之不盡，學人宜應愼思明辨，以免上當後又犯毀破菩薩戒之重罪。密宗學人若欲遠離邪知邪見者，請閱此書，即能了知密宗之邪謬，從此遠離邪見與邪修，轉入眞正之佛道。 平實導師著 共四輯 每輯約400頁（主文約340頁） 每輯售價300元。

宗門正義—公案拈提第六輯：佛教有六大危機，乃是藏密化、世俗化、膚淺化、學術化、宗門密意失傳、悟後進修諸地之次第混淆；其中尤以宗門密意之失傳，爲當代佛教最大之危機。由宗門密意失傳故，易令　世尊本懷普被錯解，易令　世尊正法被轉易爲外道法，以及加以淺化、世俗化，是故宗門密意之廣泛弘傳與具緣佛弟子，極爲重要。然而欲令宗門密意之廣泛弘傳予具緣之佛弟子者，必須同時配合錯誤知見之解析、普令佛弟子知之，然後輔以公案解析之直示入處，方能令具緣之佛弟子悟入。而此二者，皆須以公案拈提之方式爲之，方易成其功、竟其業，是故平實導師續作宗門正義一書，以利學人。　全書500餘頁，售價500元（2007年起，凡購買公案拈提第一輯至第七輯，每購一輯皆贈送本公司精製公案拈提〈超意境〉CD一片，市售價格280元，多購多贈）。

心經密意—心經與解脫道、佛菩提道、祖師公案之關係與密意。　二乘菩提所證之解脫道，實依第八識心之斷除煩惱障現行而立解脫之名；大乘菩提所證之佛菩提道，實依親證第八識如來藏之涅槃性、清淨自性、及其中道性而立般若之名；禪宗祖師公案所證之眞心，即是此第八識如來藏；是故三乘佛法所修所證之三乘菩提，皆依此如來藏心而立名也。此第八識心，即是《心經》所說之心也。證得此如來藏已，即能漸入大乘佛菩提道，亦可因證知此心而了知二乘無學所不能知之無餘涅槃本際，是故《心經》之密意，與三乘佛菩提之關係極爲密切、不可分割，三乘佛法皆依此心而立名故。今者平實導師以其所證解脫道之無生智及佛菩提之般若種智，將《心經》與解脫道、佛菩提道、祖師公案之關係與密意，以演講之方式，用淺顯之語句和盤托出，發前人所未言，呈三乘菩提之眞義，令人藉此《心經密意》一舉而窺三乘菩提之堂奧，迴異諸方言不及義之說；欲求眞實佛智者、不可不讀！主文317頁，連同跋文及序文…等共384頁，售價300元。

宗門密意—公案拈提第七輯：佛教之世俗化，將導致學人以信仰作爲學佛，則將以感應及世間法之庇祐，作爲學佛之主要目標，不能了知學佛之主要目標爲親證三乘菩提。大乘菩提則以般若實相智慧爲主要修習目標，以二乘菩提解脫道爲附帶修習之標的；是故學習大乘法者，應以禪宗之證悟爲要務，能親入大乘菩提之實相般若智慧中故，般若實相智慧非二乘聖人所能知故。此書則以台灣世俗化佛教之三大法師，說法似是而非之實例，配合眞悟祖師之公案解析，提示證悟般若之關節，令學人易得悟入。平實導師著，全書五百餘頁，售價500元（2007年起，凡購買公案拈提第一輯至第七輯，每購一輯皆贈送本公司精製公案拈提〈超意境〉CD一片，市售價格280元，多購多贈）。

淨土聖道—兼評選擇本願念佛：佛法甚深極廣，般若玄微，非諸二乘聖僧所能知之，一切凡夫更無論矣！所謂一切證量皆歸淨土是也！是故大乘法中「聖道之淨土、淨土之聖道」，其義甚深，難可了知；乃至眞悟之人，初心亦難知也。今有正德老師眞實證悟後，復能深探淨土與聖道之緊密關係，憐憫衆生之誤會淨土實義，亦欲利益廣大淨土行人同入聖道，同獲淨土中之聖道門要義，乃振奮心神、書以成文，今得刊行天下。主文279頁，連同序文等共301頁，總有十一萬六千餘字，正德老師著，成本價200元。

起信論講記：詳解大乘起信論心生滅門與心眞如門之眞實意旨，消除以往大師與學人對起信論所說心生滅門之誤解，由是而得了知眞心如來藏之非常非斷中道正理；亦因此一講解，令此論以往隱晦而被誤解之眞實義，得以如實顯示，令大乘佛菩提道之正理得以顯揚光大；初機學者亦可藉此正論所顯示之法義，對大乘法理生起正信，從此得以眞發菩提心，眞入大乘法中修學，世世常修菩薩正行。平實導師演述，共六輯，都已出版，每輯三百餘頁，售價各250元。

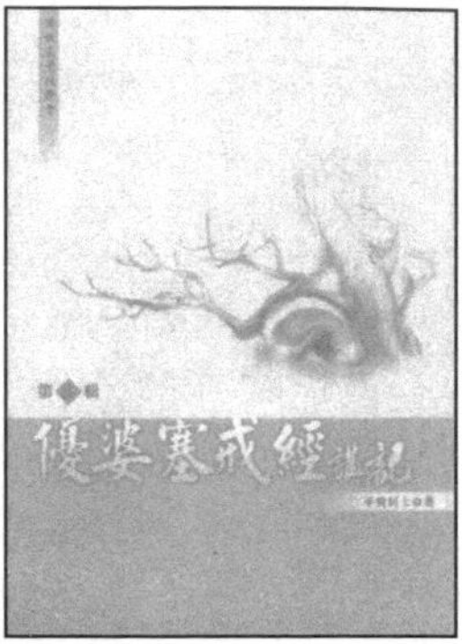

優婆塞戒經講記：本經詳述在家菩薩修學大乘佛法，應如何受持菩薩戒？對人間善行應如何看待？對三寶應如何護持？應如何正確地修集此世後世證法之福德？應如何修集後世「行菩薩道之資糧」？並詳述第一義諦之正義：五蘊非我非異我、自作自受、異作異受、不作不受……等深妙法義，乃是修學大乘佛法、行菩薩行之在家菩薩所應當了知者。出家菩薩今世或未來世登地已，捨報之後多數將如華嚴經中諸大菩薩，以在家菩薩身而修行菩薩行，故亦應以此經所述正理而修之，配合《楞伽經、解深密經、楞嚴經、華嚴經》等道次第正理，方得漸次成就佛道；故此經是一切大乘行者皆應證知之正法。平實導師講述，每輯三百餘頁，售價各250元；共八輯，已全部出版。

真假活佛—略論附佛外道盧勝彥之邪說：人人身中都有眞活佛，永生不滅而有大神用，但衆生都不了知，所以常被身外的西藏密宗假活佛籠罩欺瞞。本來就眞實存在的眞活佛，才是眞正的密宗無上密！諾那活佛因此而說禪宗是大密宗，但藏密的所有活佛都不知道、也不曾實證自身中的眞活佛。本書詳實宣示眞活佛的道理，舉證盧勝彥的「佛法」不是眞佛法，也顯示盧勝彥是假活佛，直接的闡釋第一義佛法見道的眞實正理。眞佛宗的所有上師與學人們，都應該詳細閱讀，包括盧勝彥個人在內。正犀居士著，優惠價140元。

阿含正義—唯識學探源：廣說四大部《阿含經》諸經中隱說之眞正義理，一一舉示佛陀本懷，令阿含時期初轉法輪根本經典之眞義，如實顯現於佛子眼前。並提示末法大師對於阿含眞義誤解之實例，一一比對之，證實唯識增上慧學確於原始佛法之阿含諸經中已隱覆密意而略說之，證實 世尊確於原始佛法中已曾密意而說第八識如來藏之總相；亦證實 世尊在四阿含中已說此藏識是名色十八界之因、之本—證明如來藏是能生萬法之根本心。佛子可據此修正以往受諸大師（譬如西藏密宗應成派中觀師：印順、昭慧、性廣、大願、達賴、宗喀巴、寂天、月稱、……等人）誤導之邪見，建立正見，轉入正道乃至親證初果而無困難；書中並詳說三果所證的心解脫，以及四果慧解脫的親證，都是如實可行的具體知見與行門。全書共七輯，已出版完畢。平實導師著，每輯三百餘頁，售價300元。

超意境CD：以平實導師公案拈提書中超越意境之頌詞，加上曲風優美的旋律，錄成令人嚮往的超意境歌曲，其中包括正覺發願文及平實導師親自譜成的黃梅調歌曲一首。詞曲雋永，殊堪翫味，可供學禪者吟詠，有助於見道。內附設計精美的彩色小冊，解說每一首詞的背景本事。每片280元。【每購買公案拈提書籍一冊，即贈送一片。】

我的菩提路第一輯：凡夫及二乘聖人不能實證的佛菩提證悟，末法時代的今天仍然有人能得實證，由正覺同修會釋悟圓、釋善藏法師等二十餘位實證如來藏者所寫的見道報告，已為當代學人見證宗門正法之絲縷不絕，證明大乘義學的法脈仍然存在，為末法時代求悟般若之學人照耀出光明的坦途。由二十餘位大乘見道者所繕，敘述各種不同的學法、見道因緣與過程，參禪求悟者必讀。全書三百餘頁，售價300元。

我的菩提路第二輯：由郭正益老師等人合著，書中詳述彼等諸人歷經各處道場學法，一一修學而加以檢擇之不同過程以後，因閱讀正覺同修會、正智出版社書籍而發起抉擇分，轉入正覺同修會中修學；乃至學法及見道之過程，都一一詳述之。其中張志成等人係由前現代禪轉進正覺同修會，張志成原為現代禪副宗長，以前未閱本會書籍時，曾被人藉其名義著文評論 平實導師（詳見《宗通與說通》辨正及《眼見佛性》書末附錄…等）；後因偶然接觸正覺同修會書籍，深覺以前聽人評論平實導師之語不實，於是投入極多時間閱讀本會書籍、深入思辨，詳細探索中觀與唯識之關聯與異同，認為正覺之法義方是正法，深覺相應；亦解開多年來對佛法的迷雲，確定應依八識論正理修學方是正法。乃不顧面子，毅然前往正覺同修會面見平實導師懺悔，並正式學法求悟。今已與其同修王美伶（亦為前現代禪傳法老師），同樣證悟如來藏而證得法界實相，生起實相般若真智。此書中尚有七年來本會第一位眼見佛性者之見性報告一篇，一同供養大乘佛弟子。全書四百頁，售價300元。

我的菩提路第三輯：由王美伶老師等人合著。自從正覺同修會成立以來，每年夏初、冬初都舉辦精進禪三共修，藉以助益會中同修們得以證悟明心發起般若實相智慧；凡已實證而被平實導師印證者，皆書具見道報告用以證明佛法之真實可證而非玄學，證明佛法並非純屬思想、理論而無實質，是故每年都能有人證明正覺同修會的「實證佛教」主張並非虛語。特別是眼見佛性一法，自古以來中國禪宗祖師實證者極寡，較之明心開悟的證境更難令人信受；至2017年初，正覺同修會中的證悟明心者已近五百人，然而其中眼見佛性者至今唯十餘人爾，可謂難能可貴，是故明心後欲冀眼見佛性者實屬不易。黃正倖老師是懸絕七年無人見性後的第一人，她於2009年的見性報告刊於本書的第二輯中，為大眾證明佛性確實可以眼見；其後七年之中求見佛性者都屬解悟佛性而無人眼見，幸而又經七年後的2016冬初，以及2017夏初的禪三，復有三人眼見佛性，希冀鼓舞四眾佛子求見佛性之大心，今則具載一則於書末，顯示求見佛性之事實經歷，供養現代佛教界欲得見性之四眾弟子。全書四百頁，售價300元。

鈍鳥與靈龜：鈍鳥及靈龜二物，被宗門證悟者說為二種人：前者是精修禪定而無智慧者，也是以定為禪的愚癡禪人；後者是或有禪定、或無禪定的宗門證悟者，凡已證悟者皆是靈龜。但後來被人虛造事實，用以嘲笑大慧宗杲禪師，說他雖是靈龜，卻不免被天童禪師預記「患背」痛苦而亡：「鈍鳥離巢易，靈龜脫殼難。」藉以貶低大慧宗杲的證量。同時將天童禪師實證如來藏的證量，曲解為意識境界的離念靈知。自從大慧禪師入滅以後，錯悟凡夫對他的不實毀謗就一直存在著，不曾止息，並且捏造的假事實也隨著年月的增加而越來越多，終至編成「鈍鳥與靈龜」的假公案、假故事。本書是考證大慧與天童之間的不朽情誼，顯現這件假公案的虛妄不實；更見大慧宗杲面對惡勢力時的正直不阿，亦顯示大慧對天童禪師的至情深義，將使後人對大慧宗杲的誣謗至此而止，不再有人誤犯毀謗賢聖的惡業。書中亦舉證宗門的所悟確以第八識如來藏為標的，詳讀之後必可改正以前被錯悟大師誤導的參禪知見，日後必定有助於實證禪宗的開悟境界，得階大乘眞見道位中，即是實證般若之賢聖。全書459頁，售價350元。

維摩詰經講記：本經係 世尊在世時，由等覺菩薩維摩詰居士藉疾病而演說之大乘菩提無上妙義，所說函蓋甚廣，然極簡略，是故今時諸方大師與學人讀之悉皆錯解，何況能知其中隱含之深妙正義，是故普遍無法為人解說；若強為人說，則成依文解義而有諸多過失。今由平實導師公開宣講之後，詳實解釋其中密意，令維摩詰菩薩所說大乘不可思議解脫之深妙正法得以正確宣流於人間，利益當代學人及與諸方大師。書中詳實演述大乘佛法深妙不共二乘之智慧境界，顯示諸法之中絕待之實相境界，建立大乘菩薩妙道於永遠不敗不壞之地，以此成就護法偉功，欲冀永利娑婆人天。已經宣講圓滿整理成書流通，以利諸方大師及諸學人。全書共六輯，每輯三百餘頁，售價各250元。

真假外道：本書具體舉證佛門中的常見外道知見實例，並加以教證及理證上的辨正，幫助讀者輕鬆而快速的了知常見外道的錯誤知見，進而遠離佛門內外的常見外道知見，因此即能改正修學方向而快速實證佛法。 游正光老師著 。成本價200元。

勝鬘經講記：如來藏為三乘菩提之所依，若離如來藏心體及其含藏之一切種子，即無三界有情及一切世間法，亦無二乘菩提緣起性空之出世間法；本經詳說無始無明、一念無明皆依如來藏而有之正理，藉著詳解煩惱障與所知障間之關係，令學人深入了知二乘菩提與佛菩提相異之妙理；聞後即可了知佛菩提之特勝處及三乘修道之方向與原理，邁向攝受正法而速成佛道的境界中。平實導師講述，共六輯，每輯三百餘頁，售價各250元。

楞嚴經講記：楞嚴經係密教部之重要經典，亦是顯教中普受重視之經典；經中宣說明心與見性之內涵極為詳細，將一切法都會歸如來藏及佛性—妙真如性；亦闡釋佛菩提道修學過程中之種種魔境，以及外道誤會涅槃之狀況，旁及三界世間之起源。然因言句深澀難解，法義亦復深妙寬廣，學人讀之普難通達，是故讀者大多誤會，不能如實理解佛所說之明心與見性內涵，亦因是故多有悟錯之人引為開悟之證言，成就大妄語罪。今由平實導師詳細講解之後，整理成文，以易讀易懂之語體文刊行天下，以利學人。全書十五輯，全部出版完畢。每輯三百餘頁，售價每輯300元。

明心與眼見佛性：本書細述明心與眼見佛性之異同，同時顯示了中國禪宗破初參明心與重關眼見佛性二關之間的關聯；書中又藉法義辨正而旁述其他許多勝妙法義，讀後必能遠離佛門長久以來積非成是的錯誤知見，令讀者在佛法的實證上有極大助益。也藉慧廣法師的謬論來教導佛門學人回歸正知正見，遠離古今禪門錯悟者所墮的意識境界，非唯有助於斷我見，也對未來的開悟明心實證第八識如來藏有所助益，是故學禪者都應細讀之。游正光老師著　共448頁　售價300元。

菩薩底憂鬱CD：將菩薩情懷及禪宗公案寫成新詞，並製作成超越意境的優美歌曲。 1.主題曲〈菩薩底憂鬱〉，描述地後菩薩能離三界生死而迴向繼續生在人間，但因尚未斷盡習氣種子而有極深沈之憂鬱，非三賢位菩薩及二乘聖者所知，此憂鬱在七地滿心位方才斷盡；本曲之詞中所說義理極深，昔來所未曾見；此曲係以優美的情歌風格寫詞及作曲，聞者得以激發嚮往諸地菩薩境界之大心，詞、曲都非常優美，難得一見；其中勝妙義理之解說，已印在附贈之彩色小冊中。 2.以各輯公案拈提中直示禪門入處之頌文，作成各種不同曲風之超意境歌曲，值得玩味、參究；聆聽公案拈提之優美歌曲時，請同時閱讀內附之印刷精美說明小冊，可以領會超越三界的證悟境界；未悟者可以因此引發求悟之意向及疑情，眞發菩提心而邁向求悟之途，乃至因此眞實悟入般若，成眞菩薩。 3.正覺總持咒新曲，總持佛法大意；總持咒之義理，已加以解說並印在隨附之小冊中。本CD共有十首歌曲，長達63分鐘，附贈二張購書優惠券。每片280元。

禪意無限CD：平實導師以公案拈提書中偈頌寫成不同風格曲子，與他人所寫不同風格曲子共同錄製出版，幫助參禪人進入禪門超越意識之境界。盒中附贈彩色印製的精美解說小冊，以供聆聽時閱讀，令參禪人得以發起參禪之疑情，即有機會證悟本來面目，實證大乘菩提般若。本CD共有十首歌曲，長達69分鐘，每盒各附贈二張購書優惠券。每片280元。

金剛經宗通：三界唯心，萬法唯識，是成佛之修證內容，是諸地菩薩之所修；般若則是成佛之道（實證三界唯心、萬法唯識）的入門，若未證悟實相般若，即無成佛之可能，必將永在外門廣行菩薩六度，永在凡夫位中。然而實相般若的發起，全賴實證萬法的實相；若欲證知萬法的眞相，則必須探究萬法之所從來，則須實證自心如來—金剛心如來藏，然後現觀這個金剛心的金剛性、眞實性、如如性、清淨性、涅槃性、能生萬法的自性性、本住性，名爲證眞如；進而現觀三界六道唯是此金剛心所成，人間萬法須藉八識心王和合運作方能現起。如是實證

《華嚴經》的「三界唯心、萬法唯識」以後，由此等現觀而發起實相般若智慧，繼續進修第十住位的如幻觀、第十行位的陽焰觀、第十迴向位的如夢觀，再生起增上意樂而勇發十無盡願，方能滿足三賢位的實證，轉入初地；自知成佛之道而無偏倚，從此按部就班、次第進修乃至成佛。第八識自心如來是般若智慧之所依，般若智慧的修證則要從實證金剛心自心如來開始；《金剛經》則是解說自心如來之經典，是一切三賢位菩薩所應進修之實相般若經典。這一套書，是將平實導師宣講的《金剛經宗通》內容，整理成文字而流通之；書中所說義理，迥異古今諸家依文解義之說，指出大乘見道方向與理路，有益於禪宗學人求開悟見道，及轉入內門廣修六度萬行。講述完畢後結集出版，總共9輯，每輯約三百餘頁，售價各250元。

空行母—性別、身分定位，以及藏傳佛教：本書作者爲蘇格蘭哲學家，因爲嚮往佛教深妙的哲學內涵，於是進入當年盛行於歐美的假藏傳佛教密宗，擔任卡盧仁波切的翻譯工作多年以後，被邀請成爲卡盧的空行母（又名佛母、明妃），開始了她在密宗裡的實修過程；後來發覺在密宗雙身法中的修行，其實無法使自己成佛，也發覺密宗對女性岐視而處處貶抑，並剝奪女性在雙身法中擔任一半角色時應有的身分定位。當她發覺自己只是雙身法中被喇嘛利用的工具，沒有獲得絲毫應有的尊重與基本定位時，發現了密宗的父權社會控制女性的本質；於是作者傷心地離開了卡盧仁波切與密宗，但是卻被恐嚇不許講出她在密宗裡的經歷，也不許她說出自己對密宗的教義與教制下對女性剝削的本質，否則將被咒殺死亡。後來她去加拿大定居，十餘年後方才擺脫這個恐嚇陰影，下定決心將親身經歷的實情及觀察到的事實寫下來並且出版，公諸於世。出版之後，她被流亡的達賴集團人士大力攻訐，誣指她爲精神狀態失常、說謊……等。但有智之士並未被達賴集團的政治操作及各國政府政治運作吹捧達賴的表相所欺，使她的書銷售無阻而又再版。正智出版社鑑於作者此書是親身經歷的事實，所說具有針對「藏傳佛教」而作學術研究的價值，也有使人認清假藏傳佛教剝削佛母、明妃的男性本位實質，因此洽請作者同意中譯而出版於華人地區。珍妮·坎貝爾女士著，呂艾倫 中譯，每冊250元。

霧峰無霧—給哥哥的信　本書作者藉兄弟之間信件往來論義，略述佛法大義；並以多篇短文辨義，舉出釋印順對佛法的無量誤解證據，並一一給予簡單而清晰的辨正，令人一讀即知。久讀、多讀之後即能認清楚釋印順的六識論見解，與眞實佛法之牴觸是多麼嚴重；於是在久讀、多讀之後，於不知不覺之間提升了對佛法的極深入理解，正知正見就在不知不覺間建立起來了。當三乘佛法的正知見建立起來之後，對於三乘菩提的見道條件便將隨之具足，於是聲聞解脫道的見道也就水到渠成；接著大乘見道的因緣也將次第成熟，未來自然也會有親見大乘菩提之道的因緣，悟入大乘實相般若也將自然成功，自能通達般若系列諸經而成實義菩薩。作者居住於南投縣霧峰鄉，自喻見道之後不復再見霧峰之霧，故鄉原野美景一一明見，於是立此書名爲《霧峰無霧》；讀者若欲撥霧見月，可以此書爲緣。游宗明　老師著　售價250元。

假藏傳佛教的神話—性、謊言、喇嘛教：本書編著者是由一首名叫「阿姊鼓」的歌曲爲緣起，展開了序幕，揭開假藏傳佛教—喇嘛教—的神秘面紗。其重點是蒐集、摘錄網路上質疑「喇嘛教」的帖子，以揭穿「假藏傳佛教的神話」爲主題，串聯成書，並附加彩色插圖以及說明，讓讀者們瞭解西藏密宗及相關人事如何被操作爲「神話」的過程，以及神話背後的眞相。作者：張正玄教授。售價200元。

達賴真面目—玩盡天下女人：假使您不想戴綠帽子，請記得詳細閱讀此書；假使您不想讓好朋友戴綠帽子，請您將此書介紹給您的好朋友。假使您想保護家中的女性，也想要保護好朋友的女眷，請記得將此書送給家中的女性和好友的女眷都來閱讀。本書爲印刷精美的大本彩色中英對照精裝本，爲您揭開達賴喇嘛的眞面目，內容精彩不容錯過，爲利益社會大眾，特別以優惠價格嘉惠所有讀者。編著者：白志偉等。大開版雪銅紙彩色精裝本。售價800元。

童女迦葉考—論呂凱文〈佛教輪迴思想的論述分析〉之謬：童女迦葉是佛世率領五百大比丘遊行於人間的歷史事實，是以童貞行而依止菩薩戒弘化於人間的大菩薩，不依別解脫戒（聲聞戒）來弘化於人間。這是大乘佛教與聲聞佛教同時存在於佛世的歷史明證，證明大乘佛教不是從聲聞法中分裂出來的部派佛教的產物，卻是聲聞佛教分裂出來的部派佛教聲聞凡夫僧所不樂見的史實；於是古今聲聞法中的凡夫都欲加以扭曲而作詭說，更是末法時代高聲大呼「大乘非佛說」的六識論聲聞凡夫極力想要扭曲的佛教史實之一，於是想方設法扭曲迦葉菩薩爲聲聞僧，以及扭曲迦葉童女爲比丘僧等荒謬不實之論著便陸續出現，古時聲聞僧寫作的《分別功德論》是最具體之事例，現代之代表作則是呂凱文先生的〈佛教輪迴思想的論述分析〉論文。鑑於如是假藉學術考證以籠罩大眾之不實謬論，未來仍將繼續造作及流竄於佛教界，繼續扼殺大乘佛教學人法身慧命，必須舉證辨正之，遂成此書。平實導師 著，每冊180元。

末代達賴—性交教主的悲歌：簡介從藏傳僞佛教（喇嘛教）的修行核心—性力派男女雙修，探討達賴喇嘛及藏傳僞佛教的修行內涵。書中引用外國知名學者著作、世界各地新聞報導，包含：歷代達賴喇嘛的祕史、達賴六世修雙身法的事蹟，以及《時輪續》中的性交灌頂儀式……等；達賴喇嘛書中開示的雙修法、達賴喇嘛的黑暗政治手段；達賴喇嘛所領導的寺院爆發喇嘛性侵兒童；新聞報導《西藏生死書》作者索甲仁波切性侵女信徒、澳洲喇嘛秋達公開道歉、美國最大假藏傳佛教組織領導人邱陽創巴仁波切的性氾濫，等等事件背後眞相的揭露。作者：張善思、呂艾倫、辛燕。售價250元。

黯淡的達賴—失去光彩的諾貝爾和平獎：本書舉出很多證據與論述，詳述達賴喇嘛不爲世人所知的一面，顯示達賴喇嘛並不是眞正的和平使者，而是假借諾貝爾和平獎的光環來欺騙世人；透過本書的說明與舉證，讀者可以更清楚的瞭解，達賴喇嘛是結合暴力、黑暗、淫欲於喇嘛教裡的集團首領，其政治行爲與宗教主張，早已讓諾貝爾和平獎的光環染污了。 本書由財團法人正覺教育基金會寫作、編輯，由正覺出版社印行，每冊250元。

第七意識與第八意識？—穿越時空「超意識」：「三界唯心，萬法唯識」是佛教中應該實證的聖教，也是《華嚴經》中明載而可以實證的法界實相。唯心者，三界一切境界、一切諸法唯是一心所成就，即是每一個有情的第八識如來藏，不是意識心。唯識者，即是人類各各都具足的八識心王——眼識、耳鼻舌身意識、意根、阿賴耶識，第八阿賴耶識又名如來藏，人類五陰相應的萬法，莫不由八識心王共同運作而成就，故說萬法唯識。依聖教量及現量、比量，都可以證明意識是二法因緣生，是由第八識藉意根與法塵二法為因緣而出生，又是夜夜斷滅不存之生滅心，即無可能反過來出生第七識意根、第八識如來藏，當知不可能從生滅性的意識心中，細分出恆審思量的第七識意根，更無可能細分出恆而不審的第八識如來藏。本書是將演講內容整理成文字，細說如是內容，並已在〈正覺電子報〉連載完畢，今彙集成書以廣流通，欲幫助佛門有緣人斷除意識我見，跳脫於識陰之外而取證聲聞初果；嗣後修學禪宗時即得不墮外道神我之中，得以求證第八識金剛心而發起般若實智。平實導師 述，每冊300元。

中觀金鑑—詳述應成派中觀的起源與其破法本質：學佛人往往迷於中觀學派之不同學說，被應成派與自續派所迷惑；修學般若中觀二十年後自以為實證般若中觀了，卻仍不曾入門，甫聞實證般若中觀者之所說，則茫無所知，迷惑不解；隨後信心盡失，不知如何實證佛法；凡此，皆因惑於這二派中觀學說所致。自續派中觀所說同於常見，以意識境界立為第八識如來藏之境界，應成派所說則同於斷見，但又同立意識為常住法，故亦具足斷常二見。今者孫正德老師有鑑於此，乃將起源於密宗的應成派中觀學說，追本溯源，詳考其來源之外，亦一一舉證其立論內容，詳加辨正，令密宗雙身法祖師以識陰境界而造之應成派中觀學說本質，詳細呈現於學人眼前，令其維護雙身法之目的無所遁形。若欲遠離密宗此二大派中觀謬說，欲於三乘菩提有所進道者，允宜具足閱讀並細加思惟，反覆讀之以後將可捨棄邪道返歸正道，則於般若之實證即有可能，證後自能現觀如來藏之中道境界而成就中觀。本書分上、中、下三冊，每冊250元，全部出版完畢。

人間佛教—實證者必定不悖三乘菩提：「大乘非佛說」的講法似乎流傳已久，卻只是日本人企圖擺脫中國正統佛教的影響，而在明治維新時期才開始提出來的說法；台灣佛教、大陸佛教的淺學無智之人，由於未曾實證佛法而迷信日本人錯誤的學術考證，錯認爲這些別有用心的日本佛學考證的講法爲天竺佛教的眞實歷史；甚至還有更激進的反對佛教者提出「釋迦牟尼佛並非眞實存在，只是後人捏造的假歷史人物」，竟然也有少數人願意跟著「學術」的假光環而信受不疑，於是開始有一些佛教界人士造作了反對中國佛教而推崇南洋小乘佛教的行爲，使佛教的信仰者難以檢擇，導致一般大陸人士開始轉入基督教的盲目迷信中。在這些佛教及外教人士之中，也就有一分人根據此邪說而大聲主張「大乘非佛說」的謬論，這些人以「人間佛教」的名義來抵制中國正統佛教，公然宣稱中國的大乘佛教是由聲聞部派佛教的凡夫僧所創造出來的。這樣的說法流傳於台灣及大陸佛教界凡夫僧之中已久，卻非眞正的佛教歷史中曾經發生過的事，只是繼承六識論的聲聞法中凡夫僧依自己的意識境界立場，純憑臆想而編造出來的妄想說法，卻已經影響許多無智之凡夫僧俗信受不移。本書則是從佛教的經藏法義實質及實證的現量內涵本質立論，證明大乘佛法本是佛說，是從《阿含正義》尚未說過的不同面向來討論「人間佛教」的議題，證明「大乘眞佛說」。閱讀本書可以斷除六識論邪見，迴入三乘菩提正道發起實證的因緣；也能斷除禪宗學人學禪時普遍存在之錯誤知見，對於建立參禪時的正知見有很深的著墨。平實導師　述，內文488頁，全書528頁，定價400元。

喇嘛性世界—揭開假藏傳佛教譚崔瑜伽的面紗：這個世界中的喇嘛，號稱來自世外桃源的香格里拉，穿著或紅或黃的喇嘛長袍，散布於我們的身邊傳教灌頂，吸引了無數的人嚮往學習；這些喇嘛虔誠地爲大眾祈福，手中拿著寶杵（金剛）與寶鈴（蓮花），口中唸著咒語：「唵．嘛呢．叭咪．吽……」，咒語的意思是說：「我至誠歸命金剛杵上的寶珠伸向蓮花寶穴之中」！「喇嘛性世界」是什麼樣的「世界」呢？本書將爲您呈現喇嘛世界的面貌。當您發現眞相以後，您將會唸：「噢！喇嘛．性．世界，譚崔性交嘛！」作者：張善思、呂艾倫。售價200元。

見性與看話頭：黃正倖老師的《見性與看話頭》於《正覺電子報》連載完畢，今結集出版。書中詳說禪宗看話頭的詳細方法，並細說看話頭與眼見佛性的關係，以及眼見佛性者求見佛性前必須具備的條件。本書是禪宗實修者追求明心開悟時參禪的方法書，也是求見佛性者作功夫時必讀的方法書，內容兼顧眼見佛性的理論與實修之方法，是依實修之體驗配合理論而詳述，條理分明而且極爲詳實、周全、深入。本書內文375頁，全書416頁，售價300元。

實相經宗通：學佛之目的在於實證一切法界背後之實相，禪宗稱之爲本來面目或本地風光，佛菩提道中稱之爲實相法界；此實相法界即是金剛藏，又名佛法之祕密藏，即是能生有情五陰、十八界及宇宙萬有（山河大地、諸天、三惡道世間）的第八識如來藏，又名阿賴耶識心，即是禪宗祖師所說的眞如心，此心即是三界萬有背後的實相。證得此第八識心時，自能瞭解般若諸經中隱說的種種密意，即得發起實相般若——實相智慧。每見學佛人修學佛法二十年後仍對實相般若茫然無知，亦不知如何入門，茫無所趣；更因不知三乘菩提的互異互同，是故越是久學者對佛法越覺茫然，都肇因於尚未瞭解佛法的全貌，亦未瞭解佛法的修證內容即是第八識心所致。本書對於修學佛法者所應實證的實相境界提出明確解析，並提示趣入佛菩提道的入手處，有心親證實相般若的佛法實修者，宜詳讀之，於佛菩提道之實證即有下手處。平實導師述著，共八輯，已全部出版完畢，每輯成本價250元。

真心告訴您（一）—達賴喇嘛在幹什麼？這是一本報導篇章的選集，更是「破邪顯正」的暮鼓晨鐘。「破邪」是戳破假象，說明達賴喇嘛及其所率領的密宗四大派法王、喇嘛們，弘傳的佛法是仿冒的佛法；他們是假藏傳佛教，是坦特羅(譚崔性交)外道法和藏地崇奉鬼神的苯教混合成的「喇嘛教」，推廣的是以所謂「無上瑜伽」的男女雙身法冒充佛法的假佛教，詐財騙色誤導衆生，常常造成信徒家庭破碎、家中兒少失怙的嚴重後果。「顯正」是揭櫫眞相，指出眞正的藏傳佛教只有一個，就是覺囊巴，傳的是　釋迦牟尼佛演繹的第八識如來藏妙法，稱爲他空見大中觀。正覺教育基金會即以此古今輝映的如來藏正法正知見，在眞心新聞網中逐次報導出來，將箇中原委「眞心告訴您」，如今結集成書，與想要知道密宗眞相的您分享。售價250元。

法華經講義：此書為平實導師始從2009/7/21演述至2014/1/14之講經錄音整理所成。世尊一代時教，總分五時三教，即是華嚴時、聲聞緣覺教、般若教、種智唯識教、法華時；依此五時三教區分為藏、通、別、圓四教。本經是最後一時的圓教經典，圓滿收攝一切法教於本經中，是故最後的圓教聖訓中，特地指出無有三乘菩提，其實唯有一佛乘；皆因眾生愚迷故，方便區分為三乘菩提以助眾生證道。世尊於此經中特地說明如來示現於人間的唯一大事因緣，便是為有緣眾生「開、示、悟、入」諸佛的所知所見——第八識如來藏妙真如心，並於諸品中隱說「妙法蓮花」如來藏心的密意。然因此經所說甚深難解，真義隱晦，古來難得有人能窺堂奧；平實導師以知如是密意故，特為末法佛門四眾演述《妙法蓮華經》中各品蘊含之密意，使古來未曾被古德註解出來的「此經」密意，如實顯示於當代學人眼前。乃至〈藥王菩薩本事品〉、〈妙音菩薩品〉、〈觀世音菩薩普門品〉、〈普賢菩薩勸發品〉中的微細密意，亦皆一併詳述之，開前人所未曾言之密意，示前人所未見之妙法。最後乃至以〈法華大意〉而總其成，全經妙旨貫通始終，而依佛旨圓攝於一心如來藏妙心，厥為曠古未有之大說也。平實導師述　已於2015/5/31起開始出版，每二個月出版一輯，共25輯。每輯300元。

西藏「活佛轉世」制度——附佛、造神、世俗法：歷來關於喇嘛教活佛轉世的研究，多針對歷史及文化兩部分，於其所以成立的理論基礎，較少系統化的探討。尤其是此制度是否依據「佛法」而施設？是否合乎佛法真實義？現有的文獻大多含糊其詞，或人云亦云，不曾有明確的闡釋與如實的見解。因此本文先從活佛轉世的由來，探索此制度的起源、背景與功能，並進而從活佛的尋訪與認證之過程，發掘活佛轉世的特徵，以確認「活佛轉世」在佛法中應具足何種果德。定價150元。

真心告訴您(二)——達賴喇嘛是佛教僧侶嗎？補祝達賴喇嘛八十大壽：這是一本針對當今達賴喇嘛所領導的喇嘛教，冒用佛教名相、於師徒間或師兄姊間，實修男女邪淫，而從佛法三乘菩提的現量與聖教量，揭發其謊言與邪術，證明達賴及其喇嘛教是仿冒佛教的外道，是「假藏傳佛教」。藏密四大派教義雖有「八識論」與「六識論」的表面差異，然其實修之內容，皆共許「無上瑜伽」四部灌頂為究竟「成佛」之法門，也就是共以男女雙修之邪淫法為「即身成佛」之密要，雖美其名曰「欲貪為道」之「金剛乘」，並誇稱其成就超越於（應身佛）釋迦牟尼佛所傳之顯教般若乘之上；然詳考其理論，則或以意識離念時之粗細心為第八識如來藏，或以中脈裡的明點為第八識如來藏，或如宗喀巴與達賴堅決主張第六意識為常恆不變之真心者，分別墮於外道之常見與斷見中；全然違背 佛說能生五蘊之如來藏的實質。售價300元。

佛法入門：學佛人往往修學二十年後仍不知如何入門，茫無所入漫無方向，不知如何實證佛法；更因不知三乘菩提的互異互同之處，導致越是久學者越覺茫然，都是肇因於尚未瞭解佛法的全貌所致。本書對於佛法的全貌提出明確的輪廓，並說明三乘菩提的異同處，讀後即可輕易瞭解佛法全貌，數日內即可明瞭三乘菩提入門方向與下手處。○○菩薩著　出版日期未定。

修習止觀坐禪法要講記：修學四禪八定之人，往往錯會禪定之修學知見，欲以無止盡之坐禪而證禪定境界，卻不知修除性障之行門才是修證四禪八定不可或缺之要素，故智者大師云「性障初禪」；性障不除，初禪永不現前，云何修證二禪等？又：行者學定，若唯知數息，而不解六妙門之方便善巧者，欲求一心入定，未到地定極難可得，智者大師名之為「事障未來」：障礙未到地定之修證。又禪定之修證，不可違背二乘菩提及第一義法，否則縱使具足四禪八定，亦不能實證涅槃而出三界。此諸知見，智者大師於《修習止觀坐禪法要》中皆有闡釋。作者平實導師以其第一義之見地及禪定之實證證量，曾加以詳細解析。將俟正覺寺竣工啓用後重講，不限制聽講者資格；講後將以語體文整理出版。欲修習世間定及增上定之學者，宜細讀之。平實導師述著。

國家圖書館出版品預行編目資料

楞伽經詳解／蕭平實著. 初版
台北市：正智，1999-　〔民 88-　〕
冊；　公分
第六輯後作者改為平實居士
ISBN 957-98597-7-9（第一輯：平裝）
ISBN 957-97840-2-7（第二輯：平裝）
ISBN 957-97840-4-3（第三輯：平裝）
ISBN 957-97840-6-X（第四輯：平裝）
ISBN 957-97840-8-6（第五輯：平裝）
ISBN 957-30019-0-X（第六輯：平裝）
ISBN 957-30019-3-4（第七輯：平裝）
ISBN 957-30019-7-7（第八輯：平裝）
ISBN 957-28743-0-1（第九輯：平裝）
ISBN 957-28743-4-9（第十輯：平裝）
1. 經集部
221.75　　88004768

楞伽經詳解

——第八輯

作　　者：平實導師
校　　對：孫淑貞　章乃鈞
出 版 者：正智出版社有限公司
電話：○二28327495　28316727（白天）
傳真：○二28344822
111台北郵政73-151號信箱
郵政劃撥帳號：一九○六八二四一
正覺講堂：總機○二25957295（夜間）
總 經 銷：飛鴻國際行銷股份有限公司
231新北市新店區中正路501-9號2樓
電話：○二82186688（五線代表號）
傳真：○二82186458　82186459
初　　版：公元二○○二年十一月　二千冊
初版六刷：公元二○一七年八月　二千冊
定　　價：二五○元